房车旅游概论

Introduction to Recreational Vehicle Tourism

主　编　符全胜
副主编　袁　丁　林章林　丁红波

上海交通大学出版社
SHANGHAI JIAO TONG UNIVERSITY PRESS

内容提要

本书包括房车旅游的基础、产品和管理三大部分共十五章内容。全书介绍了房车与房车旅游的基本概念和理论基础，房车的制造、改装、品牌与销售、营地、旅游者等基础知识；房车旅游的线路、规划、活动、露营、会展与节事等产品知识；营地、租赁、俱乐部的运营管理，以及房车旅游的市场营销与品牌管理、信息管理、安全管理、行业管理和产业融合、业态创新与发展趋势等。

本书可作为高等院校旅游管理及相关专业的教学用书，也可作为房车旅游从业人员的培训和自学用书。

图书在版编目(CIP)数据

房车旅游概论/符全胜主编. —上海：上海交通大学出版社，2025. 5. —ISBN 978-7-313-32545-7

Ⅰ. F590. 79

中国国家版本馆 CIP 数据核字第 2025ML3586 号

房车旅游概论
FANGCHE LÜYOU GAILUN

主　　编：符全胜
出版发行：上海交通大学出版社　　地　　址：上海市番禺路 951 号
邮政编码：200030　　电　　话：021-64071208
印　　制：苏州市古得堡数码印刷有限公司　　经　　销：全国新华书店
开　　本：787mm×1092mm　1/16　　印　　张：13
字　　数：267 千字
版　　次：2025 年 5 月第 1 版　　印　　次：2025 年 5 月第 1 次印刷
书　　号：ISBN 978-7-313-32545-7
定　　价：59.00 元

前　　言

房车旅游是以房车为载体而进行的休闲旅游活动，它能更好地体现在时间上的自由、空间上的自由和心理上的自由，能更好地促进家庭和睦、亲近自然，是一种积极、健康、生态的休闲旅游方式。在欧美大多数国家，房车旅游的产业发展程度已经相当成熟。在我国，随着国民经济的增长和人们生活水平的提高，房车旅游市场展现出巨大的潜力和发展前景，房车旅游作为旅游新业态而受到重视。随着房车旅游的普及，越来越多的企业进入房车旅游领域，越来越多的游客体验房车旅游生活，房车旅游中国化的进程也正在大大加快。中国即将成长为世界上继美国、欧洲、澳大利亚之后的第四大房车旅游市场。

房车旅游行业的快速发展需要大量专业人才的支持。有鉴于此，本书的编写目的就是希望能为房车旅游的人才培养工作提供系统完整的教材支撑。

本书在内容方面围绕房车旅游的基础、产品和管理三大部分共编写十五章。其中基础部分包括第一章至第五章，梳理房车与房车旅游的基本概念和理论基础，介绍房车的制造、改装、品牌与销售、营地、旅游者等基础知识；产品部分包括第六章至第九章，从房车旅游产品的角度介绍了房车旅游的线路、规划、活动、露营、会展与节事等；管理部分包括第十章至第十五章，针对目前房车旅游的现状，侧重于对包括营地、租赁、俱乐部在内的运营管理，以及房车旅游的市场营销与品牌管理、信息管理、安全管理和行业管理等内容进行介绍，梳理房车旅游的产业融合、业态创新与发展趋势。

本书由符全胜主编，袁丁、林章林和丁红波副主编。具体写作分工为：符全胜、王博霖编写第一章，袁丁、李剑涛、丁红波编写第二章和第三章，赵佩燕、符全胜、胡恒智编写第四章，袁丁编写第五章和第六章，赵春肖、明丽编写第七章，林章林、吴焱、赵春肖编写第八章，吴焱、胡恒智、李剑涛、丁红波编写第九章，林章林、赵佩燕、胡建春编写第十章，王博霖、林章林编写第十一章，方世巧编写第十二章，陈希编写第十三章，胡斌编写第十四章，戎阳编写第十五章。何森、刘元梦、张思帆、张瀚予、王思宏参与了本书的编辑工作。

在编写过程中，我们参考了国内外相关资料和文献，在此，谨向这些资料和文献的作者表示诚挚的谢意。由于编者能力和时间有限，存在疏漏和不足之处，恳请广大读者提出宝贵意见，以期不断完善。

编者

2025 年 3 月

目　录

第一章　房车与房车旅游

学习目标

（1）了解房车的定义与分类。

（2）掌握房车旅游产业的构成及业态。

（3）了解房车旅游的理论基础。

（4）了解房车旅游的发展概况。

第一节　房车概述

房车具有“房”与“车”两大功能，集住宿、餐饮、运输、娱乐为一体，是人类社会发展到特定时期的产物。

房车旅游是一种以房车为载体的旅游活动，在欧美国家已有近百年的发展历史。但是，房车旅游自20世纪90年代才第一次进入我国游客的视野，在电影《不见不散》中男主人公居住的就是一辆房车。近年来，随着旅游业的迅速发展及人们休闲水平的提高，游客越来越追求个性化、休闲化的旅游方式，旅游项目也在不断创新升级。因此，集自由、灵活、舒适于一体的房车旅游日益受到游客的青睐。

一、房车的产生与发展

（一）房车的产生

追溯房车历史，国外多数人认为房车的雏形在发明汽车前就有了，那就是吉普赛人的大篷车。而现代意义上的房车则起源于美国，第一次世界大战末，美国人把帐篷、床、厨房设备等加到了家用轿车上。1928年，美国人亚瑟尔·G. 舍尔曼（Arthur G. Sherman）设计并建造了第一辆房车，车身长9英尺（1英尺＝0.3048米）、宽6英尺、中心部位高度5英尺，车盘上装置有后门，车厢顶棚由帆布做成，第一辆房车基本功能齐全。在1929年底特律汽车展示会上，第一辆房车在观众中引起巨大的反响。基于亚瑟尔·G.舍尔曼对早期房车产业做出的巨大贡献，1974年人们将他的名字记入了房车名人堂博物馆（The RV/MH Hall of Fame Museum）。

小资料

房车名人堂博物馆（The RV/MH Hall of Fame Museum）位于美国印第安纳州的艾克哈特市，是世界著名的“房车之都”。艾克哈特市以两大特色闻名于世。一是该市有全世界最大的“旅行房车博物馆”，其展品繁多，堪称一绝，馆藏了世界最早和最大的房车；二是艾克哈特市集中了众多的房车制造厂和销售商，是全美百万富翁人口比例最高的地区。

（资料来源：《中国汽车报》，2004年3月2日第19版）

（二）西方国家房车的发展

从20世纪至今，房车的发展大致经历了萌芽时期、发展时期和成熟时期三个阶段：

图1-1　ZAGELMEYER帐篷式拖挂房车
（图片来源：中国商用汽车网）

1. 萌芽时期

20世纪初，一些户外爱好者在旅行车内配备小帐篷、简易折叠床和小型厨具，以旅行车为载体，开始将食、住、行、娱一体化。到了20世纪20年代，为了营造居家氛围，美国人将木制简易房安装在底盘上，“房”与“车”开始结合，汽车开始融入“移动之家”的内涵。这一发展阶段的房车车身尺寸较小、车内安装的设备也比较简陋。如图1-1所示。

2. 发展时期

20世纪30年代，在技术设计方面，房车制造商开始借鉴航天器的流线型结构外形，操作性能更加成熟。同时，在房车内部安装卧室、厨房、水电、卫浴等设施，居家生活功能更加完善。内部的所有设备都被稳稳地固定在车板上，即使在行驶过程中出现颠簸，也不会发生物品坠落现象，稳定性有了很大提高。这一时期的房车具有功能齐全、布局科学等特点。因此，当小型房车作为商品首次进入消费市场时，引起了很好的市场反响。与此同时，随着房车旅游市场规模的日益扩大，房车营地建设也得到了飞速发展。

3. 成熟时期

第二次世界大战以后，美国发达的公路系统使房车工业迅猛发展，加上航空技术在房车设计上得到进一步应用，房车制造技术日益完善。同时，一些国家开始建立房车协会，专门负责房车的设计、制造、销售以及房车旅游活动的组织，例如，美国的房车工业协会、澳大利亚的房车和露营行业协会等。专门的房车展览交易会也开始形成，例如，美国的国家房车展(National RV Trade Show)、德国的杜塞尔多夫房车展(Caravan Salon Dusseldorf)等。房车发展逐步进入产业化时期，并且开始朝两个不同的方向发展：一个是向汽车业靠拢，即旅居房车；另一个是往住宅方向发展，即可移动住宅。

经过近百年的发展，航空技术和材料在房车技术上的运用，大大增加了房车内部舒适性，一些新型的豪华房车使用的是涡轮柴油发动机加上豪华的家居用品。旅行房车在欧美已经是人们休闲旅游甚至生活中的一部分。美国一年生产房车 30 多万辆，其中拖挂式居多。国外房车消费的主要目的是旅行、打猎、钓鱼等休闲活动。房车的使用人群是退休人群，因为他们有的是时间和积蓄，以及想放松心情。

(三) 中国房车的发展

我国的房车产业发展起步晚，但是发展速度比较快，其发展历程可以分为三个阶段：

第一阶段是 20 世纪 90 年代，房车作为新鲜事物在电影《不见不散》中第一次进入人们的视野。1999 年，金黄河旅行房车有限责任公司正式成立，这是我国首家从事房车研发、租赁、经营的企业。

第二阶段是 2000 年到 2005 年，这一时期我国的房车制造业得到迅速发展。中天高科特种车辆有限公司通过引进美国技术，实现了自主创新生产，2001 年旅居房车 TC5040XLJ(见图 1-2)的问世开启了自行研发生产旅居房车的历史，标志着企业自主创新能力的一次历史性跨越。随后，许多车辆改装企业纷纷涉足房车制造业，例如，宇通客车、中汽商用车、香山改装车厂等。

图 1-2　中天高科特种车辆有限公司的旅居房车 TC5040XLJ
(图片来源：中国汽车网 www.chinacar.com.cn)

第三阶段是 2006 年至今，这一时期房车制造技术日益成熟，竞争焦点转移到内部空间设计、个性化、舒适度等方面。生产厂商通过各种营销手段积极开拓房车消费市场，例如，举办各种房车展览会、专门的房车网站、设计房车旅游体验线路等。与此同时，政府部门也开始出台一系列政策促进房车旅游发展。由于房车旅游市场需求增加，房车营地建设开始成为新兴投资热点。

二、房车的定义与分类

（一）房车的定义

房车，也称旅居车（辆），在我国还没有统一的概念。在现有文献、文件和标准中多数用房车表述，但最近两年个别研究文献、标准和政府文件也开始使用旅居车辆替代房车的趋势。

如同小客车在汽车的专业分类中属于“乘用车”，旅居车辆定性偏向于交通客运工具，多出现在汽车专业技术领域的术语中；而在房车旅游语境中，房车多定性为旅游设施，从旅游设施分类的角度，多数以房车为适用术语。

国家标准《旅居车辆　术语》（GB/T 22550—2023）中对旅居车辆（房车）的定义是：满足旅行或野外工作要求和道路与车辆使用要求的车辆，车厢装有隔热层，车内设有桌椅、睡具（可有坐具转变而来）、炊事、储藏（包括食品和物品）、卫生设施及必要的照明和空气调节等设施，用于旅游和野外工作人员宿营的专用汽车。房车包括旅居车和旅居挂车。

（二）房车的分类

根据车辆长度不同，房车可以分为大型房车（车辆长度大于 6 米）和小型房车（车辆长度不大于 6 米）。按是否配置动力系统可以分为自行式房车和拖挂式房车。

1. 自行式房车

自行式房车一般由客车、皮卡等改装而成，自身配备了动力系统，在没有外力牵引下可以独立行驶。常见的有自行式 A 型房车、自行式 B 型房车、自行式 C 型房车。

1）自行式 A 型房车

自行式 A 型房车的面积一般可以达到 40 平方米左右，是体积最大、设备最豪华的自行式房车（见图 1－3）。从外表来看和大客车相差无几，但是车体内部豪华设备（卧室、厨房、卫浴、影音设备、网络系统等）一应俱全。在旅途中，人们可以自主使用这些设备，随时随地享受家一样的温馨舒适。

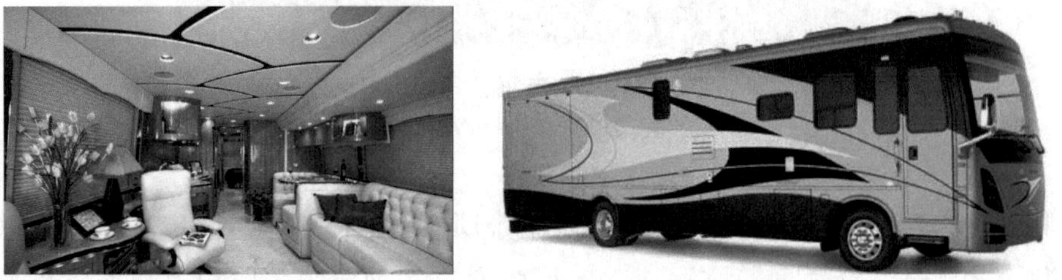

图 1－3　自行式 A 型房车（图片来源：21 世纪房车网）

2）自行式B型房车

自行式B型房车又称厢式露营车，在中小型厢式车的基础上改装而成(见图1－4)。由于车身主体是厢式货车，因此外观相对低矮，体积较小。为了扩大空间，可以安装隆起的车顶或者可下沉地板。该车型房车价格便宜，操作简单，适用于短途旅行。自行式B型房车可供人们在旅途中临时休息、饮食、洗浴等，是经济实用型户外旅行的首选产品。

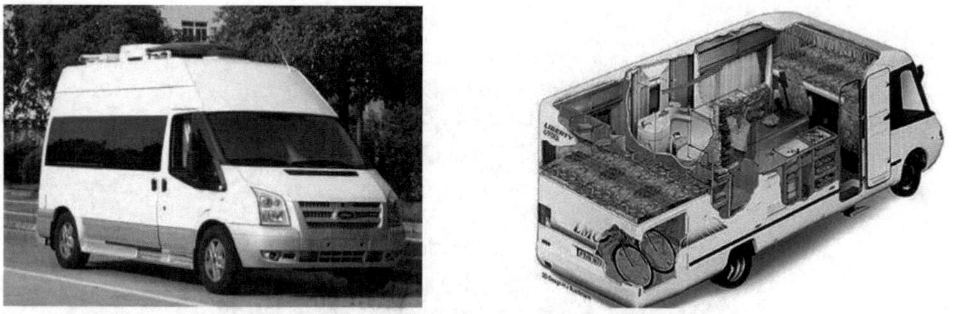

图1－4 自行式B型房车(图片来源：21世纪房车网)

3）自行式C型房车

自行式C型房车，又称小型移动房车，是在厢式货车的基础上改装而成，空间比自行式B型房车略大(见图1－5)。除了车后的睡眠区，在驾驶舱上方还有一个睡眠区，闲置的时候可用于储藏物品。该类型房车有充足的活动空间，配备全套生活设施。

图1－5 自行式C型房车(图片来源：21世纪房车网)

2. 拖挂式房车

拖挂式房车由挂车和牵引车组成，自身不具备动力系统，需要牵引车拖挂行驶。常见类型可以分为拖挂式A型房车、拖挂式B型房车、拖挂式C型房车、拖挂式D型房车、移动别墅型房车。不同车型的牵引装置在受力方面有所差别：拖挂式A型房车和拖挂式C型房车与牵引车辆仅用挂钩相连接，牵引车不承担挂车的负重荷载。拖挂式B型房车的车轴安装在车辆后侧，通过联结装置使牵引车承担挂车的部分负重荷载。拖挂式D型房车的挂车整体安装在牵引车车槽上，由牵引车承担挂车的全部负重荷载。

1）拖挂式A型房车

拖挂式A型房车通过挂钩连接在SUV或小汽车后面(见图1-6)。大型A型房车的长度可以达到十几米,需要大动力的机动车作为牵引动力,小型A型房车也就3米左右,普通小汽车就可以对其进行拖拽。到达旅游目的地之后,挂车可以与牵引车进行分离。拖挂式A型房车内部活动空间更大,设备更加完善,可以满足长期户外生活的需要。

图1-6 拖挂式A型房车(图片来源:21世纪房车网)

2）拖挂式B型房车

拖挂式B型房车的连接装置安放在皮卡车车厢里,在不使用的时候可以进行分离(见图1-7)。独特的错层设计使皮卡车厢上方的空间可以作为主卧室,这样使得车身内部空间更加宽阔。同时,错层设计也使活动空间变得更加舒适。拖挂式B型房车体积较大,特别适合度假或长期居住。

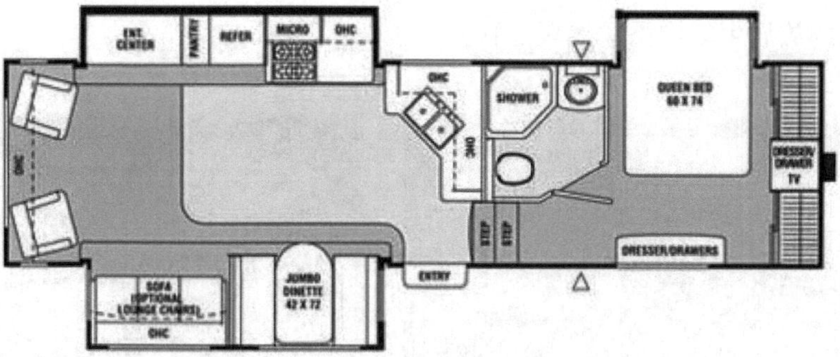

图 1-7　拖挂式 B 型房车(图片来源:21 世纪房车网)

3) 拖挂式 C 型房车

拖挂式 C 型房车价格低、行驶方便、型号众多,比较适合短途旅行。四周或顶部可以折叠,设备相对简易,主要功能是提供休息睡眠(见图 1-8)。为了节省空间,车内的小家具常常被设计成折叠式,使用或离开营地时可以快速打开或合上。由于重量较轻,很容易被大多数的汽车或小型迷你汽车拖拽,甚至人力就可以操纵。此类房车设计精巧,操作方便,深受年轻人的喜爱。

图 1-8　拖挂式 C 型房车(图片来源:21 世纪房车网)

4) 拖挂式 D 型房车

拖挂式 D 型房车,又称驮挂房车,原因是挂车被安装在皮卡车的底盘或车厢上。从外形来看,像是可以拆卸的自行式 C 型房车(见图 1-9)。该类型房车的最大特点是挂车没有车轮，行驶的时候完全依靠牵引车提供动力。拖挂式D型房车造型紧凑，功能齐全，给人们的旅居生活增添了无限精彩。

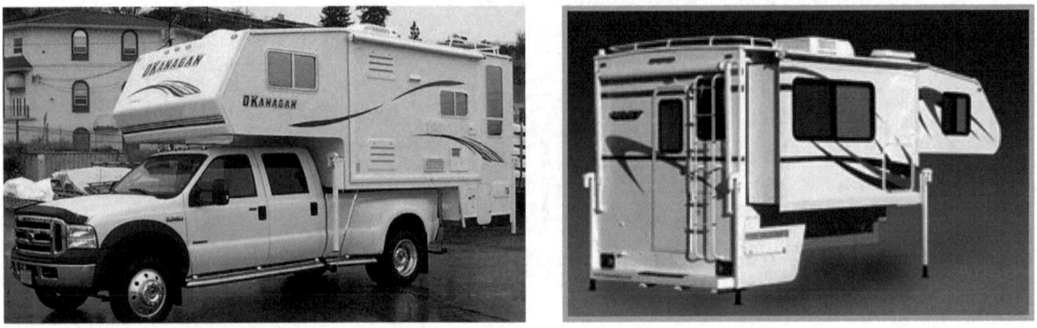

图1-9　拖挂式D型房车(图片来源:21世纪房车网)

5）移动别墅型房车

移动别墅型房车建造在一个带轮底盘上，由于体积庞大，需要特殊的牵引车提供动力，例如，搬运车、卡车等(见图1-10)。在房车设计时，车上电器设备不使用12V电力，车辆一旦停靠就必须连接公共电力系统。该类型房车空间大，设施豪华，专门为长时间度假休闲的旅行爱好者而设计。

图1-10　移动别墅型房车(图片来源:21世纪房车网)

第二节　房 车 旅 游

全球的房车文化已经非常成熟，它体现了人们对自由的追求。人们渴望在退休以后每天过着“路上的生活”，确切地说就是在房车里享受休闲时光。很多人认为房车使旅游变得舒适便利，可以在旅途中自己做饭、睡自己的卧室，并且随时随地可以享受洗浴。即使在荒无人烟的地方，这种温馨的居住环境依然可以保持不变。多数国家会建造许多免费的公共露营地，作为一种基本的旅游公共服务设施，配备供水系统、排污系统、电力系统等，保证旅游者可以得到基本的物资补给。

房车旅游是一种更深层次的休闲体验。它集中体现了休闲旅游的发展趋势，具有很广阔的市场前景。在体验经济和休闲旅游时代，人们的消费习惯正在转变，更多的人寻求高品质的休闲方式，不再只是简单地观光游览，而是要求增强旅游感受，期望在旅行中体验自然、亲近自然的互动活动。房车旅游自由灵活，就像带着家一起旅行，旅游者可以随心所欲地停留在景区或其他喜欢的地方，既能享受家的舒适，又能欣赏美丽风光，房车旅游符合了现代旅游者对休闲旅游的需求，越来越受到旅游者的欢迎。

一、房车旅游的基本要素

在国外，房车旅游被称为OHVR(Off-Highway Vehicle Recreation)，是随着汽车的普及和公路交通的发展而诞生的一种休闲旅行方式，指以房车和房车营地为物质载体进行的自给自足的户外旅游活动，强调在旅游者体验户外生活、满足社交需要的同时，保持与定居生活相同的熟悉性和舒适感。

目前，我国关于房车旅游的理论研究仍处于初始阶段，房车旅游还没有一个标准、权威的概念。为了方便研究，结合旅游学相关理论及房车旅游的实践，我们将房车旅游定义为：旅游者以房车为工具，以自由灵活、亲近自然、放松身心为目的，离开常住地到房车营地或旅游景区开展休闲、度假、娱乐等游憩活动的一种新型旅游方式。房车旅游的开展需要具备以下几个要素：

（一）休闲时间

为了保护居民的合法休假权利，我国制定了专门的休假制度，每年人们可以享受124天左右的休假时间，大量的休假时间为居民出游在时间上提供了可能性。2021年，全年共有52个双休日、11个法定节假日，其中元旦1天、春节3天、清明节1天、劳动节1天、端午节1天、中秋节1天、国庆节3天。在节假日，人们可以租赁房车到城市公园或者绿地进行露营活动。如果是长假期，就可以开着房车到更远的地方去体验户外生活。

（二）经济收入

休闲旅游的开展与人们的收入水平和消费水平有着直接的关系。居民的经济条件越来越好，这就为房车旅游的开展提供了坚实的物质基础，居民消费越来越合理化，更加侧重于精神消费、休闲消费。

（三）道路系统

近年来，我国交通建设事业取得蓬勃发展。密布的公路网横贯东西、直通南北，城市间及城乡之间的距离大幅缩短。另外，导航定位系统的应用也为自驾出行提供了便利条件。

（四）露营地

房车旅游的发展离不开露营地。一般而言，房车露营地的最基本功能是提供房车停靠。当然，为了保证露营生活质量，必须配备各种生活设施。在一个完整的房车露营地，主要有生活区、商务区、休闲娱乐区等。在这里，游客可以给房车补充给养，最常见的是生活必需品、补水、充电、排污。欧美国家房车营地的规划建设已经相当成熟，而我国正处于探索阶段。

二、房车旅游的利益相关者

和其他旅游产品形式一样，房车旅游也有一个完整的系统，主要包括房车制造商、房车经营商、营地运营商、旅游者、旅行社、政府部门（见图 1－11）。房车制造商主要分为两大类：一类是自主设计生产，主要是国外一些技术非常成熟的房车生产企业；另一类是改装生产，我国的房车生产商大多属于这一类。房车经营商主要从事房车的销售、租赁、维修等工作。目前，由于我国房车旅游仍处于起步阶段，所以房车销售客户群体大多是房车营的。营地运营商主要负责房车营地日常的运营事宜，包括组织接待旅游团体、房车租赁、房车维修、安全管理等，是房车旅游系统中非常重要的环节。旅行社通过设计房车旅游线路，将零星的房车营地组织成网络体系，并且通过制订详细的出团计划，保障旅行活动顺利进行。政府通过制定法律政策，在宏观环境层面给房车旅游发展

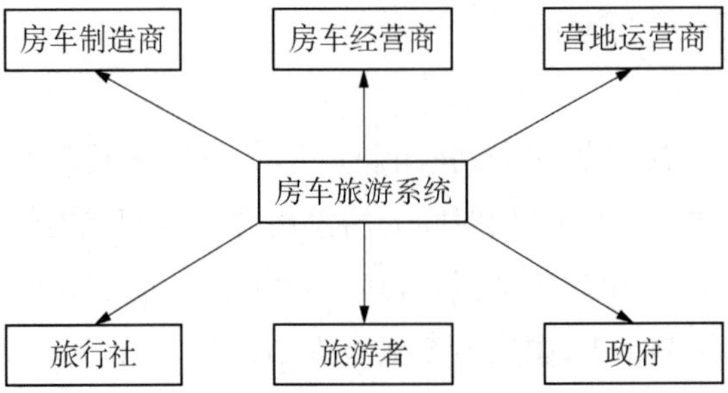

图 1－11　房车旅游利益相关者构成

提供利好。同时,在房车营地规划设计过程中,政府需要履行监督职责,防止开发商非法使用土地和破坏生态环境。旅游者是房车旅游的主体参与者,通过整合上述资源,实现房车旅游活动。

三、房车旅游的特征

由于房车具有“房”和“车”两大功能,因此在房车旅游发展过程中会呈现一些独特的属性。

(一) 个性化

旅游者对团队式旅游已经渐渐厌倦,现在考虑更多的是寻求一种不同的经历、不同的感受以及一段值得珍藏的记忆。房车旅游者摆脱现代生活的固定轨迹,在没有紧迫感和束缚的情况下,回归真正的自我。

在房车旅游过程中,旅游者的个性化体验主要体现在以下几方面:首先,旅游者可以自主设计房车内部空间布局,基于自己的物质基础、审美需要等因素设计满意的居家环境;其次,自己设计旅游线路,不论是深山老林、茫茫草原,还是大漠流沙,只要路面条件允许,均可以看到房车旅游者的身影;最后,旅游出行时间、人数组合、出游形式完全取决于个人安排,既可以选择家庭形式,也可以选择组团形式。

(二) 深度交往

人际交往是维系社会主体之间关系的桥梁,是维护社会稳定的纽带。目前,旅游已经发展成为一种重要的交往方式。根据理论研究,在旅游过程中的交往行为可以分为隔离、潜交、示意、互动和竞争。在传统旅游模式下,旅游过程中的交往大多是以感观为主的浅层次交往。而房车旅游具有独特的“行居”特性,使旅游的异地性和暂时性在人的心里体验方面大大减弱,为旅游者实现深层次交往提供了可能。旅游者可以在更为平等的基础上参与目的地社区的各项活动,实现新西兰怀卡托大学克里斯·瑞恩(Chris Ryan)教授提出的“旅游者-朋友模型”。

在国外,房车旅游一直受到社会心理学家的极大关注,从心理交往的角度研究房车旅游,增进跨文化之间的交流,维护社会和谐稳定具有重要意义。

(三) 扩大旅游空间

汽车工业的迅速发展增强了旅游者自主出游的可能性,同时也使出游距离不断延伸,长途自驾游已经成为旅游体验的重要方式之一。随着旅游业的发展,旅游吸引力范围不断扩展,道路也逐渐从单纯的交通设施演变为旅游景点的一部分,依托道路两旁的植被而设计的沿途景观丰富了旅游者的休闲体验。在偏远的未开发旅游区域,由于房车本身可以提供餐饮和住宿功能,基础设施欠缺问题得到了有效的解决,可供旅游者选择的旅游目的地变得更加多样化。

（四）呈点轴分布

房车首先是一种交通工具，离不开道路系统。因此，房车营地的选址主要是沿交通线或者交通枢纽点分布，在地理表现形式方面呈现点轴分布状态。在城市周边的房车营地一般呈环带状分布，在小城镇则会出现一些季节性或者永久性的房车营地。另外，房车营地的选址和形态也会受到地形地貌、资源质量的影响。

四、房车旅游产业

房车旅游首先是一种旅游产品形式，是旅游业发展的一种新方向。如果把房车旅游看作一个产业，那么首先涉及的就是旅游业，其次还包括汽车制造与改装业、展览业、户外装备制造。旅游者通过设计房车旅游线路产品，在满足自己休闲旅游需要的同时，又不断创新旅游产品，从而推动旅游业发展。对旅行社而言，当一种崭新的旅游产品进入市场之后，而且这种产品还拥有大量的消费群体，那么它就会成为一个重要的利润增长点。房车露营地的建设与运营又可以解决当地居民的就业问题，增加社区收入，推动目的地经济发展。

房车属于特殊的车种，在房车内部需要配置大量的居家生活设施，例如，炉具、卫浴、空调等(见图 1 - 12)。另外，电力系统、供水系统、排污系统、燃气系统等也需要特殊的设计。房车对于制造业来说，这里的制造业不单指汽车制造，还包括零部件制造、电器制造、家具制造等，都是一次很好的发展机遇。房车制造有助于推动整个制造业的重组与技术创新，实现制造业的优化升级。

空调

桌椅

餐具

卫浴

图 1 - 12　房车内部零部件(图片来源:露营中国)

展览会是房车露营发展的一个重要媒介，扮演着传播者的角色。展览会主要是展示最新房车产品、制造技术、设计趋势、房车商务、旅游和服务设备及配套产品。欧美地区的房车展览会创办时间早，参展规模大，影响范围广，代表着世界房车市场的最新成果与发展趋势。例如，德国的杜塞尔多夫国际房车展，它创办于1962年，每年举行一届，是世界最大的汽车露营及房车展。展品类别包括自行旅居车及牵引式旅居车、旅居车设备、摩托旅居车、旅居车改装配件及设备、旅居车维护、维修及售后服务、旅居车营地配套设施及设备、露营用品、休闲用品、帐篷、配件等。

有一个因素会直接影响到旅游者的露营质量，那就是户外装备用品（见图1-13）。房车虽然可以提供住宿、餐饮，但在人数较多的情况下，你就必须考虑户外设备。例如，户外帐篷可以使亲朋好友在封闭的狭小空间交流感情，增强亲近感，同时，又可以零距离接触大自然，摆脱现代文明的影响。

背包

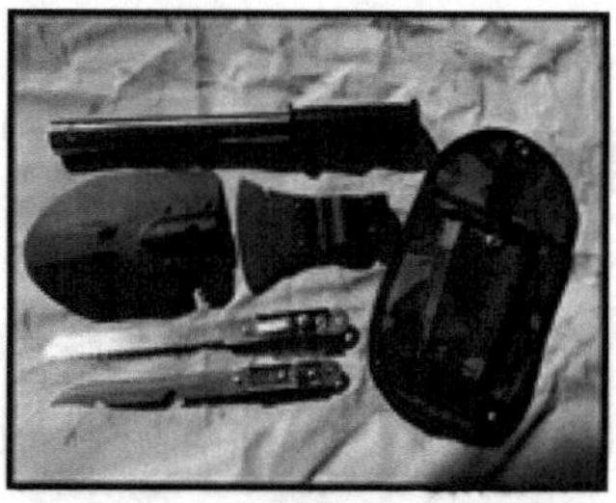
铲具

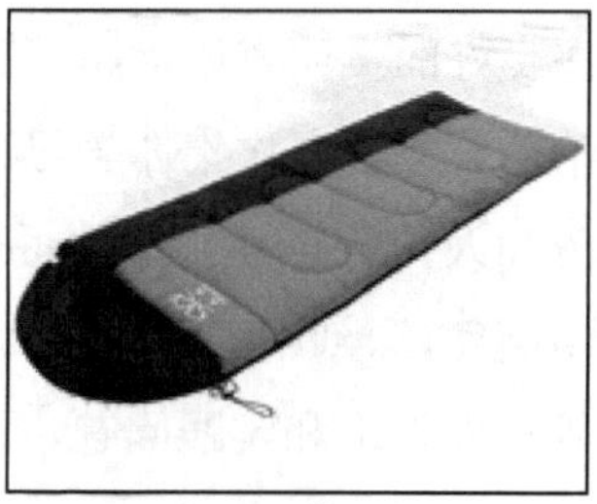
睡袋

导航仪

帐篷

露营灯

图1-13 户外用品(图片来源:中国户外用品网)

第三节 房车旅游的理论基础

房车旅游的理论基础主要包括生态文明思想和休闲理论。生态文明理论是习近平生态文明思想的重要组成部分，是指导我国生态文明建设和生态环境保护的科学理论。休闲理论是研究人类休闲行为和休闲现象的科学理论，它涉及休闲的概念、功能、类型、价值、需求、动机、满意度等方面。

一、生态文明思想

（一）主要内容

2017年10月18日，习近平总书记在党的十九大报告中指出："必须树立和践行绿水青山就是金山银山的理念，坚持节约资源和保护环境的基本国策，像对待生命一样对待生态环境，统筹山水林田湖草系统治理，实行最严格的生态环境保护制度，形成绿色发展方式和生活方式，坚定走生产发展、生活富裕、生态良好的文明发展道路，建设美丽中国，为人民创造良好生产生活环境，为全球生态安全作出贡献。"

"生态环境保护和经济发展是辩证统一、相辅相成的，建设生态文明、推动绿色低碳循环发展，不仅可以满足人民日益增长的优美生态环境需要，而且可以推动实现更高质量、更有效率、更加公平、更可持续、更为安全地发展，走出一条生产发展、生活富裕、生态良好的文明发展道路。"2021年4月30日，习近平总书记在主持第十九届中共中央政治局第二十九次集体学习时强调。习近平总书记传承中华民族传统文化、顺应时代潮流和人民意愿，站在坚持和发展中国特色社会主义、实现中华民族伟大复兴中国梦的战略高度，深刻回答了为什么建设生态文明、建设什么样的生态文明、怎样建设生态文明等重大理论和实践问题，系统形成了习近平生态文明思想，有力指导生态文明建设和生态环境保护取得历史性成就、发生历史性变革。习近平总书记关于生态文明建设的重要论述，立意高远，内涵丰富，思想深刻，对于我们深刻认识生态文明建设的重大意义，完整准确全面贯彻新发展理念，正确处理好经济发展同生态环境保护的关系，坚持走生产发展、生活富裕、生态良好的文明发展道路，加快建设资源节约型、环境友好型社会，推动形成绿色发展方式和生活方式，推进美丽中国建设，实现中华民族永续发展，实现"两个一百年"奋斗目标、实现中华民族伟大复兴的中国梦，具有十分重要的意义。

生态文明理论强调了人与自然和谐共生的关系，提出了"绿水青山就是金山银山"的发展观，强调了经济、社会、环境三者之间的协调发展。党的十八大以来，在习近平生态文明思想科学指引下，我国生态环境保护发生历史性、转折性、全局性变化。习近平生态文明思想以科学的理论范畴、严密的逻辑架构、深邃的历史视野丰富和发展了马克思主义人与自然关系理论，对中华优秀传统生态文化进行创造性转化、创新性发展，为正确认识人与自然关系提供科学指导，为建构中国自主的生态文明知识体系提供科学指引。

（二）在房车旅游领域的应用

房车旅游是一种低碳环保的旅游方式。房车旅游不仅节省了住宿、交通等方面的资源消耗，而且减少了对于自然环境的破坏和污染。房车旅游者通常会选择在有配套设施的房车营地停留和休息，这样可以有效地利用好现有的水电等公共资源，避免随意排放垃圾和污水，保护好周边的生态系统。房车旅游者也积极遵守"不留痕迹"的原则，在自然景区进行观光时，不破坏植被、动物、地貌等自然元素，不采摘或携带任何自然物品等。这些做法都体现出房车旅游者对于生态环境的尊重和保护，符合生态文明理论的要求。

房车旅游是一种绿色发展的旅游方式。房车旅游不仅能够带来经济效益，而且能够促进社会效益和生态效益。从经济效益来看，房车旅游能够拉动相关产业的发展，如房车制造、销售、维修、租赁等行业，以及房车营地、停车场、加油站等服务业。从社会效益来看，房车旅游能够增进人们的身心健康，提高人们的幸福感和生活质量。房车旅游者可以在自然环境中放松身心，享受亲近自然、亲近家人、亲近朋友的乐趣。从生态效益来看，房车旅游能够提高人们的生态意识和责任感，促进人与自然和谐共生。房车旅游者可以在自然景区中感受自然之美，增强对于自然资源和环境的珍惜和爱护。这些效益都体现出房车旅游的绿色发展理念，符合生态文明理论的目标。

房车旅游是一种文明发展的旅游方式。房车旅游不仅能够丰富人们的文化生活，而且能够传承和弘扬中华优秀传统文化。从文化生活来看，房车旅游能够拓宽人们的视野和知识，增进人们对于不同地域、民族、风俗的了解和尊重。房车旅游者可以在自驾途中欣赏各种自然风光和人文景观，体验各种特色美食和民俗活动，学习各种历史故事和民间传说。从传统文化来看，房车旅游能够继承和发展中华民族尊重自然、热爱自然的生态文化。房车旅游者可以在自然环境中感受中华民族的生态智慧和生态情感，如“天人合一”“道法自然”“山川之美”“水乡之韵”等。这些文化都体现出房车旅游的文明发展价值，符合生态文明理论的精神。

二、休闲理论

（一）休闲理论的主要内容

休闲是一种生活方式、一种文化现象、一种社会建构，也是一种人类发展的重要条件。休闲理论是对休闲的本质、功能、价值、形式、影响等方面进行系统的研究和阐述的学科。古典休闲理论认为休闲是一种高尚的精神活动，是人类追求真善美的表现，是人类自由和幸福的源泉。功能主义休闲理论则认为休闲是一种社会功能，是为了恢复体力和精神，提高工作效率和生活质量，维持社会稳定和秩序。基于社会心理学的休闲理论则将休闲视为一种个人心理状态，是根据个人的兴趣、动机、态度、满足等因素进行自我选择和自我实现的过程。

休闲旅游是指人们在休闲时间内进行的旅游活动，是一种以娱乐、放松、体验为目的的旅游方式。休闲旅游可以增加人们的知识、拓宽视野、丰富情感、提高素养，也可以促进地区的经济发展、文化交流、环境保护等。休闲旅游包括各种类型和形式，如观光旅游、度假旅游、探险旅游、文化旅游、生态旅游等。

房车旅游是一种休闲方式，它可以让人们在自由时间里享受自然风光，体验不同地域的文化风情，增进与家人或朋友的感情，放松身心，提高生活质量。房车旅游作为一种休闲活动，可以反映人们的价值观、生活态度、审美情趣等方面的个性特征，也可以促进人们对自我和社会的认识和理解；作为一种文化体验，房车旅游可以让人们接触不同的历史、风俗、艺术等方面的文化元素，丰富人们的知识和情感，激发人们的创造力和批判性思维。

（二）休闲理论在房车旅游领域的应用

房车旅游是一种具有多重价值和意义的休闲方式，它不仅能够满足人们在物质层面上的需求，也能够满足人们在精神层面上的追求。房车旅游体现出休闲理论中关于社会建构、文化基础、经济资源、生态平衡等方面的内容，也符合马克思主义关于自由时间是人类社会真正财富和建立自由王国的根本条件的思想。房车旅游是一种适应现代社会发展和人类文明进步的休闲方式，值得倡导和推广。

根据休闲理论，房车旅游者的休闲动机可以分为内在动机和外在动机。内在动机是指旅游者出于个人兴趣、爱好、情感或价值观而进行房车旅游的动力，如寻求刺激、探索新奇、表达自我、实现自我或逃离压力等。外在动机是指旅游者受到外部环境或他人影响而进行房车旅游的动力，如满足社会期待、获得认可、增进友谊或遵循潮流等。

房车旅游和房车产业可以为人们提供各种类型的休闲活动，让人们在旅途中享受不同的体验。房车旅游可以让人们自由地选择旅行路线和目的地，随时随地停留和游览，感受沿途的风景和文化。此外，房车旅游是一种结合了交通、住宿、餐饮和娱乐等功能的综合性旅游方式，它可以满足旅游者对自由、自主、自在和自然的休闲追求。房车旅游者可以根据自己的喜好和计划，随时随地选择目的地、路线和停留时间，享受沿途的风景和文化，体验不同的生活方式和社会关系。房车旅游也可以让人们在房车内或者露营地进行消遣性或者表现性的活动，如看电影、烧烤、唱歌等。房车旅游还可以让人们接触到不同的人和事，拓宽视野和知识，增进对自然和社会的理解和尊重，从而实现成长性的活动。

此外，房车产业是指与房车相关的生产、销售、租赁、维修、改装等行业，它为房车旅游提供了必要的物质基础和服务保障。房车产业也是休闲理论的应用领域，它可以为从业者和消费者提供多种休闲机会。从业者可以通过参与房车设计、制造、改造等过程，发挥自己的专业技能和创造力，实现表现性和成长性的活动。消费者可以通过购买或者租赁房车，根据自己的喜好和需求定制房车内部空间和设施，享受个性化和舒适化的休闲生活。

复习提问

（1）房车有哪些类别？请举例说明。

（2）房车旅游产业的构成包括哪些要素？

（3）房车旅游的主要理论基础有哪些？请简要概述每个理论的核心观点。

（4）房车旅游在世界上的发展历史是怎样的？

第二章　房车结构与改装

学习目标

(1) 了解房车的结构组成,包括底盘系统、内部生活系统等,以及它们在房车使用中的作用和重要性。

(2) 了解房车改装的设计原则和工艺流程,包括但不限于改装材料的选择、车身结构设计,以及改装过程中的冲压、焊接、涂装和总装工艺。

第一节　房车结构

在开始本节的学习之前,我们需要弄清楚在国内语境下的一对概念:"原厂房车"与"改装房车"。

原厂房车是指由汽车制造商直接生产并销售的房车,这些房车在设计、生产过程中硬件支持稳定全面,最终的产品质量更为可靠。原厂房车通常在制造商的生产线中进行一体化设计和制造,保证了车辆的一致性和质量控制。例如,上汽大通 MAXUS 原厂房车就是由上汽大通直接生产,提供 B 型、C 型、皮卡房车等多种型号,并且在 2024 年 3 月迎来了第 10 000 辆交付的里程碑。

改装房车则是在已有的车辆基础上,根据个人或特定需求,对车辆的内部或外部进行改造和升级。这可能包括增加或改变内部设施、改进车辆的居住功能或外观等。改装可能由车主自己进行,或由专业的改装厂完成,但改装的质量和安全性可能因改装厂的专业水平而异。

一般来说,原厂房车是由汽车制造商按照统一标准在生产线上生产的,享有严格的质量控制和全面的测试流程,同时提供完整的售后服务和保修政策。它们在设计和生产阶段就已满足法规要求,确保了合法性和顺利通过年检。相比之下,改装房车是基于现有车辆进行个性化改造的,其质量依赖于改装质量,保修可能因改装部分而受限。虽然改装房车提供了更多的个性化和定制选项，但可能需要额外步骤来确保车辆符合法规，且定制选项可能受到制造商标准配置的限制。

无论是原厂房车还是改装房车，其车辆的结构大致相同，本节将从底盘结构、内部生活系统和房车的功能设施三个部分来进行介绍。

一、底盘结构

房车底盘系统构成了房车的基础结构，它涵盖传动系、行驶系、转向系和制动系这四个核心部分。传动系的作用是将发动机产生的动力传递到车轮，驱动房车前进；行驶系则包括车架、车桥、车轮和悬挂装置，它们共同承担着支撑房车重量并确保车辆行驶平稳的重要任务；转向系赋予驾驶员控制房车方向的能力，使车辆能够按照驾驶员的意愿行驶；而制动系则负责在必要时减速或停止车辆，保障行车安全。从功能上而言，底盘系统不仅承载着房车的发动机和各种部件，还决定了房车的整体外观，并接收发动机的动力，使房车得以运动。它通过悬挂系统、制动系统和转向系统的设计，确保房车在各种路面条件下的行驶稳定性和安全性，同时提供支承作用、安装作用及动力传递，保障车辆的正常行驶。

底盘系统包括悬挂系统、制动系统及转向系统。

(一) 悬挂系统

房车旅游因其独特的旅行体验而越来越受到人们的青睐，它允许游客深入探索那些常规旅游难以到达的偏远地区。然而，这样的旅行往往意味着房车需要在各种路况下行驶，包括未铺装的道路、崎岖的山路或是多变的地形。这就对房车的整体性能提出了严格的要求，尤其是其应对复杂路面的能力。房车必须能够在任何路面条件下都能稳定地启动、行驶和制动，确保旅途的安全与舒适。

在这种情况下，有效的减震措施变得尤为关键。减震系统的作用是减少由于路面不平造成的车内震动，从而为乘客提供一个平稳且舒适的旅行环境。悬挂系统，作为房车底盘的关键组成部分，对车辆的操控稳定性和乘坐舒适性有着决定性的影响。一个设计合理的悬挂系统能够显著提升房车的减震性能，使车辆在行驶过程中更加平稳。

悬挂系统有多种形式，包括双横臂、空间多连杆悬挂、钢板弹簧悬挂和橡胶悬挂等。其中，橡胶悬挂因其独特的优势在房车领域得到广泛应用。橡胶悬挂的工作原理是利用橡胶轴代替传统的金属弹簧。当车轮遇到颠簸路面时，轮胎的上下运动通过连接臂传递给橡胶轴，橡胶轴通过自身的变形和回弹来吸收震动，实现减震效果。与传统的钢板弹簧悬挂相比，橡胶悬挂减少了金属部件之间的磨损，提供了更好的独立悬挂性能，由于其材质特性，橡胶悬挂具有重量轻、平稳性好，对车体的冲击力小等优点，这些都使得橡胶悬挂成为提升房车舒适性的重要选择。

（二）制动系统

房车的制动系统是其安全性能的核心，它使得驾驶员能够根据需要控制车辆减速、停车或在斜坡上稳定驻车。这一系统通常包括车轮制动器、液压或气压传动机构，以及制动操纵机构，后者负责将驾驶员的操作转化为实际的制动动作，并通过制动轮缸和管路将制动能量传递到各个制动器。为了提升安全性，房车的制动系统往往集成了防抱死制动系统（ABS），该系统在紧急制动时能防止车轮锁死，从而让驾驶员保持对车辆的控制并避免失控。此外，房车通常不会仅依赖单一制动系统，而是采用多重制动系统以确保在紧急情况下，即使部分系统失效，车辆仍能安全制动。这些设计细节共同构成了一个复杂而精密的制动系统，它对于保障房车在各种路况下的行驶安全至关重要。

（三）转向系统

房车转向系统指改变、保持或恢复房车行驶方向的一系列装置。它和制动系统为房车的行驶安全保驾护航。转向系统多分为机械转向和动力转向两类。自行式房车多用动力转向系统。动力转向系统相较机械转向系统，能减轻房车驾驶员操作方向盘的工作量，更轻松地操控方向盘。

房车底盘作为房车的基石，承载着整个车辆的重量，对房车的整体质量有着决定性的影响。然而，我国在房车专用底盘的生产技术上尚存在不足，导致国产的专业房车底盘相对比较匮乏。尽管部分车企已开始自行开发和制造底盘，很长一段时间来，市场上的房车大多还是基于依维柯、福特、奔驰等品牌的二类或三类底盘进行改装。这些改装房车往往属于普通自行式 C 型，技术含量不高，多采用低价策略。与国际水平相比，国内房车底盘技术的落后在一定程度上限制了中国房车行业的发展，并影响了中国房车企业在全球市场的竞争力。

可喜的是，随着近年来中国房车市场的迅速发展，更多国产的底盘开始出现。例如，提供短轴、长轴、加长轴等多种选择，搭载 2.5T 柴油发动机和 6 速手自一体变速箱的上汽大通 V80 底盘以其多样化的选择和可靠的性能广泛应用于国内房车制造；国内东风御风底盘、江铃福特底盘、长城风骏底盘、福田底盘及五菱底盘等，都为消费者提供了丰富的选择。这些底盘的种类反映了中国房车市场的多样性和成熟度，同时也显示了国内房车制造商在满足不同消费者需求方面的努力。随着技术的不断进步和消费者需求的日益增长，预计未来中国房车市场将有更多的底盘选择和技术创新。

二、内部生活系统

房车的内饰设计除了和汽车相似的，如仪表板、方向盘、座椅、安全带、安全气囊、地毯、侧壁内饰件、遮阳板、扶手、车内后视镜等，还有它特有的内部生活系统设计，主要指给排水系统、供电系统、燃气系统、暖气系统、洗浴系统等生活系统设计。

（一）给排水系统

房车的给排水系统包括供水系统和废水系统，它们是同时存在的，是一个系统。房车的给排水系统为房车生活带来了便利。房车上有三种水箱：净水箱、灰水箱和黑水箱。一般来说，净水箱容量最大，灰水箱次之，黑水箱最小。

房车内的清水主要有两个来源：一是车内装设的净水箱；二是来自营地的接水水龙头。在供水方式上，车内水箱通常需要采用自动加压供水水泵。当水泵开关被打开后，整个供水水管被加压清水才能从水箱中流出。另一种供水则是通过采用接入外界水管，直接将车外清水导入车内供水水管，不需要水泵。

房车中的废水通常汇流到灰水箱里，可以经过处理之后再次利用。而马桶里的废水则排入较小的黑水箱中。三种水箱都有独立的水位显示，这样便于及时补充净水和处理污水。

（二）供电系统

房车的供电系统不同于一般的汽车供电系统。房和车是独立的供电系统。一种是交流 110 伏特供电系统（参照的是美国家用电标准），用于生活用电系统；另一种是直流 12 伏特供电系统，用于车电系统。

直流 12 伏特供电系统的第二电瓶，负责供应后车厢内大部分设备的电力。可以通过车子本身的发电机充电或者通过外接电源充电，是车内照明灯、监控仪表、排风扇等设备的主要用电来源。

交流 110 伏特供电系统拥有完整的配线组。当外接电源时，充电器可将交流 110 伏特的电力转换为直流 12 伏特的电力以供车内使用。房车内还有一些设备需要较大的电量，只有在外接交流电时才能使用。

有的房车还配备了太阳能充电系统。它一般包括有太阳能发电板、整流充电器、防止逆流器、电力侦测表、固定架导线等。因为要接受阳光，大多装设在车顶上作为辅助充电系统，太阳能板一般可使用 20 年以上，发电能力约在 25～200 瓦，虽然比其他系统的购置价格高，但却是最便宜的能源供应者，非常适合日照充足的地区使用。

（三）燃气系统

要烹饪所有出行人员的饮食单靠供电系统是不够的，燃气系统是房车必不可少的系统之一。房车内使用的燃气主要为瓦斯。瓦斯供应既便宜方便，其所需的存储空间又小，非常适合房车使用，包括瓦斯桶、瓦斯调节阀、瓦斯分阀、瓦斯连接管路等。燃气系统的大部分设备，如瓦斯炉都附有自动点火装置及瓦斯自动切断装置，可以在车内放心使用。需要注意的是，由于房车是一个较为密闭的空间，使用燃气设备时一定要有开放的排气设施，以免一氧化碳中毒。

（四）暖气系统

为了车内温暖舒适，房车里都会自带独立空调和暖气，通过汽油或柴油发电机供电。一晚上的保暖花费也不是很贵。按照空气学原理和其他的要求，一般暖气置于底部，而空调则是顶置居多。房车安装较多的是空压式暖气，由房车的燃气系统负责带动。

（五）洗浴系统

热水器可分为即热式与预存式两种，即热式热水器与一般家里使用的一样，但尺寸较小，须装置在排油烟机下，以排除使用中产生的热气与废气。房车使用较多的预存式热水器比起即热式热水器则不受限制，空气由外部进入，再直接排到车外，非常安全又好用。预存式热水器也以瓦斯为燃料，使用前需先确认其存满水后才可将开关打开。目前的预存式热水器大多采用自动点火，当温度达到人体适宜温度时便会自动切断。

房车是不断移动的，要使房车上设备在行驶过程中也能使用，这些设备的质量、设计、制造都应该不同于家用配件。我们不能用家用设备去替代房车上的设备。例如冰箱，房车上的冰箱制作过程较家用冰箱更复杂，又因为开车的过程也需要制冷，其稳定性就要比家用的高。而且目前很多房车设备都依赖进口，比如马桶、电动踏步、天窗、发电机等。进口设备有其技术专利、品牌优势，而且需要交纳相应关税、运输成本，因此进口设备一般比国产设备昂贵。

三、房车的功能设施

房车的功能区域可分为驾驶区域、起居区域、卧室区域、卫生区域、厨房区域等。房车上的设施有卧具、炉具、冰箱、橱柜、沙发、餐桌椅、盥洗设施、空调、电视、音响等家具和电器。当然，生产厂家也可以根据顾客需求安装个性化配置。例如，房车上的床可以分为豪华双人床、标准双人床、上下铺式单人床、折叠床、收缩床等。房车内的基本设施如图 2－1 所示。

厨房

卧室

卫生间

餐厅

图 2-1　房车内部基本设施(图片来源:“露营中国”网站)

从生产和设计的角度看,房车是一个高度集成的系统,其基本组成包括驱动系统、底盘与支架系统、供排水系统、电气系统、燃油供应系统、冷暖调节系统、娱乐系统、安全保障系统等。房车内部一般会安装水箱,合理布局水管网络,保证旅途用水量。为了保持车身内部清洁,排污系统是必须具备的。关于电力系统,房车上一般会配备交流发电机,为车上电器提供充足电力供应。一些档次较高的房车还会配置制冷系统、制热系统,保证房车内部的温度处于适宜状态。当然,还有一个非常重要的就是安全系统,通常包括烟雾报警器、灭火器、安全带、紧急出口等。

表 2-1 列出了房车必备的一些设备。

表 2-1　房车必备设备

设备名称	设 备 说 明
卧具	有的房车提供的是完整的床;有的是座椅、床具两用的,具体视房车生活区域的空间安排
外推式窗户	目前的大多数房车都采用这种窗户,使用 PU 材料制成,隔音隔热还可防霜,下雨天也可打开,雨水不会溅到车内
全车窗帘	一般都采用高遮光布料与铝轨组合,可以确保室内生活的隐秘性与舒适性
进出门	进出露营车的出入门;有些附有纱窗网门,有些为两段式、可防止宠物或小孩跑出来,也有些装有小窗户,门把通常是勘入式的,才不会凸出于车身,造成危险
进出门梯/踏步	依照门的离地高度,可分为一阶、二阶或三阶式,通常一阶式便可以了,很多豪华的房车都有自动梯,十分方便
抽倒式马桶	马桶内座装置在车内,废水从车外抽取,非常方便清理
洗浴	有的房车是外带洗浴设备;有的有独立的防水隔间,作为卫浴室用,具有隐秘性,防水性较佳,使用中不会影响到车内其他人

（续表）

设备名称	设 备 说 明
热水器	有既热式与预存式两种。房车较多使用的是预存式
空压式暖气	通常使用瓦斯或汽油为主要热源，燃烧的进气、废气都与车内空气隔绝，非常安全。一般都附有温度控制器，在寒冷的冬天及高山地带非常好用
三用冰箱	可使用瓦斯、直流电与交流电三种能源。采用热气对流式来推动冷媒，冷却速度较慢。使用瓦斯时，用量积省，补充方便，价格便宜，非常适合长期停留某地使用
直流冷冻冰箱	以第二电瓶直流电为能源，配用直筒式压缩机，非常省电，但效率很高，尤其是需要冷藏生鲜物品时，耗电量很低
瓦斯炉	一般房车皆配备双炉或三炉，可以同时做菜和煮汤；其上一般附装微波炉，以避免炉火对车身墙壁造成伤害
抽油烟机	瓦斯炉的配套设施，多附有滤油网及照明灯光
防火盖	附装在瓦斯炉上，防止炉火烧炙墙壁
微波炉	加热食物方便；但用电量较大，大多在营地外接电源或使用发电机时使用
烤箱	使用瓦斯或交流电，用交流电比较方便，但需要较多电量
双电源电视	房车使用的电视主要在于加强防震处理与双电源设计，一般都可使用两种电源(DC12V/AC220V)，尺寸多在 10 寸左右，须搭配车用天线或营地外接天线使用
吸顶式排气扇	房车的换气扇大多采用吸顶式，开孔规格与吸顶式冷气差不多，可分为无风扇型、排气风扇型、进排气风扇型。通常是对称装设（一前一后）。小型房车多采用中间位置装设
一氧化碳警报器	侦测到一氧化碳过浓时会发出警报，防止一氧化碳中毒。通常装在车内顶部位置
烟雾警报器	与家中使用的烟雾警报器相同，防止火灾
瓦斯警报器	一般装设在瓦斯储藏室或炊事柜下部位置
车内灯	有灯泡式、日光灯管式与 PL 灯管式，还有单灯与双灯之分别，耗电量较一般家用型灯小 10～20 瓦
水平仪	为使睡眠舒适及正常使用冰箱，维持车身的水平是很重要的，所以通常会在车身四周黏贴上水平仪，以便监控车身水平
卫星导航设备	远距离出行，利用卫星导航设备更快捷
车速定速器	在高速公路上可以设定控制车辆速度，使用方便
星光窗	装置在车顶的通风大天窗，可以在车内看星星。国内车种限于尺寸，比较少见
遮阳棚	一般安装在车的外侧，不仅可以用于室外活动的遮阳，还能阻挡紫外线照进车内，降低车内温度，保护车内设备

第二节　房 车 改 装

一、改 装 的 概 念

房车改装通常包含两种主要类型：第一种是个性化改装，这是指在现有的房车或可转换为房车的车辆基础上进行的定制化改造。这种改装通常涉及对房车的性能、外观和内部布局进行升级，以满足车主对于个性化和舒适性的特定需求。许多房车爱好者热衷于对房车进行个性化改装，以彰显其独特品位和个性。常见的个性化改装包括了加装遮阳棚、卫星天线、自行车架、太阳能电池板等。第二种是整车改装，这是指房车制造商根据社会需求或行业标准进行的专门改装。这种改装是在国家认证合格的发动机、底盘或整车总成的基础上，通过重新设计、加工或增加专用配件，将车辆改造成与原车型在外观或功能上有所区别的产品。目前，由于房车制造技术的局限性，我国大多数房车企业仍处于批量改装阶段。这些企业大多在上汽大通、依维柯、福特、奔驰等品牌的二类或三类底盘上进行整车改装。

二、整车改装的设计

房车的整车改装设计包括总布置设计、房车造型及内部空间设计、车身结构设计等。

（一）总布置设计

总布置设计是房车的总体布置方案，要确定正确的整车参数，合理布置各个部件使其和底盘的总成效果达到房车的使用标准。这包括车厢内部生活区域划分设计布置、驾驶室的布置、房车电路系统布置、供水供暖系统布置、油箱、备胎和行李箱等的布置。具体来说需要确定以下几个部分：

（1）房车整车参数的确定。整车参数主要是质量参数和尺寸参数，比如轴载质量、整备质量、总质量等质量参数的确定；轴距，轮距，前后悬，车厢的长、宽、高，内部尺寸等尺寸参数要按照相关法律法规的要求和房车使用的舒适性等确定。

（2）房车整车配置和系统的功能定义。通过市场调查，结合自身生产能力，选择相应的房车底盘、相关设备、生活设施等，从而确定整车的配置定义和各个系统的功能。例如，生活区域各个设施的配备标准，驾驶区域是否配备全球导航系统、是否安装电子油门等。

（3）房车零部件设计。零部件的参数和设计造型要满足总布置设计的空间利用，而且各零部件之间要有协调性，避免零部件之间的运动学干涉。要确定所有系统和总成的设计硬点(设计硬点指用基本的点、线、面及控制参数来表达底盘、车身，以及其他部件之间的协调关系)，实现底盘系统、车身和生活系统的合理布置等。

(4) 房车舒适性及设计优化。总布置设计要考虑人机工程学、运动学等多学科的相关要求，使房车的生活区域更加舒适，而且房车的驾驶操作要符合人体习惯。例如，各个生活区域的合理设计，便于人们在里面生活；驻车制动和换挡手柄是否便于人体操作；车门扶手高度是否合理；驾驶员的视野是否受阻等。

(5) 房车整车性能计算和仿真。主要是通过计算和仿真，验证房车性能是否匹配，以及进行进一步系统优化，包括房车动力性能计算，房车的加速性能、油耗、操纵稳定性计算及整车可靠性仿真分析等。

(二) 房车造型及内部空间设计

房车造型设计既要满足房车设计的科学性又要讲究房车设计的艺术性。这部分的工作需要一个出色的设计师来完成。房车造型设计师不仅要掌握车身结构、制造工艺要求、空气动力学、人机工程学、工程材料学、机械制图学等工科知识，同时也要具备如造型的视觉规律原理、绘画、图案学、色彩学等艺术知识。房车内部空间设计必须符合人机工程学中的人体各个最低尺寸的要求，尽力向人体最佳尺寸方向发展。在满足这些前提的条件下，先对房车内部空间进行整体规划，再针对具体的如储物柜、厨房、卫生间以及体现个性化的特点来设计房车的内部空间。

虽然房车造型及内部空间设计需要结合房车的款型、大小及造价等因素进行有针对性的设计，但主要设计流程可以借鉴普通汽车的造型设计，包括草图设计、效果图制作、三维造型、油泥模型等工序。

草图设计体现了设计师的创造性。最初的草图可能只是设计师的一时灵感迸发，呈现出来的设计也许只是很简单的几笔。但优秀的设计师能凭借这几笔勾勒出房车造型的神韵，并把他自己的设计立意在造型中体现出来。

草图绘制完成后，可以使用各种绘图软件制作效果图来完善草图创意，接着借助三维立体模型，看到更加立体化的设计效果，然后按照比例进行油泥模型制作，最终确定房车的造型。

(三) 车身结构设计

在房车车身造型设计的基础上进行车身结构设计，主要包括车身强度和功能设计。通过车身设计找到最合理的车身结构以保证房车的运动性能和稳定性要求。具体要实现以下三个要求：

(1) 强度及稳定性要求。房车改装会在底盘上加装水箱，而且各种生活设备的安装都会对房车的刚度及稳定性造成一定影响。在车身质量一定的前提下，良好的结构设计可以获得较好的抗弯性和抗扭曲度，以实现车身的强度和稳定性。

(2) 轻量化要求。汽车产业发展至今，如何做到省油、环保，是汽车产业的追求之一。而要实现这些，汽车轻量化是方法之一。房车也在追求轻量化，但它安装有一些必要生活设备如厨具、水箱、卧具等，车体的重量比一般汽车重多了。如何实现轻量化，需要设计师们更高的智慧。设计师们对车身结构做了一些改变，在确保满足刚度要求的基础上使整车重量尽量达到轻量化。例如，房车车身墙板大多采用空心结构，骨架由钢材、铝材焊接而成，板身由胶合板等保温材料包裹。这样做有两层用意：①供水、供电、供燃气等管道、线路可以铺设其中，既美观又不占地方；②这种中空的结构在减轻车重和保温隔音有重要作用。特别是对拖挂式房车来说，它的性能会因为车身重量的减轻而有所提高。

(3) 制造工艺性要求。车身设计要实现“三化”，即产品系列化、零部件通用化和零部件设计的标准化。实现这“三化”，有利于降低成本，方便维修等。所以，车身设计结构上尽可能获得好的制造工艺性，能使用比较成熟的车身制造工艺制造车身部件。

三、改装工艺

房车车身制造同汽车车身制造存在共同的四大工艺，分别是指冲压、焊接、涂装和总装。下面分别就这些工艺进行介绍。

(一) 冲压

冲压指将钢板冲压成特定形状的车身板件。主要有成形和分离工序。成形工序中通过弯曲、拉延、翻孔等工作，获得一定形状和大小的冲压件。分离工序则指将板料按轮廓线分离而得到冲压件。在冲压工艺中模具的使用十分广泛。只要把各种各样的模具装到冲压机床上就可以冲出各种各样的工件。模具的质量可以直接决定工件的质量。主要的冲压件有发动机罩内外板、行李舱内外板等。

(二) 焊接

焊接是指将通过加热或加压将相关车身板件永久连接在一起。焊接有点焊、凸焊、二氧化碳焊接、激光钎焊等方法。焊接的主要工作是形成白车身主体。车身主体主要由车前钣金、前围零件、地板总成、左/右侧围总成、后围总成、行李舱搁板总成和顶盖总成等部件焊装而成。焊接的成功与否直接影响车身的强度。因为制成车身板件的材料大都具有良好焊接性能，所以焊接是现代车身制造中应用最广泛的连接方式。

(三) 涂装

涂装是指对车身板件进行防锈处理、喷涂漆等。涂装有三个重要作用：一是防腐蚀；二是增加美观；三是特殊保护。一般车身会经过基底、电泳底漆、中层底漆、底色漆和罩光清漆等六层涂层。涂装工艺流程比较复杂，技术要求比较高。主要工序包括漆前预处理和电泳、中涂、面漆、烘干工艺等。

(四) 总装

总装就是将车身、变速器、仪表板、车灯、车门、各种生活设备等构成整辆车的各部件装配起来产出整车的过程。是把经检验合格的各类部件，按规定的精度标准和技术要求组合成整车，并经严格检测程序，确认其是否合格的整个工艺过程。汽车产品要求有好的动力性、经济性和耐久性，以实现在各种复杂环境中的运载功能，房车产品更要求安全可靠、造型美观、乘坐舒适并满足环保要求。房车总装特点是零件种类多，数量大，作业内容复杂。内饰件主要包括仪表板、方向盘、座椅、安全带、安全气囊、地毯、侧壁内饰件、遮阳板、扶手、车内后视镜等。外装件主要包括前后保险杠、玻璃、车门防撞装饰条、进气格栅、行李架、天窗、后视镜、车门机构、附件及密封条等。

四、改装材料

房车制造涉及的材料品种繁多，而且新材料在房车上的应用使房车制造材料更加多样化，并向着轻量化、绿色环保发展。

（一）车身金属材料

钢材是房车制造中应用最广泛的材料。钢材拥有优良的工艺性和力学性能，如刚度、强度、弹性、塑性、硬度、冲击韧度、断裂韧度和疲劳强度。这使得钢材在房车制造中仍拥有较大的使用量。表 2－2 列举了几种车身常用钢材。

表 2－2　车身常用钢材

钢材名称	特点及运用
热轧钢板	主要用于车身上较厚板件，如车架、骨架、梁等构件
表面处理钢板	在钢材表面经过了特殊处理，因而具有优良的耐腐蚀性
高强度钢板	其抗拉强度是普通低碳钢板的 2～3 倍，深拉延性能极好，可轧制成很薄的钢板，是车身轻量化的重要材料
高强度无间隙原子钢板	成型能力高，可焊性好。主要用于房车外板、车门等形状复杂的冲压件
相变诱导塑性钢板	具有高的屈服强度和抗拉强度，延展性强，冲压成形能力高。特别适用于一些形状复杂而强度要求高的冲压零件
轻量化迭层钢板	在两层超薄钢板之间压入塑料的复合材料，与具有同样刚度的单层钢板相比，质量更轻，更薄，隔热防振性能良好，主要用于发动机罩、行李箱盖、车身底板等部件

（二）车身材料

房车最常见的车身材料是三明治式复合板，三明治式复合板又称夹层板。它通常包括了上下蒙皮和中间的隔热材料。不锈钢板、铝板或者玻璃纤维等材料是上下蒙皮的主要用材。而隔热材料一般是硬聚氨酯泡沫、硬聚苯乙烯泡沫等泡沫隔热材料。三明治式复合板制成的车身有诸多优点：车身外表比较光滑平整；车身质量减少；车身的隔热性能较其他方式更好；车身的密封性也较好。

随着科学技术的发展，房车企业及时向其他行业学习，一些新型的非金属材料和复合材料在房车上得到运用。表 2－3 列举了三种房车使用的新型材料。其中玻璃钢和铝材的使用比较广泛，而碳纤维作为新型的复合材料，其应用前景看好。

表 2－3　制造车身的新型材料

材料名称	说　明	优　点
玻璃钢	即纤维强化塑料，是一种复合材料	质轻而硬，机械强度高，耐腐蚀，具有价格优势
铝材	即铝合金，通过增减合金元素的配比和采用适当的热处理工艺等，使其达到所需性能	具有高强度、良好的延展性，以及较好的焊接性能和较高的可塑性，保证它们在碰撞时有很高的安全性，可吸收噪声
碳纤维	含碳量在 95％以上的高强度、高模量纤维的新型纤维材料	质量比铝轻，强度比钢铁强，耐腐蚀

（三）车用玻璃

车用玻璃种类丰富，运用在房车上不仅可以起到美化车体作用，还在保护驾驶人员、提供可视环境等方面有着重要作用。表 2－4 列举了房车上常见的几种车用玻璃。

表 2－4　常见车用玻璃

车用玻璃名称	特点及运用
钢化玻璃	将玻璃加热到 650 摄氏度以上时进行急剧风冷而成的玻璃制品，其内外部张应力达到一致或基本平衡，从而具备了较强的抗冲击性和较好的热稳定性
区域钢化玻璃	当它爆裂时，会形成特殊形状和大小的颗粒，可以为驾驶员提供一定的能见度，保证驾驶员一定的安全
夹层真空玻璃	两层或两层以上的玻璃之间加入特殊薄膜而成的加工型玻璃，薄膜具有一定强度，可以吸收部分冲撞力，并使玻璃碎片不易散落
隔热玻璃	在夹层玻璃间夹有尼龙热线反射薄膜，它可以让太阳的可见光透入，而紫外线和红外线被阻隔吸收，从而降低车内的温度，既节能又环保
防尘玻璃	车用防尘玻璃能够电离尘埃，这使得房车在道路状况不佳的情况下，保持窗面洁净，这也使房车内的人更好地观赏窗外的风景
太阳能反射膜玻璃	由电子控制，夏天它能滤去紫外线，保持车内空气凉爽，冬天它能充分利用太阳能，增加车内温度

（四）车用密封材料

车用密封材料有密封条和密封胶。在房车上使用密封条主要是因为密封条具有良好弹性、能抗压缩变形和耐老化。它被广泛用于车窗、车身、车门、座椅和发动机箱等部位，具有密封、防水、防尘、隔音、减震、保暖的作用。而车用密封胶同时具有黏接和密封房车的作用，对解决漏油、漏水、漏气这“三漏”非常有效。在房车制造中，密封胶不仅可以简化工艺，节省材料，增加构件强度，而且可以防震、防腐、防锈、防漏、防松、隔热、降低噪声、减少自重等，已成为房车生产中必不可少的材料。表 2-5 列举了几种车用密封胶。

表 2-5　车用密封胶

种类	作　用
胶泥型密封胶	用于填充发动机盖、车门外板及车架间的缝隙，提高刚性并防止振动和噪声
车身密封胶	涂于零件的接触面，防止生锈，防止水和灰尘进入车内
聚氨酯密封胶	用于玻璃和侧面防护装置零件的密封固定

除了以上介绍的材料，还有诸如聚丙烯(PP)、聚氨酯(PUR)、聚氯乙烯(PVC)等的改性塑料材料，以及苯橡胶、顺丁橡胶的橡胶材料都在房车的制造中有着应用。

拓展资源

为了更好地学习本章内容，本教材的使用者可以免费使用由上海师范大学旅游学院袁丁博士开发的虚拟仿真程序，请发邮件至 shnu.yd@foxmail.com 联系账号开通事宜。

图 2-2　虚拟仿真程序界面

https://xfjx.shnu.edu.cn/virexp/

复习提问

（1）房车底盘系统包括哪些核心部分，它们各自的作用是什么？

（2）房车内部生活系统设计包括哪些关键组成部分，它们各自的作用是什么？

第三章　房车品牌与销售

学习目标

（1）了解国内外主要房车品牌及历史。

（2）了解国内外房车销售情况。

第一节　房车品牌

一、房车品牌的构建

（一）房车品牌的定义

房车品牌是建立在一般商品的品牌内涵之上的，是一个集合概念，主要由房车品牌名称和品牌标志两部分组成。所谓房车品牌，就是指房车制造和改装企业给其生产的房车所起的商业名称，俗称房车的牌子，它通常由文字、语言、符号、标记、颜色、图案等要素或这些要素综合组成，用作一辆房车与另一辆房车相区别的商品的标识。

通常品牌房车是经过商标注册过程的。商标注册，是指商标使用人将其使用的商标依照法律规定的条件和程序，向国家商标主管机关（国家知识产权局商标局）提出注册申请，经国家商标主管机关依法审查，准予注册登记的法律事实。在中国，商标注册是商标得到法律保护的前提，是确定商标专用权的法律依据。商标使用人一旦获准商标注册，就标志着它获得了该商标的专用权，并受到法律的保护。经过注册的商标，在其标志上会有®表示已经注册并受法律保护。

（二）房车品牌的特点

1. 历史与传承

国内外房车品牌通过多年的积累和创新，形成了独特的品牌特色和价值观。有些品牌借助母公司的形象优势，逐步形成独特的历史和深厚的文化底蕴，形成良好的品牌传承优势。

2. 专业性与多样化

房车品牌通常具有高度的专业性，专注于打造适合不同需求和场景的房车产品。同时，房车市场也呈现出多样化的特点，品牌之间竞争激烈，不断推出新技术、新材料和新设计，以提升产品的竞争力和满足消费者的多样化需求。

3. 品质与安全性

房车作为一种特殊的交通工具，对品质和安全性要求极高。因此，房车品牌通常注重产品的品质控制和安全性能的提升，在生产或改装过程中严格控制品质，确保每一款产品都符合高标准的品质要求，确保消费者在旅行过程中能够享受到安全、舒适的体验。

4. 设计与舒适度

房车的设计通常注重内部空间的利用和舒适度的提升。品牌之间在设计方面展开激烈的竞争，通过创新的设计和人性化的布局，提升房车的居住舒适度和使用体验。同时房车品牌也注重产品的设计和美学，通过独特的外观和内饰设计，展现出品牌的个性和魅力。

（三）房车品牌的分类

房车品牌的分类主要基于房车自身的分类，分为自行式、拖挂式和营地型三大类。此外，还可以有以下分类方式：

(1) 根据品牌档次分类：从高到低排序，一般分为豪华、中档、经济型等三个档次。

(2) 根据品牌与生产和改装企业母品牌之间的关联程度，可分为直接关联和间接关联品牌。前者如我国的宇通房车，与母公司郑州宇通集团之间直接关联。后者如美国著名的清风房车(Airstream)，就是北美历史最悠久的房车制造商托尔公司集团旗下的房车品牌。目前我国房车品牌绝大多数还是直接关联品牌。

(3) 根据品牌自由度分类可以划分为主品牌、副品牌、副副品牌。它们共同构成房车品牌谱系。

综上所述，房车品牌构成无外乎五个要素：品牌名称、品牌的标志、品牌的说明(故事)、品牌的个性、品牌的体验。房车品牌管理对于房车参与市场竞争并获胜有着至关重要的意义，有助于提高房车产品质量和企业形象。房车品牌管理有三个目标：一是品牌增值，增强品牌创利能力；二是品牌延伸，扩大品牌的获利范围；三是延长品牌作用时间，防止品牌随主导产品的过时而失去依托，造成品牌价值的流失和浪费。

二、国外房车品牌

经过百余年的发展，房车旅游在国外已经形成了成熟的产业规模，同时受益于旅行消费理念的转变，房车的消费需求也在持续提升，行业市场规模在全球范围内呈现持续增长态势，行业内企业数量与规模也在不断扩大，并产生了不少优秀的房车生产企业，生产许多品牌的房车。这些品牌来自不同的国家和地区，具有各自的特色和历史。以下是一些当前较为知名的房车品牌：

（一）清风房车

清风房车（Airstream）于1931年由沃利·拜厄姆（Wally Byam）创立，总部位于美国俄亥俄州 Jackson Center，是北美历史最悠久的房车制造商，现隶属于国际知名企业托尔（Thor）集团旗下。托尔（Thor）集团在收购房车著名品牌清风房车（Airstream）后于1980年成立，主要生产各种款式的自行式和拖挂式房车，旗下的品牌包括著名的清风（Airstream）、荷兰人（Dutchmen）等。托尔（Thor）集团的成长史就是不断的收购合并史：1982年收购生产拖挂式房车的加拿大房车企业 General Coach；1991年收购荷兰人（Dutchmen）房车公司，奠定了其拖挂式房车品牌的领先地位；1992年兼并了生产自行式房车企业四风国际（Four Winds International）；其后还收购了吉斯通房车公司（Keystone RV）、十字房车公司（Crossroads RV）等房车企业。托尔（Thor）集团在房车领域的地位更加稳固。

其中，清风房车（Airstream）产品以拖挂式A型房车为主，以其经典优美的外部造型、舒适豪华的内部装备成为全美备受人们喜爱的房车产品。公司房车产品已经形成完整的产品线，旗下产品具有运动（Sport）、经典限量（Classic Limited）、泛美（Panamerica）、飞云（Flying Cloud）、国际（International）、瑞士军刀特殊版房车（Victorinox Special Edition）6个拖挂式房车品牌与州际（Interstate）自行式B型房车品牌。

清风房车产品的标志性特点是其铝制外壳，这种设计不仅赋予了车辆独特的外观，还提供了优异的耐用性和轻量性。早期，拜厄姆以创新的思维开发了流线型的房车外壳，这为清风房车赢得了多项设计奖项。

（二）Hobby 房车

Hobby 房车公司于1967年在德国成立。Hobby 房车公司既生产拖挂式房车也生产自行式房车。其房车生产基地占地64.25英亩（约26万平方米），拥有员工1 250名，是欧洲最大的生产基地之一。Hobby 房车公司还在欧洲范围内拥有300家经过认证的房车经销商，几乎在欧洲的每一个国家都有自己的房车经销商。Hobby 房车公司以其现代化的车内平面设计、温馨的内部装饰、全面的设备而享誉欧洲。在整个欧洲，Hobby 房车的市场份额超过20%（在德国达到25%）。而且自2003年以来，Hobby 房车公司就成为拖挂式房车领域的世界领先者。

（三）Jayco 房车

Jayco 房车公司于1968年成立于美国印第安纳州。目前 Jayco 房车公司生产7种类型的房车，旗下有15个不同的品牌，员工超过1 700人。该公司在美国和加拿大

Jayco 公司拥有超过 300 个经销商，建成了一个庞大而又有效的营销网络。Jayco 房车公司以生产和制造号称全世界最适合居住的房车而闻名于北美房车市场，是北美最大的私人所有的房车生产企业。公司目前生产自行式和拖挂式房车，品牌包括 Jay、Baja、Select、Jay Flight、Eagle、Designer、Octane ZX、Recon ZX、Melbourne、Greyhawk、Seneca 等系列。

（四）Winnebago 房车

Winnebago 房车属于 Winnebago Industries 公司，该公司是北美领先的户外生活产品制造商，成立于 1958 年，在 20 世纪 60 年代初推出了第一款现代化的房车，从而开创了现代房车行业的先河，该公司因创新设计和高品质制造而成为美国最大的房车制造商之一。公司的名字 Winnebago 已成为房车的代名词，广泛被用来指代各种类型的房车。

旗下品牌有 Winnebago、Grand Design、Chris-Craft、Newmar 和 Barletta，主要用于休闲旅行和户外娱乐活动。

（五）欧文·海姆集团

德国欧文·海姆（Erwin Hymer）集团于 1923 年创立，总部位于德国，是欧洲知名房车制造商。Erwin Hymer 集团以国际化战略布局，Erwin Hymer 集团包括自行式房车和拖挂式房车品牌 Bürstner、Carado、Dethleffs、Eriba、Etrusco、Hymer、Niesmann＋Bischoff、Laika、LMC、Roadtrek、Buccaneer、Compass、Elddis、Xplore 和 Sunlight，欧洲最大的房车租赁公司 McRent，房车租赁公司 Best Times RV 和 Rent Easy，底盘制造商 Goldschmitt，配件制造商 Movera，以及帐篷制造商 3 DOG 露营。

（六）Roadtrek 房车

Roadtrek 房东公司于 1974 年在加拿大创立，专注于生产小型、灵活的房车。该品牌的特点是紧凑的设计，使其在城市和小型露营地等环境中更易于驾驶和停放。Roadtrek 房车以其高度的可定制性而闻名，消费者可以根据自己的需求和喜好进行定制配置。

（七）德福房车

德福（Dethleffs）房车公司成立于 1931 年，总部位于德国，是欧洲最早的房车制造商之一，以其创新性、高质量和可持续性的产品而著名。该品牌在房车制造领域引入了多项技术创新，包括在车身中使用轻质材料以提高燃油效率。德福还在可持续旅行方面扮演了积极的角色，推出了一些环保型房车产品。

三、国内房车品牌

我国房车产业起步相对较晚。2001 年，第一辆自主知识产权房车下线，此后中国房车露营产业在摸索中不断前进。随着我国经济快速发展，普通消费者对自驾旅游逐步认可。互联网思维打破传统销售模式，房车租赁、共享房车等模式的兴起推动了新一轮的产品需求，不同行业企业开始介入房车产业，在房车产业链中的不同环节发力，共同推动国内房车产业的发展。

经过20多年的发展，中国房车产业已初步形成集生产—销售—运营—露营地—俱乐部为一体的完整产业链。目前在我国具有一定规模的房车改装企业有300多家，推出房车品牌如上汽大通MAXUS原厂房车、宇通房车、戴德/隆翠房车（新吉奥汽车集团）、览众房车、诺马迪森房车（德野房车）、卫航/罗曼特斯房车、瑞弗房车、齐星房车、康派斯房车、飞翔房车、中天房车、江铃旅居车、亚特房车、霍夫勒房车、拓锐斯特房车、旌航房车、赛德房车、北方旅居车等。

（一）中天房车

中天房车隶属于中天高科特种车辆有限公司。2001年5月，中天高科特种车辆有限公司成立，公司坐落在天津市武清开发区，占地面积275.81亩，生产面积64 000平方米。2001年8月，中天之星TC5040XLJ房车的问世，是依托于依维柯底盘开发的拥有完全自主知识产权的第一代自行式C型房车，彻底打破了中国没有自行研发生产旅居车的历史，标志着中国企业自主创新能力的一次历史性跨越，也被业内一致认为是中国第一代房车。

（二）览众房车

览众房车前身为长城房车，由河北览众专用汽车制造有限公司生产，该公司成立于1999年，是国内较早以生产、销售房车为主的企业。2002年，经过近两年的探索与准备，长城汽车开始正式生产房车产品，并先后推出了旅行家，长城C11、C12，迷你C10等房车，而在迪尔皮卡底盘上研发的自行式房车，以国产房车的价格优势，让房车这个新兴产业进入大众视野。

2022年，览众房车制定双品牌战略，原品牌裂变分为骆驼房车&来福房车，其中，骆驼房车品牌主要以长城自研底盘打造的风骏系列房车（览众C7房车、C5房车等；该系列于2023年停产）、炮系列车型（自由炮、升顶炮、山海炮等；2021年上线，逐渐替代风骏系列）为主，来福房车则以基于依维柯系列底盘打造的房车（大福房车、大贵房车）为主。

（三）上汽大通MAXUS原厂房车

上汽大通MAXUS原厂房车是上海汽车集团股份有限公司的全资子公司——上汽大通汽车有限公司的旗下品牌。经过多年技术积累，上汽大通形成七大整车平台＋新能源平台＋房车平台。目前，上汽大通旗下产品包括“上汽大通MAXUS”品牌的MPV、SUV、房车、宽体轻客、皮卡、新能源产品组合和“上汽跃进”品牌的各类轻、中型货车以及各类特种改装车。

其中在房车产品方面，截至2023年，上汽大通MAXUS原厂房车推出了生活家、旅行家与探索家三大系列，产品型谱覆盖B型房车、C型房车、宿营车（露营车）、皮卡系列、重卡越野系列、拖挂系列等车型，能够满足不同人群对于车型的需求。

（四）宇通房车

宇通是以客车、卡车为主业的大型商用车集团，产品覆盖客车、卡车、专用车辆、环卫设备及工程机械。拥有两家上市公司（宇通客车，SH. 600066；宇通重工，SH. 600817）、4 个整车工厂、5 个零部件基地。截至 2021 年年末，累计销售新能源商用车超 16 万辆，已成为全球规模较大的客车企业和新能源商用车企业。宇通房车作为宇通客车旗下房车品牌，自 2009 年开始研发生产房车系列产品，产品已全面覆盖 A 型、B 型、C 型自行式房车、拖挂式房车以及高端商务车。

（五）新吉奥系列房车

新吉奥集团旗下目前设有戴德房车、隆翠房车、云游房车、Regent 越界、Snowy River 等房车品牌，拥有全系生产资质，在轻量化、智能化和安全性等领域多项技术领先行业，高端房车市占率达三分之一。出口业务克服多重困难，实现连年倍增。目前，新吉奥集团的房车业务已成为行业知名企业。

（六）诺马迪森房车

诺马迪森房车是越野房车品牌，隶属于河南德野专用车辆股份有限公司。公司成立于 2017 年 9 月，主营业务为旅居专用车辆的生产技术开发、技术咨询、技术转让；越野房车生产、销售。目前在产多种中大型越野房车，其中以国产和原装进口底盘欧系车辆为主，包括奔驰乌尼莫克 U4000/U4023 底盘的撼路者系列；中国重汽汕德卡底盘的驰骋者系列；德国曼恩集团的 TGM 底盘的穿越者系列；德国曼恩集团的 TGS 底盘的领航者系列；德国梅赛德斯奔驰 AROCS 底盘的穿越者、征途者以及领航者系列；瑞典斯堪尼亚 XT 系列底盘的穿越者及征途者系列。

（七）瑞弗房车

安徽奇瑞瑞弗特种车辆技术有限公司（简称：瑞弗房车）是由北美领先的特种车制造商 REV 与中国奇瑞集团合作打造的特种车生产、制造、销售的合资公司。双方将各自在特种车领域的资源和经验注入瑞弗，基于资源互补、互利共赢的原则，打造“瑞弗房车”品牌。

第二节　房车销售

一、国内外房车销售

当今世界，房车的主要生产和消费市场为北美、欧洲、澳大利亚、中国、日本、韩国等地区。据路程网整理的数据，世界房车整体市场情况是，以美国、加拿大为主的北美市场和以德国、法国、英国为主的欧洲市场占据 90%左右的房车消费市场，而中国、日本和韩国等新兴房车消费市场也在近几年得到非常快速的发展。

（一）欧美房车销售情况

1. 美国

自20世纪20年代以来，房车开始在美国流行。基于早先发达的工业及经济，经过百年的发展，美国一直以来都是世界第一大房车市场，房车配套的露营地产业也十分成熟完善。全北美拥有数百家房车生产企业，零部件生产与销售等产业链十分完整。

根据美国房车工业协会（RVIA）相关数据显示：截至2023年年底，美国房车保有量已突破1 600万辆，2023全年房车出货量31.3万辆，其中拖挂式房车出货量为267 295辆（占比85.35%）。

得益于其非旅游用途的居住功能和购车税收减免政策，美国房车市场以拖挂房车为主流，也是全球第一大拖挂式房车市场，常见的自行式房车则多以A型或B型房车为主。美式房车普遍特点为外观大气粗犷，房车的底盘偏高，房车体积空间偏大。

美国地广人稀，私家车相对公共交通本就更受欢迎，同时美国国家公园管理局管辖着400余处国家公园和历史遗迹，景点资源丰富。于是在这些公共土地上建设了诸多形式多样、独具代表性的房车营地，目前预计有2万多处露营地。每年数百万游客会驾驶私家车及房车进入这些营地内，欣赏优美的自然风光，开展丰富多彩的休闲娱乐活动。

房车租赁平台RVshare在2024年发布的《旅行趋势报告》也进一步显示美国房车市场在过去的2023年里，约有1.22亿美国休闲旅行者在感恩节和新年之间出行，其中约2 000万人选择房车旅行，相较2022年增长约30%。而2024年，有86%的美国人计划至少进行与去年次数相同的旅行，其中44%的人计划增加旅行次数。随着新冠疫情后旅行热潮的回归，房车旅行在年轻一代中越来越受欢迎，58%的千禧一代和53%的Z世代表示他们愿意尝试这种旅行方式。

根据加拿大露营产生品牌Go RVing关于房车车主统计资料显示：2023年，55岁以上和55岁以下有房车的家庭比例几乎持平，年轻人对房车的兴趣正在增加，18～34岁的人占房车车主的22%，高于2018年的8.47%，有960万家庭打算在未来五年内购买房车。

2. 欧洲

欧洲的房车产业发展可以追溯到第二次世界大战后，欧洲经济快速恢复，已经在美国流行的房车开始传播到欧洲。早期欧洲的房车主要由面包车改装而成，20世纪60年代各种车型开始逐步出现，之后伴随着房车产业兴起，为房车旅行提供配套服务的房车露营地及相关产业也得到较为快速的发展。

根据欧洲房车工业协会（ECF）公布的数据显示：2023全年，欧洲房车市场新车注册量为210 090辆，较2022年同比下降4.2%。其中自行式房车新车注册量为146 339辆，较2022年同比下降1%；拖挂式房车新车注册量为63 751辆，较2022年同比下降

10.9%。

在单市场注册量分布方面，德国仍是欧洲最大的房车市场，2023 全年新车注册量为 90 365 辆，相较 2022 年下降 0.7%；随后的法国、英国新车注册量分别为 31 384 辆、25 412 辆，相较往年分别下降 1.7%、1.1%。

2023 年欧洲房车新车注册量下降趋势的缓和主要体现在自行式房车方面，排名第一、第三的德国、英国均得到不同程度的增长，德国 2023 年自行式房车新增注册量 68 469 辆，相较往年同比增长 3%；英国 2023 年自行式房车新增注册量 12 219 辆，相较往年同比增长 3.3%；法国则继续呈现下降趋势，2023 年自行式房车新增注册量 23 936 辆，相较往年同比下降 2.7%。

拖挂式房车 2023 年新增注册量依旧下降较为明显，排名前四的德国、英国、荷兰分别较往年同比下降 10.5%（2023 年新注册 21 896 辆）、5%（2023 年新注册 13 193 辆）、14.7%（2023 年新注册 6 781 辆），法国在拖挂式房车市场的表现却是正好相反，2023 年新注册 7 448 辆，相较往年同比增加 1.6%。

截至 2023 年年底，欧洲房车市场整体保有量约 650 万辆。

欧洲房车市场与美国房车市场的消费结构形成明显差异，与中国类似，都是以自行式房车为主流，同时车辆采用轻量化板材结构，车辆质量更轻。得益于房车产业百年的发展，且拥有丰富的自然景点资源，欧洲营地数量位于全球第一，据不完全统计，截至 2023 年，整个欧洲营地数量已超过 4 万个，且营地种类齐全。

作为房车产业发展较早的地区，欧洲拥有熟完善的房车工业，其市场体量在世界房车榜紧随美国之后，发展过程中诞生了众多知名房车配件企业，如荷兰的赛特福德（Thetford）公司、意大利的菲亚玛（Fiamma）公司、瑞典的多美达（Dometic）集团、德国的特鲁玛（Truma）公司等均是为房车制造提供零配件的知名公司。

（二）澳大利亚房车销售情况

20 世纪 90 年代初，澳大利亚房车协会（CIAA）成立，制定并统一房车标准规范，并在全国推行，由此拉开了其房车产业的序幕。经过 30 多年的不断发展，房车自驾游在澳洲已成为一种非常成熟完善的旅行方式，大多数澳大利亚人都有房车度假和在营地度假的经验和经历。

根据澳大利亚房车工业协会（CIAA）公布的数据显示：截至 2022 年年底，澳大利亚房车保有量约为 80 万辆。2022 全年，共有接近 5 万辆新房车进入澳大利亚房车市场，其中本地生产的新车数量达到 28 031 辆（相较 2021 年同比增长 17.1%），进口新车数量达到 20 498 辆（相较 2021 年同比增长 8.36%，来自中国生产制造的房车占比超过 50%）；出口数据上，截至 2022 年 12 月底，澳大利亚出口房车数量达到创纪录的 9 568 辆（相较 2021 年同比增长 229.93%）。

澳大利亚地处南半球，国内旅游业高度发达，境外游客数量众多。驾驶房车开展旅游活动的游客为澳大利亚经济注入了巨大活力，各地政府也采取了政策引导发展，为游客提供免费过夜的房车营地、在中央商圈建造停车场方便游客采购、修建完善的营地基础设施。截至目前，房车旅游已成为澳大利亚旅游业内发展最快、游客参与程度最高的旅游类型。

由于地广人稀，加上特殊的地理特征，澳大利亚的房车消费结构和美国类似，也是以拖挂式房车为主。澳大利亚的拖挂房车普遍质量在 1 000～1 500 kg 范围内，属于轻型牵引挂车，同时多具备一定的越野属性，可以适应一些较为复杂的地形。而自行式房车的普遍质量则在 3 000～5 000 kg，其中 70%的车型为柴油车。自 2009 年以来，澳大利亚房车的平均车龄稳步下降，并在 2021 年大致保持在 17.3 年不变。平均房车年龄最大的两个州为西澳大利亚州和塔斯马尼亚州，分别为 22.9 年和 22.8 年。

（三）加拿大房车销售情况

在加拿大，房车旅行已成为许多人心目中的理想生活方式。它不仅代表着自由和冒险，还让无数家庭和朋友享受到了与大自然亲密接触的乐趣。根据加拿大房车行业协会（RVDA）调查报告显示，2023 年加拿大房车的拥有量显著增加，约有 210 万加拿大家庭（14%）拥有房车，并进行了约 630 万次房车旅行，房车租赁者进行了 130 万次出行，总出游次数达到 770 万次，预计直接带来 7 220 万人的旅行人次和估计 103 亿加元的消费，成为加拿大旅游市场重要的经济驱动力。

出货量方面，2023 年全年加拿大房车批发出货量为 26 171 辆，较 2022 年的 56 151 辆下降 53.4%。尽管 2023 年面临了挑战，整体出货量下降较为严重，但加拿大的房车经销商和爱好者对于未来仍持乐观态度，并认为随着经济的逐渐稳定和消费者信心的增强，整体出货量也会增加。

（四）日本房车销售情况

相较于众多亚洲国家，日本的现代经济发展起步较早，其第一辆自产房车在 1980 年研发问世。1994 年日本房车协会（JRVA）成立，规范了日本房车行业，也为日本房车行业快速有序发展奠定了基础。

根据日本房车协会（JRVA）发布的《2023 年度房车白皮书》显示：2023 年日本房车新车与二手房车的总销售额达到 1 054.5 亿日元的历史最高值，相较 2022 年同比增长 38%。注册量方面，2023 年日本新房车注册量为 12 361 台，二手房车注册量为 2 818 台。保有量方面，截至 2023 年年底，日本房车总保有量约 15.5 万台。

受以车中住宿为代表的户外热潮的影响，日本房车文化正不断渗透到人们的生活中，日本房车协会认为房车有着非常旺盛的需求，整体保持稳定增长的趋势，房车市场规模也在持续扩大，并有望在未来进一步成长，达到德国约 140 万辆房车保有量的标准。

日本属于海岛型国家，国土面积狭小、人口众多，同时受日本道路条件影响，房车市场经过四十多年的发展，诞生出了符合其国情特色的微型房车（kcar）。作为专属于日本的汽车分类，微型房车（kcar）外尺寸一般不超过 3 400 毫米×1 480 毫米×2 000 毫米，最大总质量不超 350 千克，座位不超过 4 个，排量不超过 0.66 升，车身小巧灵活，空间利用率很高，足以满足 2～4 人使用。

此外，由于购买微型房车(kcar)无需提供车位证明，并享受税费、保费优惠等多方面因素影响，使得微型房车(kcar)占据了日本房车市场的大部分份额。据了解，在日本，除了 61.6％的房车车主将房车用于休闲旅行，还有 26.6％和 9.8％的人把房车作为工作场所加生活场所来使用，且占比越来越多。

(五) 中国房车销售情况

国内的房车市场于 2001 年正式起步发展，2007 年国内房车拥有量为 1 550 辆，2010 年达到 4 000 多辆。近几年，由于露营、自驾游火热，国内旅游市场持续复苏，中国房车市场快速增长趋势明显。

根据路程网相关数据统计显示：截至 2023 年年底，我国房车综合保有量为 21.34 万台(含旅居车、旅居挂车、宿营车、营地房车等)。2023 全年房车总注册量为 1.98 万辆，达到有记录以来的最高水平。其中自行式旅居车新注册登记 1.39 万辆，相较 2022 年 1.12 万辆同比增长 23％；旅居挂车(拖挂房车)全年注册量为 0.11 万辆，相较 2022 年同比下降 53.85％；宿营车(露营车/床车)全年注册量约 0.48 万辆，相较 2022 年同比增长约 111.71％。

据企查查数据显示，截至 2023 年，国内与房车相关的企业接近 3 000 家，含房车俱乐部、房车配件、房车销售、房车租赁、房车生产企业等。目前国内房车改装企业为 300 多家，申报房车改装企业近 200 家。

2023 年全年公告新增 847 款房车产品(含旅居车、旅居挂车、宿营车)，其中旅居车包含 594 款自行式旅居车(占比 92.52％)与 48 款旅居挂车(占比 7.48％)，相较 2022 年的 373 款自行式旅居车(占比 82.16％)与 81 款旅居挂车(占比 17.84％)来说，2023 年自行式旅居车占旅居公告新车型的比重进一步增加，旅居挂车则在往年的基础上继续下降。

宿营车 2023 全年公告新增 205 款新车型，包括 169 款小型宿营车和 36 款大型宿营车，与 2022 年 23 款小型宿营车和 45 款大型宿营车，总计申报 68 款宿营车的数据相比，申报数量呈 3 倍增长。

随着人们对自驾和露营旅行的热爱不断增长，宿营车作为自行式房车的下沉市场受到了大众广泛关注。小型宿营车具有机动性强、便捷灵活的特点，适用于个人或小型家庭旅行，同时与旅居车动辄几十万的价格相比，小型宿营车的价格大多为十万左右，性价比高。而大型宿营车除了部分房车厂家为了降低大型房车准驾要求申报，其余大部分为特殊用途，以定制改装为主。宿营车在过去的两年备受关注，并逐渐崭露头角。

车型选择方面，中国目前主要以自行式房车为主流。其中，C 型房车占据主导地位，其次是 B 型和拖挂房车。伴随产业的加速发展，近几年轻卡、皮卡、重卡、升顶越野等新种类的房车车型也逐渐兴起，国产房车市场正朝着多元化、多样化蓬勃发展。

二、我国房车的进出口概况

（一）进口

经过百余年的发展，欧美国家的房车制造工艺日趋成熟，向着舒适化和豪华化发展。而中国房车市场巨大的潜力吸引了欧美诸多房车企业和房车零配件供应商来华开展业务。外国原装进口房车价位从几十万到上千万不等，主打家庭休闲或者商务奢华，产品的涵盖面广泛，满足不同阶层客人的需求。

由于受相关进口政策调整的影响，进口房车在国内市场的发展相对缓慢。到了2018年，进口房车需要办理3C认证证书才能销售并登记注册上牌，其办理的难度系数较高，同时也间接增加了进口房车的价格，降低了许多进口房车代理商的进口意愿。

近几年，房车文化在国内得到较为广泛的传播，房车市场需求逐年增加，在消费需求的引导下，越来越多房车企业及改装企业进入市场，加速推动国产房车市场发展，房车生产制造初步形成较为成熟的产业链，市场竞争愈发激烈，倒逼房车行业向高质量发展，也让之前以“高奢”为代名词的房车向大众靠拢，加之国产房车相较进口房车更加符合国人的实际出行需求、生活习惯，价格也更为“亲民”，多种因素影响下，让国产房车逐渐取代进口房车，成为市场主流产品。

据相关数据统计，2018年进口房车品牌从2017年的18个减少至10个，进口房车的数量也从2017年的500辆减少至400辆。而在这为数不多的数据中，又以拖挂式房车及进口房车底盘为主。国外房车中拖挂式房车比自行式房车更受中国消费者青睐。相比国产房车，国外拖挂式房车在外观设计和内饰上的优质选材、精致做工上迎合了中国消费者的口味。一些国外的拖挂式房车，如法国卡莱尔390（Caravelair）、美国杰克18FDB（Jayco）、美国天猫140（Skycat）、斯洛文尼亚阿德瑞512（Adria）、德国宾仕盾450（Burstner）、德国Knaus450等在中国有可观的销售业绩。

中国进口房车主要为拖挂式房车，据最新数据统计，2022全年，中国进口拖挂式房车的金额为0.09亿美元（约合人民币5100万元），其中，从德国进口的拖挂房车占比达到83.6%，从英国进口的拖挂房车占比为15.31%，从美国进口的拖挂房车占比为0.79%，从澳大利亚进口的拖挂房车占比为0.30%。

（二）出口

由于房车在中国仍属于新兴事物，尽管近几年得到较为快速的发展，但从整体来说，国内的销售市场体量还未培育成熟，很多房车生产企业在拓展国内房车业务的同时，也在积极开拓海外市场，如新吉奥集团、康派斯房车、奥斯登房车、凌扬房车、大驰房车、爱旅房车、旌航房车等，中国自主房车品牌持续向海外市场发力，并以高水准的房车制造技术和工艺，特别在新能源技术方面，深受澳、韩、日、欧、美等发达国家房车爱好者的喜爱。

以新吉奥集团为例，出口澳大利亚的 Snowy River 继 2019 年之后，蝉联澳大利亚"2022 年度房车"奖项（2020 年、2021 年由于新冠疫情该项评奖中断），是澳大利亚增长最快的房车制造商品牌之一。新吉奥集团坚持国内和出口市场两手抓、两手都要硬的方针，进行了一系列战略调整和产业布局。经过积极筹划，新吉奥 Regent 公司搬入墨尔本新基地，并在研发、智造、工艺等都非常成熟的桐乡基地组建了房车国际公司，为产能不断攀升及海外市场的开拓奠定了坚实的基础。随着西澳等直营网点的进一步拓展，使得新吉奥澳大利亚基地的房车业务拓展到了零售领域，为新吉奥新能源纯电动商用车、房车进军海外货运、零部件销售和租赁市场创造了有利条件。作为开拓房车海外市场的先行者，经过不断扩展，新吉奥集团现已成为中国房车行业出口业务的排头兵。

据相关数据统计，2020 年我国房车出口总量 2 万多辆，2022 年出口总量近 5 万辆。除大量出口澳大利亚，还在为日本、韩国等国家开展房车代加工，产业发展形势良好。

国产房车出口以拖挂式房车为主。2021 年，全球进口拖挂房车金额为 17.21 亿美元，由中国出口的拖挂式房车金额占比为 9.66%（约为 1.66 亿美元）。2022 年，中国出口的拖挂式房车金额达到 3.85 亿美元，主要采购国家/地区为澳大利亚、美国、日本、韩国、新西兰等，占比分别为 77.09%、9.84%、4.93%、2.23%、1.66%。

出口原产地方面，以荣成为代表的山东省出口金额比例达 71.08%，坐落于山东省荣成市的康派斯房车是目前中国房车生产有一定出口规模的企业。荣成康派斯新能源车辆股份有限公司成立于 2014 年 5 月，总投资 6 亿元，占地 46 万平方米，现有职工 1 000 余人。公司主要从事自行式房车、野营拖挂式房车、房车专用配件等的设计、研发、生产、销售和售后服务等，以出口为主。2022 年，山东省房车出口货值 2.733 2 亿美元（约等于 19.9 亿元人民币），其中，康派斯房车全年营业额为 7.15 亿元人民币（约等于 0.980 8 亿美元）；以桐乡为代表的浙江省出口金额比例为 15.05%，而诸如天津市、辽宁省、广东省、上海市等也在出口业务上有着不错的成绩。

复习提问

（1）什么是房车品牌？国内外分别有哪些品牌？

（2）世界主要房车市场的房车消费结构分别以哪种房车为主？形成这种原因的背景是什么？

（3）结合本章内容，请分析中国房车生产企业进军海外市场及外销数量远远超过内销数量的原因。

第四章　营　　地

学习目标

（1）了解营地的定义和发展历程。

（2）掌握营地的分类与功能设施。

第一节　营地的定义

一、营　　地

房车旅游是一种利用房车和帐篷暂时生活在营地的户外旅游活动，它为旅游者提供了亲身体验大自然的机会，帮助人们摆脱城市生活的压力。

房车营地是为人们提供充分与自然界最紧密接触的同时，为房车提供停靠，为游人提供休息、住宿、娱乐服务的场所，是发展房车旅游所需的关键性的旅游基础设施。房车营地具备接近自然、环境优美、住宿舒适、服务设施齐备、娱乐项目多样、安全状况有保障等特点。

因此，我们将营地定义为：为房车旅游活动提供带卫生设施住宿和休闲娱乐服务的场所，为帐篷、旅居车、拖挂房车、营地型房车等提供驻留空间的场地，营地可配套餐饮、购物、休闲娱乐及体育活动等设施和服务。

需要说明的是，营地通常是房车营地、露营地、自驾游基地、汽车营地等不同概念的简称，它们除了分类意义上的差别，本质上区别不大。区别这些概念的是不同的视角，房车旅游视角的营地，即房车营地，侧重于服务对象为房车及其游客；此外，还有自驾游视角的营地（自驾游营地、自驾游基地、汽车营地等），侧重于服务对象不仅有房车还包括各种车辆和摩托车等机动车及其游客；从露营旅游（Camping Tourism）的视角，营地就是露营地，不强调露营工具和交通工具，只关注空间，即户外环境优美、可以停留和娱乐的场所。

关于房车营地的英文表述，欧洲国家多用 campsite，北美国家多用 campground。在《剑桥国际英语词典》中的解释是“房车营地是人们驾驶房车可以停靠，并可以在此度过美好假期的一个地方”。国际标准 ISO 18513—2021《旅游服务——酒店及其他旅游住宿类型——术语》对 campsite 的定义是：设有公共卫生设施的设施，以帐篷、房车、拖挂房车和移动房屋的形式提供住宿或空间，有或没有中央娱乐和体育设施、商店和餐饮设施。我国旅游行业标准《LB/T 078—2019 自驾车旅居车营地质量等级划分》对营地的定义是：有明确范围和相应服务设施的露营场所；我国体育行业标准《TY/T4001—2013 汽车露营营地开放条件和要求》中对汽车露营营地的定义是：为乘用车、旅居车（自行房车、无动力旅居挂车）露营和野外生活、活动提供服务设施和住宿配套的场所。

二、营地的发展历程

房车的发展推动了露营的发展。20 世纪 60 年代见证了美国公共露营地的蜂拥发展和经营性露营地的快速崛起，许多露营地是连锁特许经营形式。美国露营地（KOA）是蒙大拿州的商人在 1961 年成立的，该公司是美国私人露营地连锁领域的先驱企业。20 世纪 60 年代后期，美国大型连锁经营机构（如汽车旅馆公司）也开始涉足露营地的经营。20 世纪 60 年代晚期和 70 年代早期，露营拖车和自备式露营车辆开始大行其道；70 年代后期，高涨的油价使露营车辆有所减少；80 年代早期，假日旅店住宿所需的高昂费用再次激发起人们对露营车辆的兴趣，乃至引发露营活动热。

亚洲的国家中数日本的露营开发较早，其次是韩国。在日本，建设一个对当地社会负责任的郊区型汽车露营地是那些渴望与大自然亲近的露营者们的愿望。一天行程的露营较普遍，一般靠近海滨，大约 3～6 小时能到达的地方，或自驾车外出野餐，露营地通常是一个大型的多功能停车场。

国外的汽车营地建设早已与旅游项目结合，如美国汽车营地的经营者按照旅游线路进行品牌开发，在主要的风景区和交通干道入口都有广告和标识；而矗立在日本海岸线边的风力发电厂白色风车塔，也成了汽车露营计划中的招牌项目。

我国房车营地的建设起步较晚，到 20 世纪 90 年代才逐渐进入大众视野，一经出现就表现出蓬勃的生命力。营地建设的高峰期出现在 2017 年，当年我国建成房车营地 825 个，在建营地 448 个，累计数量为 1 273 个房车营地。房车营地在我国的发展也从最初的“停车场”逐步转变为重视个性化、体验化旅行感受的旅游目的地。将基础设施的保障性建设、服务体系的网络化构建、生态环境的保护性建设等共同构成房车营地可持续化发展的完整链条。

小资料

关于营地的用地政策

2015 年 11 月 25 日，原国土资源部、住建部及国家旅游局发布《关于支持旅游业发展用地政策的意见》(国土资规〔2015〕10 号)。该文件在保障旅游业发展用地供应尤其是旅游新业态用地政策等方面提出了具体措施，其中包括促进自驾车、房车营地旅游有序发展，要按照“市场导向、科学布局、合理开发、绿色运营”原则，加快制定自驾车房车营地建设规划和建设标准，新建自驾车房车营地项目用地，应当满足符合相关规划、垃圾污水处理设施完备、建筑材料环保、建筑风格色彩与当地自然人文环境协调等条件。

该文件明确自驾车房车营地项目土地用途按旅馆用地管理。目前这一用地政策没有新的变化。

2022 年 11 月 13 日，文化和旅游部、中央文明办、国家发展改革委、住房和城乡建设部等 14 部门联合印发《关于推动露营旅游休闲健康有序发展的指导意见》(以下简称《意见》)。《意见》提出，推动公共营地建设，扩大公共营地规模，提升服务质量。鼓励支持经营性营地规范建设，提高露营产品品质。《意见》提出，经营性营地项目建设应该符合国土空间规划，依法依规使用土地，不得占用永久基本农田、严格遵守生态保护红线。选址在国土空间规划确定的城镇开发边界外的经营性营地项目，其公共停车场、各功能区之间的连接道路、商业服务区、车辆设备维修及医疗服务保障区、废弃物收纳与处理区、营区、商务俱乐部、木屋住宿区等功能区可与农村公益事业合并实施，依法使用集体建设用地，其营区、商务俱乐部、木屋住宿区等功能区应优先安排使用存量建设用地，不得变相用于房地产开发。营地在不改变土地用途、不影响林木生长、不采伐林木、不固化地面、不建设固定设施的前提下，可依法依规利用土地资源，推动建立露营地与土地资源的复合利用机制，超出复合利用范围的，依法依规办理相关用地手续。利用国有建设用地上老旧厂房(包含旧工业厂房、仓储用房及相关工业设施)等，在不改变老旧厂房主体结构的前提下，经依法依规办理相关行政审批许可后，用于发展露营旅游休闲营地项目建设的，可享受在一定年期内不改变用地主体和规划条件的过渡期支持政策。选址在国土空间规划确定的城镇开发边界内的经营性营地项目，全部用地均应依法办理转用、征收、供应手续。支持依法依规以划拨使用等方式保障非经营性公共营地用地。

第二节　营地的分类

根据所处自然环境，可分为山地露营地、森林露营地、湿地露营地、海滨露营地、草原露营地和沙漠露营地等。

房车营地在发展的过程中，有多种类型的划分方式，如按开发程度、建设标准、交通方式、使用类型、环境资源等划分方式，具体如下。

一、按开发程度分类

按照营地的开发程度，可将营地划分为原始露营地、半原始露营地、半现代化露营地、现代化露营地，从原始营地到现代化营地，其开发程度逐渐成熟，配备设施也逐渐完善。

原始露营地：不具备交通可达性且不为露营者方便舒适提供相关设施的露营地。

半原始露营地：只能够步行、骑马或摩托车进入的露营地，可为露营者的方便舒适提供基本的设施（厕所/火炉）。

半现代化露营地：能够容纳至少两个能停靠房车、旅游休闲车或其他露营设施的营位且具备交通可达性的露营地，内部有道路和厕所。

现代化露营地：能够容纳至少两个能停靠房车、旅游休闲车或其他露营设施的营位且具备交通可达性的露营地，其开发水平成熟并提供废物处理系统、抽水马桶、洗浴及供水等设施。

二、按建设标准分类

按照建设标准，可将营地划分为不同星级。从2000年起，英国各地的旅游委员会都采用了新的全英统一的营地星级体系（British Graded Holiday Parks Scheme），它为房车营地、露营地和假日营地提供了统一的质量定级评价标准。新标准是在广泛研究顾客需求后制定的。独立旅游委员会的检查人员根据50多个条文逐一进行严格的测评后作出星级评定。对于度假旅游者，这意味着很容易借此预订到自己所期望的营地。该标准将营地划分为5个星级：

5星级：表示质量优异（Exceptional），代表超越最优的工业标准。这是露营地的最高级，说明该露营地具有无可挑剔的条件，富有创造性的和谐的景色，绝对整洁，集中了所有精华，收费标准较高。

4星级：表示优质（Excellent），符合工业最优标准。综合服务设施完善，服务项目多，服务质量优良。露营旅游者不仅能够欣赏到优美的环境，更能得到精神的享受。

3星级：表示良好（Very Good），代表工业标准。设备齐全，服务质量较高，能满足中产以上旅游者的需要，这类汽车露营地数量最多。

2星级/1星级：分别表示好（Good）和尚可（Acceptable）。符合标准汽车露营地的基本要求，设备一般，服务较好，属于经济等级，满足一般露营旅游者的需要。

三、按交通方式与可达程度分类

根据进入营地所采用的交通工具，营地可分为房车露营地、汽车露营地、骑行露营地（自行车/摩托车、马匹）和徒步露营地等[见国家标准《休闲露营地建设与服务规范》（GB/T 31710—2015）]。

根据交通可达程度，可将露营地划分为车辆可达营地（front country camping）、无停车位营地（walk in）、车辆不可达营地（back country camping）。

（1）车辆可达营地。是指可以开车进入的宿营地，每个营位都有一两个停车位，宿营者可以带比较齐全的宿营装备，因为携带和装运非常方便。分为帐篷营位和房车营位，帐篷营位一般比较小，不能停放大型的房车。

（2）无停车位营地。顾名思义是没有停车位的宿营地，可能离大路很近，但由于比较深入树林，所以车开不进去，车位通常会在路边。其实与车辆可达营地的区别不大，只是搬运东西比较麻烦，价格会便宜一些。但要注意，有些宿营地的走路距离可能很远，是介于车辆可达营地和车辆不可达营地之间，注意看好说明。

（3）车辆不可达营地，是指车辆不可能到达的宿营地。这样的宿营地通常是为野外过夜的徒步旅行者准备的，会在丛林或雪山的小径旁边，设施相对简陋、收费低廉，有时可能不收费。因为需要徒步进入，不能携带很多的装备，一切以轻便为宜。

四、按照使用类型分类

按照使用类型可将房车营地分为目的地型、驿站型和补给站[①]。

（1）目的地型房车营地是为房车旅游活动提供游览、住宿、餐饮、娱乐活动等综合性设施和服务的场所。通常依托高质量的环境资源，营地面积更大，设施更全面，满足不同人群的露营需求，突出娱乐休闲功能，设置丰富的体验项目，组织多样的娱乐活动，因此游客在目的地型房车营地停留的时间更长。

（2）驿站型房车营地也叫停靠型房车营地，是指只为房车旅游活动提供过夜服务，以及配套的停车、饮用水、照明电补给、排污及安全防卫等设施和服务的场所。

（3）补给站（营地）是指不提供房车过夜服务，仅为房车旅游活动提供房车生活所需的水、电补给或排污等设施和服务的场所[②]。通常在公路两旁的服务区，目的是让驾驶房车旅游的游客有短暂休息和补给。因此，只提供必需的补给设施（水、电、气），营位通

① 《房车旅游服务区基本要求》（DB31/T 773—2019），此标准为江浙沪皖四省（市）统一的地方标准，也称长三角标准。

② 补给站（营地）在欧洲有个专门名词称为 Aire，指的就是仅提供简单的 Pitch（营位），能为房车提供快速和短暂驻停服务的场地。

过低矮绿植或地面铺装来划分。

表 4－1 列出了房车旅游服务区的类型差异。

表 4－1　房车旅游服务区的类型差异

类别	功能差异	服务特征	主要功能区
目的地型房车旅游服务区	综合性度假休闲	目的地特性；有主题活动和大量娱乐休闲项目	接待中心、营位区、公共活动区
驿站型房车旅游服务区	过夜＋基础补给	位于房车旅游线路中的节点；提供比较基础的住宿服务；对于配套的餐饮和娱乐服务没有要求	接待中心、营位区
补给型房车旅游服务区	基础补给（不过夜）	中途有限休息和补给；自助服务或有限的有人服务	服务站、补给区

五、按照选址的环境资源分类

根据营地选址所依托的环境资源类型可划分为六大类型：滨海型、海岛型、湖泊型、乡村型、山地型、森林型。不同的环境类型其组景审美不同，可以开展的休闲娱乐体验活动也不尽相同。

第三节　营地的功能与设施

房车营地的基本功能是为房车提供基本的补给服务，在此基础上为房车旅游者及自驾车旅游者提供住宿，餐饮和休闲娱乐等配套服务。营地的服务主要通过服务功能及功能区来展开。针对功能区内的服务设施及相应服务，营地特别强调服务动线，即根据房车进入、登记、停泊、活动、结账和退出等服务流程合理布局各服务功能区。根据国家标准《休闲露营地建设与服务规范》(GB/T 31710—2015)，营地的基础功能区包括出入口、服务中心、停车场、自驾车露营区、房车宿营区、服务保障区、废弃物收纳与处理区，这是营地应该必备的功能区；同时，根据自身的条件，可设置木屋住宿区、帐篷露营区、儿童游乐区、户外运动区、休闲俱乐部等特色功能区，以此形成差异。

从服务功能角度来看，不同级别的营地提供的设施及功能具有较大差异。最简单的房车营地至少包含：一是露营区，这是房车停靠的基本要求，需要选择地势平坦区域；二是生活区，包括水电接口、洗漱间、卫生间等，这是房车补给的基本需求，属于生活必需品。在英国，小型营地一般占地几英亩（1 英亩＝4 046.86 平方米），不少与私人农庄连在一起经营管理，几十个房车营位和一定面积的帐篷露营区，一般只给旅游者提供营位、充电、洗车、加水、食品、卫生、漱洗等基本服务。这类小营地一般为业主家族式经营管理，闲时经营管理全部由业主自家人员完成，忙时才临时聘用外来人员帮忙。

营地还需要更多的一些功能，如商务、娱乐、运动等。大型综合性旅游营地集餐饮、住宿、娱乐、购物、商业、房地产开发于一体，经营管理人员多达几百人。如英国约克郡附近的 Hagerton Castile Holiday Parking 营地，占地 500 多英亩，仅固定的不同档次的 Caravan 营位就 1 200 多个，另有房车位 800 多个和大片露天帐篷区，可接待游客近 1 万人，营地除了没有配套电影院，其余吃、住、娱乐、购物、展览、高尔夫等设施一应俱全，垃圾处理、污水处理及循环利用系统整体配套，经营管理人员 290 多人，该营地连同其他几个连锁经营的中小营地，全年营业额达 6 亿英镑(约合 90 亿元人民币)。

综上分析，大型营地综合服务功能齐全，融观光、休闲、度假、餐饮、购物、娱乐，以及特种商品展示、旅游房地产等功能于一体；中型营地功能设施安排则以满足各类驻营游客需求为原则，主要针对短期休闲、度假游客；小型营地一般只解决驻营游客的基本要求，不一定配套投资量大的功能设施和服务设施，主要针对观光休闲游客。

国家标准《休闲露营地建设与服务规范》(GB/T 31710—2015)规定了营地应确定场地的生态承载力，不超载运营；对消耗物品循环利用，多采用服务外包，减少或不使用洗涤剂，降低经营强度，避免污染环境；提倡露营者自带基本生活和休闲用品，自己带走垃圾，并开展自助式服务；露营住宿设施，选择可重复利用的环保材料，尽量不用固定建筑形式。可以看出，露营地是以融入自然、低强度建设和有限服务为主要导向的，而不是规模越大、服务越多越全越好。

第四节　国内外营地与连锁品牌

一、国 外 营 地

(一) 德国格森维乐露营公园

格森维乐露营公园是 5 星级营地，坐落在林道小镇附近，森林环绕、草地繁茂、碧波涟漪，适合各种不同类型的度假者。营地提供装备现代化、设施齐全的租赁房车。露营小木屋提供豪华露营体验，可以体验格森维乐露营公园提供的运动、创意和文化各类活动项目。营地的吉祥物“凡妮”(一头大象)深受来自全球各地露营者的喜爱。

格森维乐露营公园全年都会组织各类活动。餐厅也能提供各地的美食，有德国巴伐利亚当地的施瓦本美食、意大利美食及烧烤快餐。露营公园的购物超市里日常生活必需品应有尽有，可采购当地及地中海特色产品。

（二）法国 Esterel 露营地

Esterel 露营地位于法国东南部蓝色海岸圣拉斐尔市东北方向的郊外，是每年前往蓝色海岸游客的首选住宿地之一，尤其是有经验的房车露营客。作为一个 5 星级露营地，Esterel 露营地的硬件设施和环境的高标准是毋庸置疑的，房车营位、宾馆、餐厅、超市、酒吧、温水泳池、水疗 spa、儿童游乐场、马场、美容中心等设施应有尽有。在旅游旺季，营地还会有舞会、主题之夜、音乐、魔术表演、化装舞会、火炬游行等活动。

（三）挪威盖伦格峡湾盖伦格房车露营地

盖伦格峡湾被列入联合国教科文组织世界遗产名录。挪威政府每年投入 3 000 万挪威克朗（约 3 626 万元人民币）以保护峡湾环境不受一丝破坏。在这里，最不用担心的就是绝美的风景。

坐落于盖伦格峡湾最佳地理位置的盖伦格房车露营地可谓是整个海湾小镇皇冠上最为璀璨的一颗“珍珠”，宽敞静谧的环境氛围与盖伦格峡湾完美地融合为一体。在露营地向南望，可以一览盖伦格峡湾和盖伦格小镇的全貌，北望则可将盖伦格峡湾陡峭的山脉和激流的瀑布尽收眼底。每年都有数以万计的来自世界各地的露营爱好者到盖伦格露营地度假游玩。露营地可容纳 50 辆房车，36 个营位可以提供电力设施，营地内的公共浴室、卫生间、厨房、洗衣机等设施应有尽有。

（四）美国 Tiger Run Resort 房车露营地

Tiger Run Resort 房车露营地是美国科罗拉多州排名第一的露营地，位于弗里斯科和布雷肯里奇之间，总面积达 1 200 平方英尺（1 平方英尺＝0.092 9 平方米）。营地是依托景区规划建成的营地，周围为落基山脉，非凡的地理位置和优良的住宿环境吸引着大量游客。营地全年营业，不同季节能够结合周边景区为游客提供不同的旅游活动。

Tiger Run Resort 营地根据场地内游客的不同需求，设置了小木屋等特色住宿场所。此外，除了基本的住宿、餐饮等服务设施，营地还增设了多种类运动场所、儿童活动中心、游泳池等，并且依托周边的旅游资源，为游客们提供了一个亲近大自然的休闲环境。营地内活动丰富，根据季相的变化设置了多种多样的休闲活动，夏季可徒步、划船、冲浪、狩猎等，冬季可滑冰、滑雪等，营地也会根据不同季节、淡旺季等适当调整营位价格。

（五）英国怀特岛 Grange Farm 乡村型露营地

怀特岛是位于英国苏格兰西部赫布里斯群岛中最北端的岛屿，同时也是最大的岛屿，一直都是英国民众夏季度假的首选之一。

Grange Farm 是怀特岛上一个家庭经营式的农场露营地，营地在布莱斯通（Brighstone）沙滩边上，设在高崖的背风处，地势平坦开阔，离海最近的地方不到百米，可以看到英吉利海峡全景。

营地提供免费的热水淋浴、卫生间、洗涤区、投币式洗衣机及吹风机。除此之外，还贴心地设计了儿童乐园，里面布置了小火车、秋千，还有一个可以踢足球和打板球的小球场，非常适合小孩子玩耍。

二、国内营地

(一) 上海林客房车露营地

上海林客房车露营地位于滨江森林公园二期园区的东北角，由上海浦东东站长途客运有限公司主导开发，占地面积约 117 亩(1 亩＝666.6 平方米)，营位 100 个。营地设置 90 个自行式房车标准营位，大小为 4 米×10 米，足以停下目前绝大多数房车。10 个大型拖挂营位，大小为 6 米×12 米。房车专用水电桩及排污口设在营位后部。营位设有 20 平方米的露台，配有遮阳伞、露营桌椅、室外秋千等设施。营地中央大草坪处设置户外大屏幕，以满足营地活动需要。公共设施设置户外男女卫生间、淋浴、洗衣房等露营地设施配备齐全。为房车和露营爱好者亲近自然、融入自然提供完整的设施配套。

营地根据自然景观和功能布局，划分为中央活动区、房车露营区、篝火活动区、河岸景观区、团建活动区和精致露营区等六个区域，以满足客户露营和团队活动需求，可以提供更加丰富的服务形态。营地拓展露营装备体验店、研学游、团队游、房车托管、集市与嘉年华等相关业务，是集露营和房车试驾、租赁、展示、托管等多功能为一体的综合性房车露营地。

(二) 南京汤山温泉房车营地

南京汤山温泉房车营地位于旅游度假区——汤山温泉旅游度假区内，营地占地面积 329 亩，已建设 150 亩，投资 1.5 亿元。营地交通便利，距沪宁高速汤山出口 1.2 千米，122 省道 3 千米，地铁 S6 号线猿人洞站 400 米，步行 7 分钟即可到营地，是目前国内门口开通地铁的露营地。

营地经营项目包括温泉＋主题民宿＋房车＋木屋主题酒店及营位租赁。营地设有房车露营区、木屋住宿区、低高空帐篷区、自助烧烤区、户外拓展区、生态餐厅及游客服务中心等，并提供各类户外露营活动服务和餐饮、会议、休闲娱乐等配套服务；拥有 80 个标准营位、150 个自驾车营位、1 个主题民宿酒店、1 个游客中心、1 个露营生活配套服务中心和 1 个温泉中心，能同时容纳 500 余人的餐饮楼会议中心，以及各类房车 40 余辆，是长三角房车旅游标准化示范营地及江苏省自驾游基地。

(三) 杭州鸬鸟房车露营公园

杭州鸬鸟房车露营公园位于浙江杭州市余杭区鸬鸟镇仙佰坑，占地面积 100 余亩，致力于打造杭州第一个生态房车露营公园。该房车露营公园充分体现“生态、绿色、休闲”特色，倡导时尚的户外露营生活。

营地的区域功能划分为营地服务区、房车露营区、自驾车露营区、森林木屋区、草坪露营区、餐饮区、户外烧烤区、农产品种植区等。

营地服务区包括游客接待中心、团建活动对接区和营地总控台。

房车露营区内建设70个标准房车营位、30辆营地房车并设有15台大中小型的露营房车，房车内配备洗浴间、空调、电视机、床等基础设施，房车外配备小型庭院，部分庭院含有小型泳池可供游客嬉戏。

自驾露营区有15个空位提供给自驾房车旅行补给，如生活用电、上下水、排污等，满足自驾房车需求。且周边环境优美，村民生活惬意，是一个可长期选择的驻扎地。

森林木屋区充分利用树林的优势，目前设计了30个木屋平台，可为自带帐篷或是体验帐篷露营的游客提供不一样的服务。

草坪露营区设有3个大小不等的草坪，总面积大约800平方米，可供不同类型活动使用，如公司团建、草坪婚礼、音乐派对、生日派对等。

营地餐饮区是散客主要的用餐及小憩的区域，提供午餐、下午茶、晚餐，环境私密性较高，非常受游客喜爱。

户外烧烤区整体面积大约400平方米，利用了当地的毛竹搭建成一个大约25米长的文化长廊。

农产品种植区占地面积约5亩，设计这一片区域初衷是为了来营地的游客吃到无污染的绿色食品。营地根据季节的不同选择适合的种子种植，也成了小朋友开拓视野、亲近大自然、感受生活的教育基地。

(四) 大庆杨柳秋风露营地

大庆杨柳秋风露营地从2019年开始逐步建设，凭借独特地理位置和丰富户外资源，迅速占领大庆市露营新高地，打造了全新的户外生活方式，是东北最大的房车露营基地、大庆十大露营地之一，同时也是大庆赛车小镇文旅休闲产业的重点项目。

杨柳秋风露营地是一座集户外运动、观光旅游、房车露营、休闲养生、度假居住、亲子娱乐、素质拓展等功能为一体的综合性露营地，占地面积约600亩，拥有4万平方米天然草坪，可同时容纳5 000人次房车露营。营地生态环境极佳，设施设备齐全，有帐篷、集装箱、星空屋、木屋、蒙古包、天幕等。按功能分为房车基地、林间住宿区、草坪尊享区、自由露营区、餐饮娱乐区5个区域，集房车露营、户外运动、观光旅游、休闲养生、度假居住、亲子娱乐、素质拓展等功能为一体。

(五) 甘肃公航旅张掖国际露营基地

公航旅张掖国际露营基地是甘肃公航旅集团设计建造的房车露营地，位于甘肃省享有“金张掖”之称的张掖市滨河新区，地理位置优越，东有繁华商业区，西有312国道，南临张掖市区，北靠张掖国家湿地公园。

营地总占地面积364.1亩，累计投入资金4.58亿元，是甘肃投资规模较大的旅游综合体。它将自然资源、丝路元素、民俗文化集合一体，采用集自驾＋露营＋研学教育＋户外拓展的经营模式。

营地具有设施齐全、环境优美、住宿新颖、业态丰富的特点。营地设立了游客接待中心、游客服务中心、房车住宿区、集装箱住宿区、木屋住宿区、帐篷露营地、儿童无动力游乐场、滑草场、汽车配套服务中心等 9 个中大型区域，囊括了住宿、餐饮、购物、娱乐等休闲方式。住宿区拥有 75 间住宿单元，其中房车 30 辆、木屋 150 栋、集装箱 15 间、帐篷 15 顶，为游客提供多种不同的住宿体验。

三、国内外营地连锁品牌

（一）美国 KOA

美国 KOA（Kampgrounds of America）是北美最大的露营地连锁机构。1962 年，美国蒙大拿州比林斯市商人戴夫·德拉姆（Dave Drum）某一天正沿着黄石河岸散步，他看到很多装载着行李的汽车和房车沿着美国 10 号公路赶去参观西雅图世博会（1962 年 4 月 21 日至 10 月 21 日）。戴夫·德拉姆知道，对于如此之多的游客而言，能够保证他们居住舒适的地方并不多，为此他发现了商机。戴夫·德拉姆迅速在自己的土地上建立了一个营地，可以提供热水淋浴、干净的厕所和一小片草地，一晚总费用 1.75 美元。

1963 年夏天，戴夫·德拉姆拥有了两个合作伙伴和一个目标，他要创立一个遍布整个北美的露营地系统。也就是在这一年，家喻户晓的黄色 KOA 标志正式亮相，KOA 开始吸引加盟，运转起来。到 1969 年末，KOA 已有 262 家露营地在美国各地运作。到了 1972 年，KOA 成立后短短 10 年，KOA 的特许经营点已经发展到了 600 家。直到今天，KOA 依然强大屹立不倒。

KOA 露营地连锁拥有 500 多家露营地，遍布整个北美大陆，拥有营位 6 万多个，仅在美国，几乎所有好玩的地方和国家公园附近都会有 KOA 露营地的存在，无论你去哪里，KOA 都已经在那里了，所以无论何时，露营客们都可以很轻易地找到一个干净、舒适的营位，而且还可以挑选自己喜欢风格的营位。如果你需要在营地里过夜或待得更久，你会发现每一个 KOA 露营地都拥有能让你住得舒适、便捷、愉快和难忘的一切元素。

每个 KOA 营地都一定会有以下设施及项目：营位、木屋、有线电视、小型烧烤炉、自行车租赁、篝火、迷你高尔夫、无线网络、游泳池、划船、钓鱼。KOA 拥有 60 多年的露营地设计和经营经验，而且还在不断学习。KOA 每年调查超过 25 万露营客的露营感受，重视露营客提出的意见和建议，并加以改进。

（二）欧洲顶级露营

顶级露营（LeadingCampings）成立于 1994 年，经过多年发展，顶级露营连锁品牌也受到了广泛认可与好评：在欧洲露营行业被誉为“最负盛名集团”；在欧洲户外旅游行业被誉为“最有经验集团”，其中五家会员营地已经成功运营 50 多年，丰富的运营经验甚至赶超 Méditerranée 俱乐部；在欧洲个人旅游领域被誉为“最先进集团”，顶级露营联盟经常会引入该领域内全新的运动、娱乐和服务；在欧洲露营行业被评为“最环保集团”，曾获得 Ecocamping、AENOR Gestión Ambiental、EMAS II 等多家权威机构认证；同时也被评为“最具实力集团”。目前已发展至40个会员营地,每年平均在营地过夜人数约为950万人次,在全欧洲共拥有2 300多名经培训上岗的员工,连锁营地遍布欧洲12个国家。

(三)法国户乐

户乐(Huttopia)集团创始于1999年法国德龙省,作为全球知名的度假营地品牌和生态旅行领军者,户乐已拥有超过65处度假营地,分布于法国、荷兰、美国、加拿大、中国等国。

户乐德清度假营地是户乐在中国的第一个示范性旗舰度假营地项目。该营地内共有103个独立住宿单元,由风格独特的猎人帐篷、布谷帐篷及木屋等不同房型组成,且所有房间和帐篷都含独立卫浴及空调设备。另外还配有全日制西餐厅、酒吧、商品售卖店、户外儿童乐园、泳池、SPA及桑拿设备等配套设施。

(四)澳大利亚BIG4假日公园

澳洲房车营地主要分为三种:连锁营地、国家营地和免费营地。连锁营地一般分布在风景优美的地点,营地设施齐全,有些营地甚至还有高尔夫球场、篮球场、温泉、水上乐园,是很多资深旅行人出行的首选,所以又被称作假日公园营地。

其中BIG4从1979年建立并逐渐遍布到澳大利亚各地,是澳大利亚设施最齐全、连锁店最多同时也是最受欢迎的度假公园营地连锁品牌,在位置、体验、清洁度和服务方面被评为第一名。BIG4是一家营销合作社,所有公园都是特许经营者,由个人所有和经营,有些是家庭经营,有些是企业经营,如汉普郡假日公园、塔斯曼假日公园和英格尼亚假日公园。无论是公园俯瞰闪闪发光的海岸线还是在澳大利亚内陆提供温馨的绿洲,游客都可以获得高水平的服务。

目前BIG4在全澳大利亚有138个BIG4假日公园和119个合作公园,根据价格、景观、设施服务不同又被标记为经典公园、假日公园和顶级公园,但无论选择哪种类型的公园,都可以保证高质量的客户服务。

(五)日本PICA

PICA作为日本的头部连锁营地品牌,成立于1995年,目前共有11家营地,分布在日本国内的各个地区,营地涵盖了各种类型的环境,有山系、湖系、森系、海系等等,定位以度假模式的豪华版露营为主。

(六)中国途居露营地

途居露营隶属于奇瑞控股集团,是奇瑞汽车生态圈的重要组成部分,集规划设计,投资建设,运营管理,房车研发、制造、租售等领域为一体,延展移动出行与汽车房车产业生态链条,通过露营地与自驾房车的融合发展,持续扩大、延伸房车露营生态圈服务边界。旗下现有黄山、芜湖、扬州、镇江、南通、湘潭、孝感、九江等10家在营营地,年接待游客百万人次。

作为中国露营行业规模企业,途居积极把握汽车市场发展新形势,顺应汽车消费新趋势，丰富汽车市场产品和服务，满足多元化消费需求。途居依托奇瑞千万车主资源，致力于打造“露营＋房车＋自驾＋旅行＋教育”全新生活模式，构建中国汽车露营全产业链生态圈。

（七）中国日光域

日光域主张“Back to Nature”（复得返自然）的生活方式，定位于以露营地为基础的户外休闲产业，深耕露营领域，着力打造 Sunarea Family Camp、Sunarea Family Park、Sunarea Family Village 三大产品体系。专注于精细化运营，并以乡村共生理念，发展乡村旅游，“解决乡村振兴战略的最后一公里，真正推动共同富裕”。

复习提问

（1）简述营地的缘起。

（2）简述营地的分类。

（3）简述营地的功能与设施。

第五章　房车旅游者

学习目标

（1）掌握房车旅游者出游的动机及其背后的心理过程。

（2）了解房车游客的消费行为特征，熟知两类房车旅游者画像。

第一节　房车旅游者的出游动机

一、旅游者的需求与动机

需求和动机是心理学和消费行为研究中的两个核心概念，它们之间有着密切关系。需求通常是指个体在生理或心理上的不满足状态，它驱使个体采取行动以寻求满足或缓解这种不满足状态，可以是内在的，如饥饿或口渴，也可以是外在的，如社会地位的需求。动机是推动个体向特定目标行动的内在心理过程，它是由需求引发的，可以视为需求的一种表现形式，是需求转化为行动的中介。需求是动机的基础，个体的内在需求是动机产生的基础，没有需求，动机就无法产生，而动机是需求的驱动力，需求激发了动机，动机则是将需求转化为具体行为的驱动力，例如，一个人可能因为饥饿（需求）而产生了吃饭的动机。马斯洛的需求层次理论指出，需求具有层次性，从基本的生理需求到自我实现的需求，动机也相应地表现出层次性，不同层次的需求导致不同类型的动机。需求和动机之间存在动态的相互作用，一个需求的满足可能会产生新的动机，而一个动机的实现可能会满足或改变需求。在消费者行为中，理解消费者的需求和动机对于市场营销策略至关重要，通过识别消费者的需求，企业可以设计产品和营销策略来满足这些需求，从而激发消费者的购买动机，例如，如果一个消费者对健康食品有需求，那么他们可能会被健康食品的广告（动机）所吸引，从而产生购买行为。需求和动机的多样性意味着不同的个体可能对同一需求有不同的动机反应，同样一个动机也可能由多种需求引起，因此，理解需求和动机的多样性对于预测和解释消费者行为至关重要。需求和动机的可变性表明它们会随着个体的内在状态、外部环境和文化背景的变化而变化。总结来说，需求是动机产生的基础，而动机是需求实现的推动力，两者相互作用，共同影响个体的行为和决策过程。

旅游心理学中的“需求—动机—行为”模式是较为常见的旅游者购买行为模型，它将旅游者的行为起点定位于需求的产生。当这些需求未得到满足时，会导致心理紧张，而一旦存在满足这些需求的可能性，需求便会转化为旅游消费的动机，推动旅游者进行购买行为。在旅游心理学中，需求是动机的基础，动机是需求的具体化和旅游活动的心理推动力。旅游需求的满足能够缓解心理紧张，形成一个循环过程。影响旅游动机的因素包括个人属性如性别、年龄、健康状况、经济状况和职业，以及宏观环境因素如政治、经济和文化。旅游动机可分为观光、度假、文化、商务、会展、宗教、社交和特殊类型等。旅游需求分为潜在需求和实际需求，前者具备必要因素但缺乏行动诱因，后者是购买能力和购买欲望的结合。旅游者的行为不仅限于购买行为，还包括在目的地的空间移动、游乐活动和相关生活行为，这些行为是内在因素和外部条件相互作用的结果。总体而言，游客的“需求—动机—行为”模式是一个动态的过程，涉及需求的产生、动机的转化和实际行为的执行，这个过程受到个人和社会因素的多重影响。

一般来说，游客的需求是复杂且多样的，它们可以涵盖探索和新奇体验、休闲和放松、文化和教育、冒险和刺激、社交和家庭、健康和养生、逃避和避难、自我实现和个人成长、商务和专业、经济实惠、安全和舒适、便捷和效率、个性化和定制化、可持续和环保、审美和享受等多个方面。例如，一个城市忙碌的白领可能因为工作压力大，需求放松和逃避日常生活的动机而去海边度假，享受阳光和沙滩带来的宁静；或者一个摄影爱好者可能出于对自然美景的追求而前往云南进行摄影旅行。

动机是推动游客采取行动以满足这些需求的内在心理过程。例如，一个游客可能因为对异域文化的好奇(需求)而产生了去某个国家旅行的动机(动机)。游客的动机可能包括追求快乐和享受、个人兴趣和爱好、社会影响和归属感、成就感和自我提升、责任感和义务、情感寻求等。例如，一个家庭可能因为想要增进家庭成员之间的联系和互动(需求)，选择在假期进行一次家庭旅行(动机)，比如前往迪士尼乐园，享受亲子时光；或者一个商务人士可能因为工作需要(需求)，动机驱使他参加在海外举办的行业会议，以获取最新的行业信息和建立商业联系。

总的来说，游客的需求和动机相互关联，共同影响他们的旅游决策和行为。理解这些需求和动机对于旅游业的市场营销策略至关重要，能够帮助旅游服务提供者设计更符合游客期望的产品和体验，从而吸引和满足不同游客群体。

二、房车旅游者的动机

房车旅行(recreational vehicle travel)具有自由、灵活、机动性强等方面的特征，使旅行者可以掌控改变的机遇和自我实现的机会。房车具有高度的便利性、自由性和安全性，减少了对陌生出游环境的紧张感；同时，房车旅行不仅具有超出日常生活的流动性和社交性，有利于扩大旅游者的活动空间，增加社交机会，房车旅行还展现出较强的群体性和社交性，具有明显的结伴出游特点，倾向于积极开拓社交关系，该群体的集会活动、社交行为等又与社会与心理研究关系密切。

袁丁在2021年对120个房车爱好者的访谈内容的实证研究，总结出房车爱好者旅游动机的四个维度划分，即情感交流、学习体验、休闲度假、从众炫耀，并得出了房车爱好者旅游动机高频词云(见图5-1)。

图5-1 房车爱好者旅游动机高频词云

(一) 情感交流动机

情感交流动机是指房车爱好者期望通过房车旅游促进与同游者(包括家人、朋友、情侣、同学等)在感情上交流互动的需求和倾向。

1. 身体行为

房车爱好者通过在不同时间或地点与外部世界产生联结，实现促进彼此情感交流的目的。而身体行为就是指房车爱好者通过自身行动改变自身所处的时间和空间，从而与不同外部世界进行互动，主要包括互动、空间位移和游玩活动。

由于房车旅游形式的特殊性和不可避免的局限性，房车爱好者在旅行途中自然而然地要与同行者或其他车友产生互动，从而增进彼此感情。例如，“这种生活是比较简单，但是我觉得不简单的是因为和家人在一起，和我们的爱人在一起，我们融入了大自然，更加地亲近大自然”。“遇到”“认识”“帮助”等高频词体现了房车爱好者群体的凝聚力和包容性。

在文本分析中，“出去”“通过”“移动”“上面”“走遍”等高频词都体现了房车爱好者通过身体行为进行空间位移，通过位置的转换，欣赏不同的风景，进而产生多层次的情感共鸣，例如，“我的家感觉就是我的天堂，但是就算是住在天堂的天使，也要下凡间去历练，也要出去感受经历。这个时候你会发现你很难开心，因为你开心的标准被提高了，但是当你在房车旅行的时候，你会发现水和电这些基本的生活需求会成为你每天比较关心的一个事情，你对于幸福的标准会降低”。

游玩活动包括房车爱好者与各种旅游要素的交互活动，出现的高频词包括“旅游”“活动”“出行”“摄影”“钓鱼”等。房车旅游最大的特点就是即走即停，路遇美景随时都可以停下来慢慢体味，因此很多房车爱好者在旅途中拓展出多样的游玩活动，如摄影、钓鱼等，这些别样的活动既丰富了旅程，又交流了感情。例如，“每个季节都有悦目的风景，每个地方都有特色的风情，心无旁骛地走近他们，将他们留在摄影机里，也留在心间。房车生活是一种幸福指数的代表。因为喜欢钓鱼，但是钓鱼的枯燥过程太过漫长，家人也多有不便。买了房车之后，不仅可以在钓鱼活动之后快速休息，还能和家人更多的待在一起”。

2. 旅游群体

旅游群体包括在旅途中与房车爱好者产生互动的各类人群，如同行者、旅游行业从业者、旅游目的地居民等。

很多房车爱好者选择房车旅游这一形式是为了更方便地与家人同游，房车就是移动的小家，在这个狭窄而又温馨的空间里，更加能够拉近彼此的距离，增进感情。例如，“有一种温馨，叫陪着家人去旅行。在有限的生命里，开着房车，陪他们去看看这多彩的世界，享受一家人的私密幸福时光。相比普通的私家车自驾游，房车空间更大、更舒适，可以带上全家人一同出游”。又如，“初秋，我们打算带着母亲和两个孩子开启 5 口人的‘新’家旅行。然而，我们家只有一辆小的代步车，两个孩子的安全座椅非常占空间，后排要再多坐一个成年人很困难。好在有华颂共享房车，解决了我们一家人的出行问题”。

房车旅游除了可以增进家人之间的感情，也能够广交朋友，结识志趣相投的房车车友，例如，“三毛哥喜欢交朋友，也愿意在出行的路上组织张罗事情，所以车友们都喜欢和他一起出行。三毛哥也觉得跟大家一起出行，更高兴充实。大家一起勇攀高峰，一起嬉笑打闹，好像忘记了岁月，又回到了年轻时肆无忌惮的美好。在外旅行，尤其是国外，难免会遇到困难，众多工作人员施以援手，让房车之旅更加温暖”。

3. 心理感知

房车爱好者在房车旅游过程中难免出现多种情感，包括情绪和感受/感觉。

与情绪相关的高频词包括“喜欢”“心情”“快乐”“开心”“担心”“满足”“高兴”等。从分类结果上来看，正面倾向的情感的词更多，词频也更高，例如，“在向前走的时候，未知的景色、未知的道路在等着每一位玩家，同时也带来了未知的快乐”“在这种状态下，我觉得每天都非常得充实，也非常开心，当你打开房车的车门，打开车窗，你会发现外面的风景真的是特别的让你向往”。

在旅途中房车爱好者也会有各种“担心”，主要包括安全问题、身体状况、生活设施等，例如，“担心的是安全吧，因为国外的安全治安，说实话没有国内好，原来我也跟团去过，去过也被抢过。作为自己的父母，他们还是有点担心的，关键是怕我们身体吃不消”。

感觉是外界最直观、最直接的反应，感受是更深层的体会，表示感受/感觉的高频词有“感觉”“舒适”“享受”“自由”“幸福”“美好”“难忘”等。例如，“哈雷的酷炫狂野风餐露宿，与房车的舒适温暖完美结合，堪称珠联璧合。房车为哈雷的拉风狂野接触自然提供了中场休息的保障，哈雷为房车的舒适安静注入了不老的青春激情。走过国内的山山水水，房车带给他最大的好处就是自由自在，就是移动的家，也想让身边更多的朋友享受这种美好生活方式带来的乐趣”。

（二）学习体验动机

学习体验动机是指房车爱好者期望通过房车旅游体验这一新型旅游方式、学习相关文化的需求和倾向。房车爱好者借助房车这个住行各一的工具，学习、领略异国他乡独特的人文魅力和文化内涵。

1. 思考

在房车旅游过程中，房车爱好者体验独特的风土人情，了解不同的地缘特色，会对旅游目的地的年代和文化产生独特的思考和感悟。房车爱好者对于当地历史和文化的感受因人而异，生活环境、人生阅历、知识储备、身份地位等各种因素都会影响房车爱好者的学习体验。例如，“像以前说去三亚，我就感觉挺远的。有了房车以后这个路就没有概念了，距离就消失了，想去哪直接开着车就走了”。他们有时在一个地方住上儿大，认识那里的每个山川与村庄，深度感受不同的风土文化和地域人情。有关年代和文化的深层旅游资源，能激发房车爱好者自身的思考，从而进一步体会旅游地的人文魅力，获得深度的学习体验。

2. 领悟

房车爱好者在旅游过程中的学习体验构成了人生历程中重要的一环，房车旅游多少会对房车爱好者的身心产生影响，引发其对人生的领悟，例如，“人生就像一场旅行，不在乎目的地，在乎的是沿途的风光和一路旅行的好心情”“大部分的人因为有了社会资源、工作积累时面对自己真正渴望的东西，不敢再去冒险，不敢再去舍弃，对他来说就是衰老的标志”。

3. 反思

房车爱好者在旅游过程中会联系各种亲身经历，对遇到的人或事产生思考或反思，随着旅途的前进，阅历不断提升，愈发容易引起自身反思。“生活”“问题”“方式”“发现”等高频词体现了房车爱好者受到景物、人或事的影响，产生共鸣和共情。例如，“生活不只一种方式，只要你勇敢面对，任何人都可以过上自己想要的生活。我们这样做的原因，不仅是为了能够探索这个世界所提供给大家的所有地方，这也是因为我们希望我们不再只看到当今社会很小的一部分。生活在一辆由面包车改装的房车中本身并不是更好，但这种生活方式确实可以发现另一种不太常见的观点”。

（三）休闲度假动机

休闲度假动机是指房车爱好者期望通过房车旅游休闲度假以达到放松心情、减缓压力、愉悦身心的需求和倾向。

1. 旅游资源

房车爱好者开启房车之旅最大的原因便是受到各种旅游资源的吸引，旅游资源包括景点/景区、文体娱乐、游憩场所、自然。作为休闲度假最主要的场所，景点/景区以其独有的自然风光和其中蕴含的人文要素带给房车旅游者多层次的休闲体验，多重旅游要素与该景点/景区丰富的历史文化资源相融合，迸发出不同的体验效果。样本中关于旅游景点/景区的关键词有“地方”“景点”“草原”“海边”。例如，“有了房车，再远的路程，都能‘移步换景’。将车直接开到景区内，随心所欲走走停停。我们游览了巍峨险峻的大黑山，感受佛、道、儒文化，享受着山间习习的凉风；到金沙滩看碧波万顷，在海边游泳、捡贝壳。当看到孩子小脚丫的印记留在漫天沙漠中，当看到孩子的笑声回荡在密林深处，当看到孩子在草原上肆意奔走，当看到孩子盯着河里肆意游弋的鱼群，代老师很庆幸，他带给孩子最初的记忆是如此美好”。

游憩场所在本文中指的是“营地”“家里”，其中通常有供旅游者游览休憩的要素。近年来，随着房车旅游在我国的发展，中国房车露营地产业正在发生着前所未有的变化，众多省市及地区积极投入露营地开发项目，越来越多的房车露营地已正式投入运营，并且逐渐从以前的目的地房车露营地转入驿站型房车露营地的建设之中。例如，“我们专门打探了一下，在大同其实有一个非常不错的露营地，有山有水，很漂亮”“玉龙雪山房车营地更是成了孩子们的游乐园。背靠玉龙雪山，气温凉爽宜人，开满鲜花的庄园让孩子们大开眼界”。

关于自然的高频词，样本中主要包括“冬天”“自然”“夏天”。不同的天气、自然风光会令房车爱好者产生不同的休闲体验甚至是情感上的变化，“秋季的高山五彩斑斓，到处是不知名的各色野花。蹲在掩体后面，等待猎物时，玫瑰记得周边氤氲的都是清新的花草香；冬季的高山辽阔高远，这时候爬山追逐猎物，让人更精神抖擞”。房车旅游不是退休人员的专属，很多房车爱好者会带上孩子或孙子/女一同旅行，让孩子感受大自然的风光，例如，“在快节奏的生活里，大家都很忙，很少有闲情逸致带孩子亲近大自然。但有了房车，我们可以尽情地畅游各地风景，走走停停，随心所欲。遇到孩子们喜爱的地方，就驻足欣赏，让孩子们在大自然中奔跑、打滚、跳跃，踮起脚尖来摸一下小树的叶子，蹲下来看看蚂蚁搬家”。

2. 器官感知

房车爱好者的休闲体验与器官感知密切相关，随着房车旅游途中的所见所闻，视觉、味觉等多重感官信号不断刺激着旅游者的感官神经，激发独特的旅游体验。

从文本分析得出，房车爱好者在视觉层面的感知来源于形状、颜色、亮度等，各类视觉要素拼凑组合，共同构成图像的整体感知，包括“风景”“美景”“环境”“漂亮”等高频词，例如，“这里的建筑物大多以石灰石覆盖，再搭配上独特的圆锥形屋顶，形成其独特的风景线。房车是一个固定的家，家却可以在流动的景中”。我国幅员辽阔，以其宽厚伟岸的土地孕育出一幅幅壮丽的风景。样本中房车爱好者的器官感知以视觉为主，旅游的核心要素便是观赏美景，因此视觉感知成为休闲度假的基本来源。

除了“赏美景”，旅行当然也离不开“尝美食”，味觉感知也是构成房车爱好者休闲度假体验的一大要素，例如，“这里是临汾的市中心，里面都是好吃的臊子面、羊杂面，都在马路边吃饭”“捷克布拉格的薯条很有名，我们这些人全部一人买一包大薯条，坐在街边一个台阶上，全部跷着二郎腿在那儿数薯条”。

（四）从众炫耀动机

从众炫耀动机是指房车爱好者受到周边亲友去过房车旅游的刺激而一定要尝试，并借此彰显身份的需求和倾向。部分房车爱好者选择房车旅游是出于从众炫耀的动机，过于追求高质的服务，看重高昂的价格，容易受到他人建议、描述的诱导和影响，其诱因包括服务、价格、建议和形容。

关于服务的高频词有“需要”“安全”“厂家”“解决”“提供”，有些经济条件好的房车爱好者对房车的配置要求很高，例如，“他最近买了一款房车，让厂家把里面所有的配置都加装到了极致，什么锂电，太阳能啊，都加到了老车友公认够用的程度。这买房车的气魄，当真是一副金灿灿的土豪范儿”。

关于价格的高频词有“收费”“费用”“便宜”“经济”，样本中土豪级的房车爱好者直接表示：“我买房车只买贵的，便宜的不要。”

关于建议的高频词有“打算”“选择”“适合”“想法”“经验”“买车”等，一些房车爱好者最初接触房车是受了身边亲友的影响，或是在旅行中看到房车车友驾驶房车的风采，例如，“2017 年在西藏去珠峰的路上，看见也有一个房车从上面开下来，我说这个房车也可以到高原啊，那我就说这个越野车的功能与房车相比起来就差远了，就打算直接就换房车”。

关于形容的高频词有“非常”“不错”“不同”“重要”“最大”等，一些房车爱好者在购买房车之后，毫不吝啬地展示自己的爱车，例如，“3 月份订的车，5 月份提到车，我就迫不及待地要把它开出去美美，到处‘显摆显摆’。我这房车，保时捷车头，蓝瓦锃亮，整个一个气派。从北京提的车，家就在北京，我就不能摆‘衣锦还乡’的范儿了，于是，就来到了山东转转”。

第二节 房车旅游者的用户画像

一、房车旅游者消费行为分析

房车旅游是房与车的结合，是食与住的结合，是住与游的结合，是游与行的结合，是目前旅游个性化的最佳体现形式之一。美国的房车旅游发展已经相当成熟，根据2012年的一次随机抽样调查，受访人数为803人，其中400人拥有房车，403人计划购买房车。在美国，房车旅游消费主力为中年人，主要是由于这类群体有雄厚的经济基础，同时对户外露营生活充满浓厚的兴趣。大多数美国人认为营地不需要提供全套服务，有些活动需要自己亲自实践，这样既可以放松身心，又可以强化人际情感。露营出游时主要影响因素依次是清洁、费用、安静、娱乐休闲和上网。在选择具体露营地时，清洁、费用是最主要的考虑因素。在露营地经常参加的活动主要是一些常见的户外运动，例如，游览观光、游泳、登山、钓鱼、自行车等。这些活动易于组织，同时安全系数也比较高。

鉴于我国房车旅游的发展阶段及居民收入水平，租赁是目前我国房车旅游的主要形式。根据市场调查显示，多数国产房车租价为1000元/天/辆；其中，进口房车租价一般为2000元/天/辆。一些国产经济型房车，在旅游淡季的租价可以降到600元/天/辆。从露营地的使用价格来看，一般多为300元/天/辆。

2007年，李亨等人在北京做了一次房车旅游调研，为了解我国房车旅游消费行为提供了第一手资料。在被访者中参与过房车旅游的人仅为4.4%，其中将近一半的人是在北京参与，另一半人是在国外参与体验。数据显示，我国有过房车旅游体验的人很少，在未来将会有很大的市场开拓空间。私密性、自主性、舒适便捷、新奇时尚等因素，依次是吸引被访者参与房车旅游的主要原因。在同行出游人数较多时选择房车旅游，主要是考虑到房车旅游可以营造相互沟通、关爱的轻松环境和温馨氛围。

如果购买一辆房车，房车的设施、价格、性能、安全、外观等方面依次是选择房车品牌时需要考虑的主要因素。从出游形式来看，超过一半的被访者希望租赁房车自助出游。这对久居在钢筋水泥里的都市群体是一次很好的解脱。远离都市闹区，没有了工作压力和人际烦恼，在丛林草木间其乐融融，这是一种崭新的休闲旅游趋势。

在未来房车旅游消费趋势方面，被调查者愿意承担的花费是1000～1200元/人，出游天数以6～7天为宜，同行人数以4～5人为宜，出行距离尽量在400公里以上。支撑房车旅游的经济基础应在7000元(月收入)左右，考虑到我国房车旅游的消费现状，未来几年将是我国房车旅游高速发展时期。

近年来，我国房车旅居车行业增长迅猛，房车保有量已突破3万辆，房车露营地的数量也在高速增长中，国家相关鼓励政策也陆续出台。2016年11月8日，国家旅游局会同国家发展改革委、工业和信息化部、公安部、财政部、国土资源部、环境保护部、住房和城乡建设部、交通运输部、国家工商总局、国家体育总局等多部门联合印发了《关于促进自驾车旅居车旅游发展的若干意见》，从产业链布局等方面提出了细化的长远发展规划和目标，要求到2020年建成各类自驾车旅居车营地2000个。《“十三五”旅游业发展规划》也明确将自驾车旅居车旅游作为“十三五”旅游业产品创新的八个重点方向之一。

2017年中国旅游车船协会及自驾游与房车露营分会与同程旅游联合发布了《中国房车露营在线消费研究报告》(简称《报告》)，对国内房车露营度假产业发展现状及在线消费情况做了系统分析。数据显示，目前中国中等收入家庭成年人口数量为2.17亿，平均财富为12.7万美元(折合人民币81万元)，目前中国房车保有量超过3万辆。

《报告》提供的用户画像分析显示，房车露营在线预订用户的性别结构基本男女各半。年龄结构方面，27～36岁占比43%，37～46岁占比28.6%，总体上“70后”和“80后”的比例高达71.6%。房车用户画像关注城市前十名分别为北京、上海、成都、重庆、天津、广州、西安、深圳、苏州、石家庄。地区分布方面，上海、芜湖、扬州、常州、黄山、佛山、南京等是房车露营在线预订的主要客源地，整体上主要集中在华东地区。

地区分布方面，上海、芜湖、扬州、常州、黄山、佛山、南京等是房车露营在线预订的主要客源地，整体上主要集中在华东地区。到达房车营地的交通方式选择上，80%以上的用户选择自驾车前往，主要以家庭为单位出游。房车露营家庭用户非常关注营地的亲子娱乐设施，丛林探险、热气球、卡丁车等是他们最喜欢的娱乐设施。

出游时间方面，68%的房车露营在线消费用户选择了节假日出游，95%选择在营地住宿一晚，具有明显的休闲度假需求特性。房车露营在线消费用户在营地住宿上的平均花费为157.5元/人，与经济型酒店均价大体相当。到达房车营地的交通方式选择上，80%以上的用户选择自驾车前往，主要以家庭为单位出游。

房车露营家庭用户非常关注营地的亲子娱乐设施，丛林探险、热气球、卡丁车等是他们最喜欢的娱乐设施。《报告》提供的房车露营在线预订大数据分析显示，森林探险、真人CS、卡丁车、越野自行车、平衡车、滑索等硬件设施是用户最为关注的营地硬件设施，篝火晚会、户外拓展及烧烤则是三项最受欢迎的营地活动，这些也是目前大部分房车营地的“标配”。

《报告》分析显示，房车营地地理位置、周边环境、住宿品质及营地娱乐配套设施等是影响用户在线购买决策的关键因素。在购买渠道分布方面，在线旅游代理商(Online Travel Agency，OTA)是主要的线上预订渠道，占比65%；传统旅行社占比15%。在具体的在线预订方式方面，移动端预订占比78.2%，通过传统的官网预订的比例仅为17.2%。在所有移动端预订方式中，通过在线商家App预订的比例高达92%。

二、房车旅游者分类画像

我国房车用户群体的构成呈现出多样化的特点，但主要可以归纳为两大类：一类是追求高品质休闲生活的中老年自驾游用户；另一类则是注重教育与亲子互动体验的家庭用户。

（一）中老年房车自驾游消费者画像

刘斌和杨钊等人对于我国中老年房车自驾游消费者进行了较为深入的研究。从国际房车旅游群体来讲，“他们呈现出的最普遍形象是购买或置换房车进行长途旅行的老年退休人员”，该群体展现出两个基本特征：一是他们一般进行长途旅行；二是老年人为主，尤其是退休的老年人。因此，老年人房车旅行在一定程度上具备了自驾旅游和老年旅游的双重特征。此外，房车旅行还展现出较强的群体性和社交性，具有明显的结伴出游特点，倾向于积极开拓社交关系，该群体的集会活动、社交行为等又与社会与心理研究关系密切。老年人房车旅行已经成为一个包含多学科研究视角的老年旅游研究议题。

房车能够给老年人带来便利性、自由性和安全性，在长途旅行中部分老年人会选择自驾房车，如法国的房车旅行群体每年以定期的自驾房车形式前往摩洛哥，被称为“退休的候鸟”(retired snowbirds)。研究发现，他们很少拜访目的地的景点，更多的是在体验房车生活，“涉地性”不强，与之相似的还有北美地区老年人房车旅行群体，他们热衷于驾驶房车前往美国南部的温暖地带进行候鸟式生活。与这种拥有固定线路或目的地的房车旅行方式不同，澳大利亚的“银发游牧族”(grey nomads)则表现出不定向的房车旅行模式。

在探讨老年旅游市场时，我们通常将年龄界定在 50 岁或 55 岁(部分研究以 60 岁或 65 岁为界)及以上的个体定义为老年旅游者。这一群体往往享有较为充裕的闲暇时光，具备较为稳固的经济基础，并保持着良好的身体健康状况，因而在旅游市场中占据了极其活跃的地位。特别值得注意的是，老年人倾向于在旅游淡季出行，为旅游业带来了显著的经济效益。他们的旅游动机多种多样，包括追求幸福感、逃离日常生活的单调、怀旧及终身学习等。学术研究表明，旅游活动对于提升老年人的生活质量和幸福感起到了积极作用，有助于培养积极的情绪、深化对生命意义的理解，并为建立或巩固社会关系提供了新的机遇。房车旅行不仅满足了老年人探索世界、追求生活意义和幸福感的需求，而且被视为一种扩展生活经验、丰富人生阅历的重要途径。房车旅行中所经历的多彩多姿的生活片段，常常成为老年人心中珍贵的记忆。

然而，老年人在参与休闲旅游时也面临着一系列挑战。这些挑战既包括个体层面的因素，也包括社会文化环境的影响。从个体层面来看，随着年龄的增长，老年人的体能和精力可能会有所下降，这可能导致健康问题的出现。此外，缺乏旅游经验和合适的游伴也是他们经常遇到的问题。尽管退休生活为老年人带来了更多的空闲时间，但退休收入的减少可能成为他们旅游的制约因素。

从社会文化环境的角度来看，中国老年人在家庭责任伦理的影响下，往往选择协助照看孙辈，这限制了他们退休后的“时间自由”。此外，为了不给子女增加负担或继续为家庭做出贡献（为子女购房、筹办婚礼等），部分老年人甚至会选择继续工作。因此，对于中国老年人（尤其是相对年轻的老年人）而言，时间和金钱依旧是制约他们出游的关键因素。相较而言，老年人参与房车旅行需要投入更多的时间、财力和精力。总体来看，目前对老年人房车旅行的探讨主要集中于老年研究和旅游研究，以关注老年个体和群体的微观视角居多，现象分析和解释为主，较少关注社会文化背景的差异及其影响。因此在研究中国老年“房车游牧族”群体时，需要采用宏微观相结合的方式，解读宏观社会文化背景影响并深化微观的机制探讨。

在当前全球范围内，老年房车旅行者的行为模式主要可归纳为两种显著类型，即以北美和欧洲地区为代表的“候鸟式”旅行模式，以及以澳大利亚为代表的“游牧式”旅行模式。这两种模式的主要差异体现在旅行的方向选择和移动策略上。

“候鸟式”旅行模式的特点是，旅行者倾向于选择气候温暖的地区作为目的地，通常在冬季来临时前往，并在越冬后返回原居地，表现出明显的季节性特征。相对而言，“游牧式”旅行则没有固定的季节性，旅行的方向和目的地呈现出较大的灵活性，旅行者往往根据景色的变化而选择旅行路线。

将中国老年房车旅行者的案例与上述两种模式进行比较分析，可以发现中国样本人群在行为特征上更接近澳大利亚的“银发游牧族”，但也存在一些关键的差异。首先，在人群构成上，中国尚未出现全职的房车旅行者，大多数旅行者仍以常住地为起点，规划房车旅行路线，并在1～6个月后返回家中进行休整，这与澳大利亚存在长达数年“以车为家”的旅行者群体形成鲜明对比。其次，在旅行路线的选择上，中国老年房车旅行者往往以探新求异和增强见识为主要目的，因此，国内的名山大川、森林草场等自然景观成为他们的首选目的地，同时，境外旅行也日益成为许多中国老年人的热门选择。再次，在政策约束下，中国老年房车旅行者所采用的车型主要以自行式房车（一体式房车）为主，而拖挂式房车（牵引车＋房车）的使用相对较少，且政策上不允许私自改装车辆。此外，中国老年房车旅行者的年龄主要集中在前老年阶段（45～59岁）和年轻老年阶段（60～74岁），这可能与国内驾驶人年龄政策有关，超过70岁后，驾驶人需强制降低准驾车型，并且每年需进行驾驶资格和身体检查，这在一定程度上限制了房车旅行者向更高年龄层的扩展。

综合以上分析，中国的老年房车旅行者主要是由相对年轻的老年退休群体构成，因此更适宜用“老年”（senior，尤指退休者）而非“银发”（grey）来描述。然而，他们在出行方式和特性上又与澳大利亚的“银发游牧族”存在相似之处，故可将他们定义为“中国老年房车游牧族”。

在现代社会，老年人追求更丰富的幸福生活，特别是“积极老龄化”理念的推广，鼓励他们提升生活质量、参与社会活动，保障其充分享有生存发展的权利。自驾房车作为一种流动性和探索性较强的休闲方式，不仅带来情绪上的愉悦，还包含了深刻的自我实现。这与“积极老龄化”紧密相关，体现在对自由探索的满足和自主意志的彰显上。老年人通过房车旅行安全地探索世界，这一行为与英国精神分析师约翰·鲍尔比(John Bowlby)的依恋理论相呼应，即人类的基本需求是“安全基础”和“环境探索”。尽管探索需求受生命周期相关因素影响，老年人在条件成熟时会释放探索欲望。例如，一位70岁男性的房车旅行经历表明，他退休后开始追求探索世界的梦想。

房车旅行也体现了老年人对行为自决的追求，即对自主发展权力的期待。根据自我决定理论，老年人的自治和自我实现对其幸福感有积极作用。房车旅行在目的地、时间和方式上的选择自由为他们带来自主感，有利于获得积极的老年生活。

中国老年人的房车旅行受家庭环境影响。在西方社会，子女成年后，父母即完成抚育任务，而中国老年人在“家本位”文化影响下，承担照顾家庭、抚育子女等责任。这些责任常常限制了他们房车出游。然而，家庭支持也是老年人实现出游的重要条件。例如，子女的支持坚定了老年人自驾房车的决心。

与西方老年人相比，中国老年房车游牧族群体年龄更小，多数已退休，表现出探索兴趣和家庭责任感。研究发现，老年人出游受个体与环境的综合影响，选择房车旅行是需求与机会的结果，老年房车游牧族具有持续且变化的出游特点。

（二）亲子研学类房车旅游产品消费者画像

上汽大通房车的分析数据表明，目前我国房车类旅游产品消费的主力军是“80后”，40岁左右的亲子家庭。这个群体平均每年旅行大概2～3次。房车家庭单次出行平均消费超1万元。每台房车最大荷载6人，符合精品小团的特性，以家庭为单位在当地以“房车＋酒店/民宿”的出行形式，平均每次行程出行时间在7天左右，个别长达15～30天。

携程在2023年发布的《2023年度亲子游出行报告》中指出，特别是“80后”和“90后”父母已成为亲子游消费的主导力量。报告指出，在景区门票订单中，亲子门票的预订量比去年增长了2倍；在滑雪、潜水、徒步等主题游中，亲子游用户占比达到了33%；租车自驾游同比增长了149%，而在订购高星级酒店的用户中，亲子用户占比为38%，其订购量同比去年增长了121%；私家团产品的亲子客户占比为55%，其订单量同比去年增长了403%。从全年数据来看，长期积累的出行需求在2023年得到了释放，使得亲子游市场异常火爆。随着新一代年轻父母的崛起，他们逐渐成为亲子游消费的主力军，不仅带动了消费需求的结构性变化，也推动了亲子游产品的更新换代，为市场未来增长提供了新的动力。全年亲子游消费市场的主要特点是消费人群的年轻化、出行方式的灵活性以及产品的多样化。与传统的旅游方式相比，亲子游更加注重以儿童为中心，更加关注孩子的出行安全，无论是在选择交通工具、酒店住宿还是行程安排上，家长们都将安全性作为首要考虑因素，反映出对高品质和安全出行方式的追求。而房车旅游产品则正好切中了家长们对安全性的高需求。

从整体上而言，亲子游作为提升家庭生活品质和进行家庭教育的重要方式，已成为2023年旅游消费的主要方式之一。2023年亲子用户占所有出行用户的28%，亲子用户整体出行的订单同比2022年增长了186%。在亲子游出行的所有目的地中，景区成了亲子出行的热门目的地之一。2023年景区全年的门票订单中，亲子门票订单量占比27%，同比去年增长了232%。亲子游出行内容呈现出多样化趋势，滑雪、潜水、徒步等主题游成为亲子家庭的首选。数据显示，订购这些主题游的用户中，男女比例为1∶1.14，表明主题游的吸引力在男女用户之间相对均衡。

亲子游受众的客源地主要集中在一线及新一线城市的高净值人群聚集地。2023年亲子游客源地排名前十的分别为上海、北京、成都、广州、深圳、杭州、重庆、西安、南京和天津。高净值人群往往对亲子旅行表现出重视，并愿意在旅途中与子女进行更多亲子互动，因此倾向于选择更丰富多样、灵活度更高的亲子游产品。携程数据显示，亲子游用户中订购滑雪、潜水、徒步等主题游的占比高达33%，大多数亲子游用户对主题游表现出青睐。相较于传统的出游方式，主题游更注重家庭成员间的互动体验，增加了亲子互动的环节和时间，为家庭创造了更丰富、有意义的旅程。

在交通工具的选择上，新冠疫情后自驾或租车因其安全、私密、灵活和舒适的特点开始成为更多高净值家庭的首选，在旅途中也可为其创造更多亲子互动空间及场景。携程数据显示，行程更自由、体验更轻松的租车自驾游在2023年增长明显，同比增长了149%，租车时长同比增长了130%。在租车选择上，传统豪华品牌SUV车型以及房车由于高性能、高品质的特点受到家庭群体的广泛青睐。全家出行是家庭关系的黏合剂，每一次共同出行都是家庭关系深化的机会。

随着“户外热”在社交平台的兴起，城市周边游的热度也在逐渐攀升，跨省出行需求迎来新一轮的增长。2023年用户出行订单量（机票＋火车票订单）同比去年增长了144%，跨省出行订单量增长了153%。跨省出行目的地Top 10的榜单中，仍以上海、杭州、广州等一线城市，以及成都、重庆、西安等热门旅游城市为主。除此之外，在跨省旅行中，出于对出行安全的考量，多数家庭会选择跟团游的旅行方式。2023年跟团游订单中，亲子订单占比达到一半，亲子跟团游订单量也同比去年增长了324%，跟团游的主要受众已经逐渐转向家庭群体。对于更注重私密性和安全性的私家团来说，也表现出了显著的需求增长。2023年私家团订单同比增长了399%，亲子用户私家团订单量也同比增长了4倍。在订购私家团的所有客户群体中，亲子客户占比达55%。这除了表现出亲子客户更注重品质消费的趋势，也说明在家庭出行带来的多维度体验中，亲子家庭更加注重私密性及安全性。而房车在私密性上的优势，使得房车旅游也成为很多亲子家庭的选择。

房车研学亲子游是一种新兴的旅游形式，它将教育与旅游相结合，为家庭提供了一种全新的旅行体验。这种旅游形式的主力军是“80 后”，40 岁左右的亲子家庭。这些家庭通常对教育旅游有较高的需求，希望通过旅行让孩子在游玩的同时学习新知识，体验不同的文化和环境。“80 后”一代成长于中国改革开放后的经济快速发展时期，他们接受了较好的教育，对新事物有较高的接受度，并且重视子女的教育和成长。这一代父母更倾向于通过实践和体验来教育孩子，而非仅仅依赖传统的课堂教育。40 岁左右的家长，其子女大多处于中小学阶段，这个阶段的孩子好奇心强，求知欲旺盛，是进行研学旅行的黄金时期。家长希望通过旅行让孩子开阔视野，增长见识。

房车研学亲子旅游产品，房车旅行作为一种新兴的度假方式，为家庭提供了一个集灵活性、互动性、实践性、教育性和舒适性于一体的独特体验。这种旅行方式允许家庭根据孩子的兴趣和学习需求自由地安排行程，并且可以随心所欲地在任何地方停留，无论是为了探索一片迷人的森林，还是为了深入了解当地的历史文化。在房车旅行中，家长和孩子不仅有更多的机会进行深入的交流和互动，而且这种亲密的接触有助于增进亲子关系。家长可以引导孩子参与到日常的生活中，如一起烹饪晚餐、搭帐篷等，这样的实践活动不仅能够锻炼孩子的动手能力，还能培养他们的独立性和责任感。舒适性也是房车旅行不可或缺的一部分。房车就像一个移动的“家”，配备了所有生活必需的设施，包括床铺、厨房、卫生间等，让旅行更加舒适和方便。

目前看来，研学亲子类房车旅游产品消费者的群体画像具有以下主要特征：

(1) 教育重视型家庭。这类家庭认为教育是孩子成长中的重要组成部分，因此愿意为孩子的教育和成长投资时间和金钱。他们倾向于选择能够提供丰富教育体验的旅游产品，如参观博物馆、科技中心、历史遗迹等。根据《中国研学旅行发展报告 2022—2023》，研学旅行的参与者已经从中小学生扩展到全生命周期群体，这表明教育重视型家庭在亲子游市场中占有重要地位。

(2) 追求高质量陪伴。家长认识到与孩子共度时光的重要性，并希望通过旅行提供高质量的陪伴。他们重视在旅行中的亲子互动，如一起参与户外活动、探索新地方、解决旅途中的问题等，以此加强亲子关系并促进孩子的全面发展。

(3) 对新事物有好奇心。这类家庭通常心态开放，愿意尝试新的旅行方式和体验。他们追求个性化和差异化的旅行体验，如选择非热门的旅游目的地、参与当地文化活动、体验不同的住宿方式等，以期获得独特的旅行体验。

(4) 环保意识强。随着环保意识的提升，越来越多的家庭选择环保的出游方式。房车旅行作为一种低碳、环保的旅游方式，减少了对环境的影响，符合这些家庭的价值观。他们可能还会选择生态旅游项目、参与环保活动，如海滩清洁、植树等。

(5) 收入水平较高。房车旅行通常需要一定的经济投入，包括购买或租赁房车、旅行费用、相关装备等。因此，参与房车研学亲子游的家庭往往具有较高的经济水平，这使得他们有能力为孩子提供更好的教育和旅游体验。

复习提问

（1）房车旅游者出游的动机有哪些主要类型？它们分别体现了房车旅游者哪些方面的需求？

（2）根据房车旅游者画像，房车旅游者主要可以分为哪两类用户群体？并描述他们各自的特点。

第六章　房车旅游产品

学习目标

(1) 理解房车旅游产品设计的流程和要素。

(2) 掌握房车旅游产品组合策略。

(3) 熟悉国内外经典的房车旅游线路并分析其特色。

第一节　房车旅游产品设计

(一) 产品设计步骤

首先需要明确，旅游线路产品是指旅游企业根据客源市场的需求情况，将一定地区范围内的旅游资源产品、旅游交通产品、旅游食宿与娱乐、购物产品等多项旅游产品，按照特定的目的与方式联系起来而形成的一种综合旅游产品形式。

一个新的旅游线路产品开发的过程较为复杂，一般可分为七个步骤：

1. 产生创意

旅游新产品开发始于创意产生，这一阶段企业需围绕自身发展战略和市场定位来确定开发重点。创意来源多样，包括游客需求调研、一线从业人员反馈、竞品分析、专业机构建议及高层管理人员的前瞻性思考。

2. 创意筛选

在收集了多个创意后，企业将根据战略目标和资源条件进行评审和筛选，剔除不切实际的构思，选择最有潜力的创意进一步发展。

3. 旅游产品概念的发展与测试

筛选后的创意被细化为具体的旅游产品概念，并进行市场测试。这一步骤中，企业将通过形象化的文字资料和旅游线路计划，对潜在游客进行调查，以收集意见和建议，并对产品概念进行完善。

4. 商业分析

确定产品概念后，企业需进行商业分析，包括投资分析、销售预测和量本利分析，以评估新产品的经济可行性，并制定相应的营销策略。

5. 产品开发

商业分析通过后，产品开发阶段开始，通常伴随着大量资金的投入。这一阶段包括具体项目设施的建设、基础设施完善、员工招聘与培训，以及与现有旅游项目的整合。

6. 旅游产品的试销

在产品开发达到一定规模后，企业会选择典型目标市场进行试销，邀请专家和业内人士进行体验，并根据反馈进行产品完善，为全面上市做准备。

7. 正式上市推广

试销结束后，企业将根据试销结果和市场研究，决策新产品的上市时间、地点、目标客源和市场策略，以确保产品能够顺利进入市场并取得成功。

（二）产品设计特点

在设计房车旅游产品时，我们应根据房车游客的画像来设计旅游产品，需要深入理解他们的需求、偏好和行为模式，应当注意以下特点：

1. 灵活的行程安排

灵活性是房车旅游行程安排的关键。首先，应提供可定制的旅游路线，让游客可以根据自己的兴趣和时间安排自由调整行程，无论是短途周末游还是长途探险游，都能满足不同游客的需求。同时，应考虑房车驾驶的特殊性，避免规划难度过高或对房车不友好的路段，确保旅程安全舒适。为了让游客更加省心，应提供沿途房车营地的预订服务，并制订紧急应对计划，以应对车辆故障或其他紧急情况。此外，应设立客服服务以便游客在旅行途中根据实际情况调整行程，享受个性化的旅行体验。还应提供推荐野餐点、烧烤区和当地特色餐厅，让餐饮安排更加灵活。更有互动性行程规划工具，让游客可以在线模拟行程，实时获取目的地信息，并获得内含详细的路线地图和景点介绍的定制路书。

2. 选择合适的交通线路

在设计房车旅游产品时，选择优质的交通路线至关重要。应该精选平坦宽阔且交通流量小的道路，以减少颠簸和拥堵，保护房车内部设施并确保游客的舒适与安全。同时，路线选择应考虑沿途的自然风光和文化景点，如历史小镇和田园风光，让游客在行驶中也能享受美景和丰富的文化体验。此外，应该确保沿途有充足的服务设施，包括加油站、维修站和超市，以及休息区域和观景点，以满足游客的基本需求和提供放松身心的空间。提供实时路况信息和预警对规避不利因素也非常重要。路线规划应简单明了，易于导航，且提供多种选择以适应不同游客的偏好。在选择路线时，还应该评估其对环境的影响，尽量选择生态友好的路径，减少对自然环境的干扰。

3. 选择优质的房车营地

应选择风景优美且交通便利的地点建设，确保营地设施齐全，包括供水、供电、排污和无线网络等设施。应该考虑家庭友好型设施，如儿童游乐区、烧烤区、公共厨房和淋浴间，同时确保营地安全，提供24小时监控和紧急医疗救助服务。此外，应该定期维护营地的清洁卫生，提供垃圾回收和分类指导，以及组织社区活动，如篝火晚会和户外电影放映，增进游客间的交流。为了提供更便利的服务，应该在营地内设置便利店、洗衣房和自行车租赁服务。对于携带宠物的游客，应该设有宠物活动区和护理服务。在环保方面，应该使用太阳能、风能等可再生能源，减少对环境的影响。最后，应该融入当地文化元素，提供本土艺术和手工艺品展示，以及当地特色美食体验，让游客深入体验当地文化。

4. 强调自然和户外活动

在房车旅游产品设计中，需要特别强调与自然的亲密接触和户外活动的体验。精心选择的路线能让游客能够沉浸在国家公园的宁静、海滩的惬意、山脉的壮阔和森林的神秘之中。为了增强体验，应该提供徒步、骑行、钓鱼、皮划艇等户外活动的装备租赁和专业指导服务，确保每位游客都能安全地享受户外乐趣。此外，还可安排野生动植物观察活动，让游客有机会近距离接触大自然的精灵，并在生态保护教育中提升环保意识。夜晚，游客可以在专门的观星点仰望繁星点点的夜空，体验星空的奥秘。针对摄影爱好者，应该提供户外摄影指导，帮助他们捕捉转瞬即逝的自然美景。还可以提供户外生存技能课程，让游客在体验中学习如何在自然环境中自给自足，增加了旅行的趣味性和教育性。在美丽的户外环境中享受野餐，或是在专业指导下进行瑜伽和冥想，为游客提供放松身心的机会。

5. 注重历史和文化体验

房车旅游产品设计中，应该将文化和历史体验作为核心内容之一。应该结合当地文化和历史，设计主题旅游活动，比如民俗节庆、历史遗址参观、传统工艺体验等，让游客能够沉浸在地域文化的独特魅力中。为了加深游客的体验，可以提供当地文化工作坊，包括烹饪课程、手工艺制作和音乐舞蹈学习，让他们亲手参与制作，更深入地了解当地文化。此外，还可以组织历史遗址和博物馆的专业导览，让专业导游或历史学者为游客讲解背后的故事。设计互动体验活动，如角色扮演、寻宝游戏等，也是让游客在参与中体验当地历史和文化的有效方式。同时，应该根据当地文化节庆日历规划旅游路线，让游客有机会参与到地道的节日庆典中。在美食体验方面，应安排品尝当地特色美食的机会，包括提供本地食材的烹饪课程或推荐当地的美食餐厅和市集。还可以与当地艺术家合作，通过艺术展览和现场表演让游客近距离感受当地的艺术氛围。另外，还可以通过专家的主题讲座或研讨会来增加游客对当地文化知识的了解。最后，也应该注重文化的传承和保护，支持推广面临失传风险的传统艺术和手工艺。开发与当地文化和历史相关的纪念品，让游客能够购买到具有纪念价值的商品，为他们留下旅途的美好回忆。

6. 提供个性化服务

房车旅游者旅游经验丰富、消费层次和品位较高，因此要着力提高旅游产品的质量。在产品设计时，要充分考虑旅游者需求，突出产品和服务的特色化、个性化和人性化。应该根据游客的具体需求，比如老年人或家庭游客，提供定制化的行程和服务，如为老年人安排更为舒适的行程，或为家庭提供儿童友好型活动。应允许游客根据自己的兴趣设计独一无二的旅行体验，无论是专属向导、私人活动安排，还是无障碍服务，都应考虑在内。同时，还应该为携带宠物的游客提供宠物友好服务，确保他们和宠物都能享受旅行。另外，应该提供纪念品定制服务，让游客能够带走与他们的旅行体验相关的个性化纪念品。并在旅行过程中积极收集游客反馈，以便及时调整服务，确保每位游客的需求和偏好都能得到满足。

7. 完备的安全和救援服务

安全是旅游的基本要求，是旅游线路设计时必须重点考虑的因素。在房车旅游过程中出现的安全隐患主要有两种：一种是可控制隐患，如房车起火、漏电，车轮抛锚、盗窃等；另一方面是不可抗力隐患，如洪涝、山体滑坡、地震等。有些隐患通过采取预防措施可以消除或者将损失降到最低。因此，应该确保每个旅游产品都包含一份详尽的安全指南，其中涵盖旅行中的安全须知、紧急情况下的应对措施，以及如何使用房车中的安全设施等信息。同时，应该提供紧急救援服务，设置 24 小时紧急联系电话，确保游客在遇到任何问题时都能够得到及时的帮助和支持。为了提高应对突发事件的能力，应该与当地的医疗机构、救援组织和应急服务部门建立合作关系。这包括与医院、急救中心、消防和警察部门等建立联系，确保在紧急情况下能够迅速获得专业救援。此外，应该定期为游客提供安全教育和应急演练，提高他们的自我保护意识和能力。在房车营地内，应该配备必要的医疗设备和急救工具，如自动体外除颤器(AED)、急救箱等，并确保营地工作人员接受过基础的急救培训。同时，应该为房车配备安全设施，如烟雾报警器、灭火器、防滑装置等，并定期进行检查和维护。此外，应该提供道路救援服务，如车辆故障、事故处理等，并与专业的道路救援公司合作，确保在车辆出现问题时能够及时得到援助。在行程规划中，应该考虑天气、地形等自然条件，避免将游客引导至高风险区域。

8. 重视利用技术提升体验

在房车旅游产品的设计中，利用技术来提升游客的体验是提高竞争力的关键策略。使用微信群或开发微信小程序可以为游客提供一站式服务，包括但不限于路线规划、营地预订、活动推荐和紧急救援服务。通过这个平台，游客可以轻松获取旅行中的所有必要信息，并在手机上随时管理他们的旅行计划。利用社交媒体和在线平台与房车游客互动是提升服务质量的另一个重要方面。通过这些渠道，可以及时收集游客的反馈和建议，快速响应他们的需求和问题。同时，抖音、小红书等社交媒体也是展示房车旅游产品和活动的理想平台，可以通过分享游客的故事、美景照片和视频来吸引潜在客户。技术还可以用于提供个性化推荐，根据游客的偏好和旅行历史，推荐相关的活动和景点。通过使用大数据分析和人工智能算法，可以更好地理解游客的需求，提供更加个性化的服务。

（三）产品组合策略

1988年，美国著名营销学家菲利普·科特勒（Philip Kotler）在《市场管理：分析、计划、执行与控制》一书中提出了著名的产品层次理论。他认为产品可以划分为三个层次，即核心产品、有形产品、附加产品，三个层次相互作用形成一个有机整体。核心产品是指产品的基本效用，它是消费者真正需要购买的利益，即产品的使用价值。有形产品是指产品在市场上所呈现的具体形态，是核心产品得以实现的形式，主要体现在品牌、款式、包装等方面。附加产品是指消费者在购买有形产品时所获得的附加服务，如免费送货、安装、售后维修等服务。

科特勒的产品层次理论同样也适用于房车旅游产品开发。

1. *核心产品*

房车旅游的核心产品就是它的主要吸引物，包括独具魅力的房车旅游线路、特色的房车营地、细致的游客体验等。以房车营地建设为例，投资方首先应该对营地进行合理的规划设计，结合本地资源优势，实现自然景观与人文景观相协调，为旅游者营造一种温馨舒适的氛围。营地服务人员要详细了解旅游者的需要，提供个性化服务，使其在旅游过程中获得优质的休闲娱乐体验。

2. *有形产品*

房车旅游的有形产品是经营者向旅游者提供的实体或劳务的具体内容，主要体现在营地方面，如游步道、无障碍设施、供水供电设施、燃气设施、洗浴设施、卫生间、储物设施、消防设施、加油站等设施。同时，还包括各种特色餐饮、娱乐设施及良好的形象和人性化的服务理念。

3. *附加产品*

房车旅游的附加产品是指除了为游客提供的各种基础设施和服务之外，其他能够满足游客更多实际需要的产品或服务，如与房车旅游相关的水上活动、影音娱乐、网络预定、金融服务、医疗保健服务、特色旅游纪念品等。这些产品或服务虽然不是房车旅游的主要吸引物，但是在特定的条件下可以给游客带来意外的惊喜，极大地提高游客满意度。

第二节 房车旅游线路简介

本节介绍国内外一些较为经典的房车旅游线路。

一、国际线路

（一）美国加州海岸线1号公路

美国加州海岸线1号公路（California State Route 1），也被称作太平洋海岸公路（Pacific Coast Highway），是一条非常著名的旅游线路。这条公路从北至南连接旧金山和洛杉矶，沿着美国西海岸蜿蜒前进，全长超过1000千米。1号公路以其壮观的海岸风光而闻名，沿途可以欣赏到太平洋的壮丽景色、红树林以及众多的州立公园和海滩。它被誉为世界上最美丽的驾驶路线之一，美国国家地理杂志甚至将其评为“一生必去的50个地方”之一。

（二）苏格兰北海岸500线路

苏格兰北海岸500线路（North Coast 500），简称NC500，是一条享誉全球的沿海自驾公路旅行线路。这条路线全长约516英里（约830千米），以苏格兰高地的首府因弗内斯（Inverness）为起点和终点，环绕着苏格兰的北海岸线，穿越了苏格兰高地的壮丽景色。北海岸500线路汇集了令人惊叹的海岸风光、白色沙滩、崎岖的山脉、偏远的渔村、隐藏的宝石和丰富的难忘经历，被认为是世界上最美丽的公路旅行之一。它不仅提供了动感十足的探险机会，也为那些寻求放松和宁静的旅行者提供了完美的环境。在这条线路上，游客可以体验到苏格兰高地的精华，包括探访神奇而神秘的城堡、品尝令人惊叹的当地特产、新鲜的海洋和陆地特产、美妙的酿酒厂和啤酒厂等。

（三）加拿大冰原大道

加拿大冰原大道（Icefields Parkway）是北美最美丽的公路之一，连接着班夫国家公园和贾斯珀国家公园，全长约232千米。这条大道以其西侧的宏伟冰川而闻名，沿途可看到瀑布、翡翠湖、草原和白雪覆顶的山峰的景致变化，还会与大型动物如棕熊、麋鹿等不期而遇。冰原大道沿线拥有众多高海拔的山峰、100多处雪白圣洁的冰川、青黄相接的亚高山草甸、纯净晶莹的瀑布、冰蓝澄澈的湖泊和大量的野生动物。如果在这条路上遇到“熊堵车”“鹿堵车”，那真是你的幸运。

（四）美国66号公路

美国66号公路（Route 66）是一条历史悠久的公路，被誉为“母亲之路”和“美国主干道”。这条公路从东北向西南延伸，起于芝加哥，终于洛杉矶，横跨八个州、三个时区，全长约3940千米。66号公路不仅是一条连接东西两岸的交通要道，它还见证了20世纪初美国的历史，包括经济大萧条时期和第二次世界大战后的繁荣。它曾经是追求美国梦的象征，沿途的小镇、餐馆、加油站和汽车旅馆都承载着丰富的故事。尽管66号公路在1985年退出了美国公路系统，但它仍然是自驾旅游的热门选择，许多人仍然追寻着这条传奇公路的遗迹。如今，游客仍然可以通过沿途的历史标记和景点来体验这条公路的魅力。

（五）冰岛一号环岛公路

冰岛一号环岛公路是冰岛最主要的公路干线，总长 1 332 千米，连通了除西峡湾与斯奈山半岛外的所有冰岛自然景区。这条公路也被称为“环形公路”，因为它形成了一条大大的圆圈，将整个冰岛都圈了起来。公路路况良好、交通便利，引领自驾与参团的游客们前往最热门的冰岛旅游景点。环岛公路旅行的最佳季节是夏季，此时日照时间长，路面情况良好。冬季虽然也可以旅行，但需要四驱车，并且要特别注意安全。环岛旅行通常需要 8 天时间，如果想要更深度的体验，建议预留出 11 天至 15 天的时间。

（六）泛美公路

泛美公路是贯穿整个美洲大陆的公路系统，北起阿拉斯加，南至火地岛，全长约 4.8 万千米。主干线自美国阿拉斯加的费尔班克斯至智利的蒙特港，将近 2.6 万千米。除了巴拿马到哥伦比亚（达连隘口）之间仍未修建公路，美洲大陆各国都通过这个公路网连接起来。泛美公路经过许多不同类型的气候带和自然环境，包括沙漠、热带雨林和高山。由于穿越十几个国家，因而没有统一的道路标识，并且路况差异也很大，有的路段只有在干季才能通行，不少地方行车时有危险。因此被人认为是全世界 40 大危险公路之一。泛美公路不仅是一条交通要道，也是一条连接南北美洲的自然和文化纽带，沿途风光无限，是自驾游爱好者的天堂。泛美公路著名的路段包括阿拉斯加公路和美洲际公路（Inter-American Highway），后者连接美国与巴拿马运河，是美国旅行者驾车前往墨西哥最常走的路线。在智利境内，泛美公路被称作 5 号公路，几乎贯穿智利沿海所有重要城市，它也是钱凯当地最繁忙的道路。智利 5 号公路塔尔卡-奇廉段由中国铁建建设并运营，是中智共建“一带一路”的重要项目之一。

二、国内线路

我国拥有丰富的自然景观和多样的地域文化，为房车旅游提供了众多经典线路。

（一）东部海岸线南北穿越

这是一条中国的美食之路，从北部的丹东出发，沿着海岸线国道 228 一直向南，将东部沿海城市串联起来，如大连、营口、天津、烟台、青岛、连云港、盐城、南通、上海、嘉兴、宁波、台州、温州、宁德、福州、泉州、厦门、汕头、深圳。国道 228 将跨越珠江口，经中山、珠海、阳江、湛江等城市沿海岸线西行，进入广西，途经北海、防城港，到广西的东兴。

（二）东北边境线漫游

这条线路走过内蒙、黑龙江、吉林、辽宁四省，全长约 6 500 千米。从北京出发向北直到二连浩特，作为环绕东北边境线的起点，沿着边防公路，内外蒙之间的边境道，走过锡林格勒盟、新安盟、阿尔山、新巴尔虎左旗、新巴尔虎右旗、呼伦湖、满洲里、额尔古纳、根河、室韦、漠河、北极村、呼玛县、五大连池、北安、伊春、鹤岗、同江、抚远、虎林、兴凯湖、鸡西、牡丹江、延边、长白山、丹东。

（三）最美 318 景观大道

国道 318 东起上海市黄浦区，终点是西藏自治区日喀则市聂拉木县，全长 5 476 千米。这条线路是所有中国自驾人的梦想之路、朝拜之路。途径 8 个省市横贯中国东西，被中国国家地理评为中国最美的景观大道。国道 318 几乎沿着北纬 30°行进，在道路两侧 200 千米范围内，有很多中国最著名的旅游风景区。

小资料

他打造的“此生必驾 318”公路 IP，走过的人都说很震撼

在颠簸的越野车里，李克崎眯起眼睛凝视着窗外，阳光下，近在咫尺的雪山闪着耀眼的光芒。他发现，尽管是第一次进藏，但眼前的景致却并不陌生，他甚至怀疑，自己的前世与西藏有着某种联系。没有人像他如此热爱且虔诚地打量着这条公路——起点为上海市黄浦区，终点为西藏自治区日喀则市聂拉木县，全程 5476 千米的国道 318。这条全国最长的国家级公路，沿途经过江河山脉、冰川峡谷、原始森林、稀树草原，风景可谓精美绝伦。用李克崎的话说，长度 5 000 多千米，海拔落差 5 000 多米，跨越中华上下 5 000 年文化，这条路，是世界公路文化史上的“珍品”。

2018 年 11 月 15 日，一张华人面孔出现在纽约时代广场的大屏上。高楼耸立的曼哈顿，车水马龙的第七大道与百老汇大道交会处，这张极具个性张力的东方面孔很快吸引了世界的目光。白雪皑皑的珠峰下，他留着一头不羁的中长发，手持“此生必驾 G318”的广告牌。黑色墨镜，却难掩锋芒。

纳斯达克屏幕上播放着这样的文字：上海—西藏：一条公路，让你了解中国“A ROAD TO KNOW CHINA”。这一刻，从曼哈顿这一“世界的十字路口”出发，中国的 G318 走向世界。画面中的男子就是李克崎，一个赋予中国公路更多意义的人。作为中国公路文化推广者，他对公路有着独特的理解，“公路代表自由，代表希望，代表进取，可以传递一种向上的力量”。

李克崎认为，G318 在世界上都是屈指可数的。“比起美国 66 号公路，无论从视觉效果、资源禀赋还是历史意义，G318 都毫不逊色。”他说，“G318 对标的就是美国的 66 号公路。”美国 66 号公路，全长达 2 448 英里（约 3 939 千米），被美国人唤作“母亲之路”。呈对角线的 66 号公路，从伊利诺伊州芝加哥一路横穿到加利福尼亚州洛杉矶。研究 66 号公路六十多年的学者迈克尔·华利斯曾称：“66 号公路之于美利坚民族，好比一面明镜。”可以说，66 号公路，是美国人拓荒、勇气与追求自由的象征。在李克崎看来，美国 66 号公路之所以被世界知晓，核心原因是它横跨美国本土的交通要道，在美国大萧条和金融危机时期为成千上万美国人提供了工作机会，助力经济的复苏。“我走过美国 66 号公路。它现在已经不更多地代表物流价值，而是作为一个文化遗产存在，更多的是美国精神的象征。”“但 G318 不一样，它是一条生命线，且一直在生长，还承担着中国中西部物流的功能，是一个贯通的大枢纽和连接线。它的修建过程也是新中国艰苦创业的缩影，见证了中国近现代百年发展史。”他说，G318是一条“国民公路”，代表“一路向上，百折不挠”的精神。

G318身处北纬30°景观最密集的地段，从海平面的长江口到地球之巅的珠穆朗玛，从中国地势的第三阶梯到第一阶梯，从烟雨江南到藏密美景……这条公路旅行文化带，不仅有着世界级禀赋的旅行资源，还是人文巡礼和历史演绎的隧道。浙江河姆渡7000年前的水稻，昌都卡诺遗址的小米，良渚文化的玉，三星堆的铜，周庄的老屋，丹巴的碉楼，从《三国演义》到《格萨尔王传》，从唐蕃古道到藏彝大走廊……李克崎看到了它的资源禀赋，如何挖掘、如何串联，便是他打造这个IP的初衷。毋庸置疑，“国民公路G318文化推广发起人”这一标签，是李克崎生命中最有意义的角色。

（摘引自：《法人》全媒体记者李夏）

（四）重走长征路

这是一条红色旅行线路，是新中国的诞生之路，可以说是一条寻根之路。东起福建的长汀，经过江西、广东、湖南、广西、贵州、云南、四川、甘肃、宁夏、陕西等11个省/自治区，全程超过14000千米。

（五）海南环岛线

从海口出发，一路南行，用三四天的时间，来一次南北穿越海南岛的“壮举”。如果是敞篷车，如果你不怕阳光，那你就会像许多MTV中的明星一般，驾车从椰林旁飞驰而过，在海边感受海风。

（六）川滇黄金旅游线

从昆明出发，自驾房车把大理、丽江、香格里拉、稻城、理塘、康定、雅安和成都串联起来，穿过世界上最大的自然生态旅游区，一路上风景如画，诱惑无限。

（七）丝绸之路

从西安出发，一路西去，漫漫长路，漫漫征程，就像一次人生的回放。有厚重的历史文化，有奇异的鸣沙山与月牙泉，有六月的太白积雪，有天山上的圣地雪莲，有黄河畔上的古老水车，有吐鲁番中的甜美葡萄，有达坂城的美丽姑娘，有摇曳千年的古老驼铃，还有一座座崭新的城市。

这些线路各具特色，无论是自然风光、历史文化，还是民族风情，都能为房车旅游者提供丰富的体验。

复习提问

（1）房车旅游产品设计的七个步骤是什么？

（2）设计房车旅游线路时，为什么要强调自然和户外活动？在设计时应考虑哪些要素？

（3）复述出一条经典的国内外房车旅游线路。

第七章 房车营地规划

学习目标

（1）了解房车营地的策划和可行性研究报告。

（2）掌握房车营地的方案设计和建造标准。

第一节 房车营地策划与可行性研究报告

一、房车营地策划

策划是房车营地项目开发中一个不可或缺的环节，它围绕着房车营地项目的开端和结束。在西方，露营旅游已经有一百年的发展历史，其发展过程中营地策划不断推陈出新，使得露营旅游在今天成为一种仍有生命力且最亲近自然的旅游方式。

在营地规划之前要有策划的介入，即首先寻找资源与市场的结合点，制定营地吸引力架构及产品基础；对营地资源进行整合，推出具有营地自身特色且为富源市场所接受的整体形象，即形象策划；对形象有了定位之后，针对细分的目标市场制定营销方案。在对营地进行上述策划之后，才能对营地规划形成指导作用。

营地策划前期，需要策划进行目标制定与主题选择、确立营地定位、目标市场定位与产品体系定位、根据营地定位确定选址与布局、制订行动计划等；后期，需要策划为规划把握方向与目标，以达到预期效果，以及在最后进行评估。

营地策划的基本任务是：针对明确而具体的目标，通过各种创意性思维和操作性安排，通过宏观把握和战略指引，确定营地的游憩方式、产品内容、主题品牌、商业运作模式，从而形成独特的营地产品，或全面提升和延续老产品的生命力，或建构有效的营销、促销方案，使营地在近期内获得良好的经济效益和社会效益。

营地规划之前的策划主要解决以下问题：一是进行深度的市场研究，准确定位市场、营地主题定位、形象定位并确立核心吸引力；二是建构战略，并落实为战术和行动计划；三是整合资源与市场，大胆创新，形成独特吸引力的产品形态。

二、房车营地可行性研究报告

可行性研究是确定营地建设是否进行投资，以及如何投资的决策依据，是营地建设程序的重要组成部分。可行性分析研究是编制设计任务书的重要依据，也是进行初步设计和工程建设管理工作中的重要前提，是营地建设立项策划的继续。可行性研究不仅对拟建中的营地项目进行系统分析和全面论证，判断营地项目是否可行，是否值得投资，更要进行反复比较与论证，寻求最佳建设方案，避免因营地项目方案的多变，造成人力、物力、财力的巨大浪费和时间的延误。

一般来说，房车营地项目可行性研究报告的主要内容包括：

(1) 项目背景分析。宏观环境、基础条件分析、项目发展前景及微观环境与市场环境的评价。

(2) 市场调查和分析。目标客户与市场需求分析、目标客户消费水平分析、目标客户群的个性分析、竞争者分析、服务商分析等。

(3) 项目定位。房车营地的概念、国外房车营地的发展状况、房车营地的主要类型。

(4) 项目发展战略与发展策略。发展战略、发展策略与区域布局。

(5) 规划原则与运营理念。功能划分的原则、营地的运营理念、营地营销理念等。

(6) 组织架构与运作模式。组织架构、运作模式、阶段运营目标及方针。

(7) 财务收益与投资分析。营地单体项目的财务分析、标准营地建设的周期与进度。

(8) 可持续发展与环保。可持续发展的概念与制度约束、营地环境保护。

第二节　房车营地方案设计

方案设计是设计公司在概念设计确定的基础上，进行深化设计的重要阶段。方案设计是用系统的方法更为具体、详实地表达设计思想的设计。露营地项目设计方案阶段，通常是向业主汇报设计成果，并由业主报有关政府规划部门审批的阶段。

较早涉足露营地设计领域的上海柯木设计团队，在长三角乃至全国拥有较多案例落地项目，如杭州湘湖沐心岛房车度假营、湖北宜昌三峡国际房车露营地、河北北戴河碧螺塔房车营地、云南罗平花海野奢帐篷酒店等。他们认为方案设计的一般内容为背景分析、设计理念、方案总平面图、方案鸟瞰图、主要技术经济指标、功能分区、配套设施、交通流线、消防、植物分析等相关分析图、重要节点景区或景点平面图、意向图、效果图、相关规划文字说明等。

方案设计过程中应充分考虑以下事项：

一、营地定位

美国著名营销专家杰克·特劳特(Jack Trout)于1969年提出了商业中的“定位”观念，成为顶尖的营销战略家之一。营地建立的目的在于商业运作，因此定位理论在露营旅游中相当适用。定位是基础，是前提，目标是战略，是源动力。没有准确的定位就无法找到切实合理的发展目标。对一个露营地的旅游规划而言，也是这样，规划目标是建立在规划准确定位的基础之上的，没有准确可行的定位，即使制定再好的目标也是空中楼阁。

露营地规划设计定位应从露营地性质、主题和市场这几个方面来考虑。

(一) 性质定位

首先要根据露营者的使用目的确定是登山野营地、教育用训练营地、以娱乐为目的的团体营地，还是休闲式汽车营地。

其次，根据露营地的地理位置、自然景观等资源特性来确定营地为湖畔营地、河旁营地、高原营地、海滨营地、山区营地还是特殊环境营地。营地所依靠的自然环境，直接决定着营地的景观性质和园区内娱乐项目的开发。

最后，根据露营地主要的服务对象、游客在营区露营时间长短和游客露营目的，露营地可以定性为以下三个种类：

(1) 通过型营地。这类营地主要针对的服务对象是短暂停留一天或一夜的过路游客，这类营地具有便利的交通条件，但对自然景观要求并不高，这里设施相对简单，休闲、娱乐设施少。

(2) 基地型营地。这类营地很明显是针对长期在此游玩的游客，为其提供一个住宿、娱乐场所，这类游客通常都会停留数天，在国外有部分退休老人长期在里面居住。这种营地要求设施相对完全，像一个小型的社区，要有好的自然景观和一定的休闲娱乐项目。

(3) 休闲度假型营地。这类营地主要是为游客提供良好的休闲度假环境，这里的游客逗留时间也相对较长。这里要有良好的自然环境、优美的风景和很好的气候，供游人欣赏；还要有丰富多彩的休闲度假、康体娱乐项目，多样的娱乐设施，吸引游客、丰富露营生活。

(二) 主题定位

主题和特色避免了各个营地千篇一律，是经营成败的关键。每个好的营地都应充分挖掘自己的优势、结合自己的资源特点办出自己的特色，主要从背景环境、场地基础、文化氛围等方面提炼。

（三）市场定位

开发产品之前一定要确定好目标市场，这样开发出的产品才会有的放矢，满足顾客的需要。

据艾媒咨询（iiMedia Research）数据显示，2023 年中国露营消费者参加露营的原因中，78.87％的消费者想要放松心情，舒缓压力，62.89％的消费者想要促进家庭、朋友关系，56.60％的消费者想要亲近大自然，46.92％的消费者想要体验新生活，32.20％的消费者想要教育孩子。热爱自然、追赶潮流的“90 后”“00 后”年轻游客与重视孩子体验式教育的“80 后”成为露营圈的两大“主力军”。兼顾了健康遛娃和身心放松两大需求，还能提升亲子关系的亲子露营，正吸引更多年轻父母的关注。

二、特 色 提 炼

（一）从背景环境提炼

包括与景区景点、地理环境、相关特色相结合，打造特色的露营地，才能吸引游客前往。

（二）从场地基础提炼

从场地特色提取相关特色活动项目，类似特色农庄、骑马场、温泉等，依靠于场地独有的特点，开发出露营的特色项目也是重点之一。

（三）从文化氛围提炼

可根据露营地所在场地的独有民族文化提炼出特色的露营地文化，从而打造特色营地。

三、设 计 方 法

营地规划设计除了满足营地自身规划设计标准，露营地景观设计的重要性不可言喻，需要做到全面把控营地整体、透彻了解基地条件，以及充分运用景观因素等，这样才能设计出因地制宜、因人制宜的露营地，更好地迎合客群需求夺得市场高地。

（1）把控整体设计。确定明确的主题。切合实际顺势而为，基地内有景需围景而建，景在基地外需框景借景，做到环境融合。把握景观框架，依据场地的地形环境差异，进行多元设计。

（2）运用地形条件。地形是最主要的基底条件，基本上决定了营地景观的空间结构。露营地结合不同的地形，不论是山地、海岛、湖畔、海滨、森林还是乡村，基于它们地形基底特性的不同，整体景观空间的营造也不尽相同，需在分析场地条件后进行设计，并充分运用好自然条件。

（3）运用景观元素。水景观设计、绿化配置设计、道路铺装设计、营地灯光设计、景观小品设计等。

四、营 地 布 局

房车营地规划受道路交通、地形地貌、植被、光照、通风等自然环境影响，尤其是露营区对场地的地形、坡度、排水等要求较高；另外，房车营地的规划设计必须满足车辆顺畅通行的基本功能，规划时应结合场地地形和自然资源特征分区布置。通过对国外露营地场地设计和总体布局进行大量调查研究，结合营地所需满足的功能要求，营地总体规划模式一般按空间发展类型可分为3种模式：均匀发展型、辐射型、主轴线型。

(一) 均匀发展型布局

1. 特点

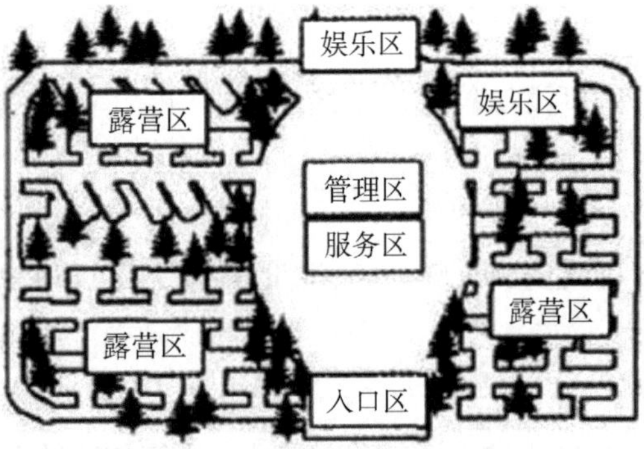

图7-1　均匀发展型场地布局示例

(1) 管理中心一般布置在场地的中间或入口处，方便对整个营区的管理。

(2) 设置中心位置的功能包括服务中心、综合服务区、汽车维修服务部等。

(3) 露营区为游客提供露营休息的场所，通常较规整地分布在服务区周围。

(4) 娱乐活动区布置在露营地一侧或周围，主要娱乐活动和露营区相对独立。

图7-1为均匀发展型场地布局示例。

2. 优点

(1) 能充分利用土地、易于管理、成本低。

(2) 容易组织交通，道路通常都相互平行，易于识别方向。

3. 缺点

(1) 露营区的景观通常比较单一、乏味，缺少变化和情趣。

(2) 娱乐活动区通常布置于露营区一侧或周围，主要的娱乐活动和露营区相对独立。

4. 适宜建设条件

(1) 场地本身比较平整、形状也较规整，像广阔的平原、低缓的丘陵、海滨沙漠、辽阔的草原等。

(2) 适用于一些用地比较紧张的旅游景区，充分发挥其布局紧凑，节约土地的优势。

5. 案例

美国宾夕法尼亚州 Old Mill Stream 营地。该营地入口右侧就是一个露营区，再向前走正对的是管理区和服务区，左右两侧对称地布置着露营区，再向前是娱乐休闲活动的区域（见图 7－2）。此类模式的汽车营地还有丹麦 5 星级海滨型 Klim 汽车营地、德国莱茵河谷 5 星级汽车营地等。

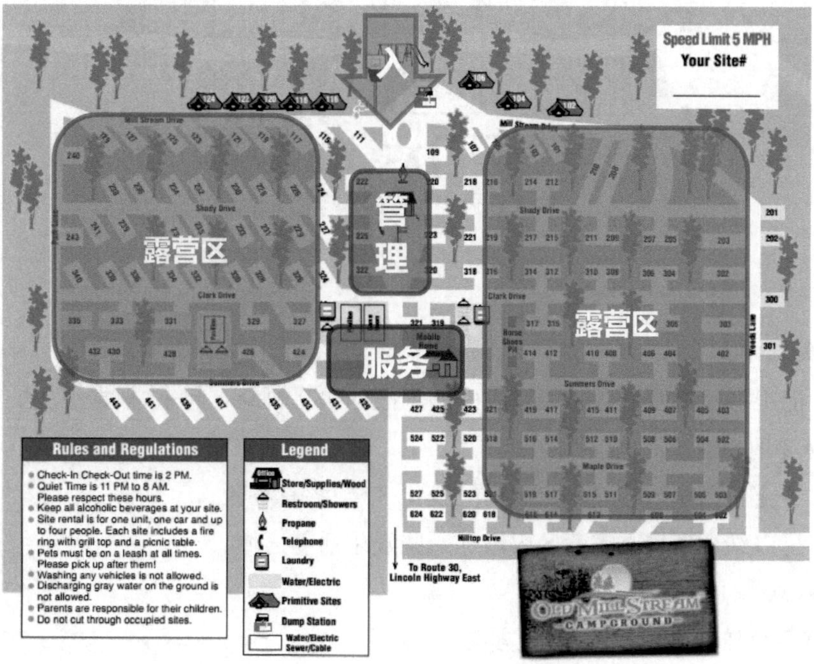

图 7－2　Old Mill Stream 营地布局

小资料

Old Mill Stream 营地简介

美国宾夕法尼亚州 Old Mill Stream 营地坐落于一条安静的小溪旁，占地 10.12 公顷，营区内有便利的现代设施，包括商店、剧院和餐厅。营区内有 160 个林下营位，隐藏在美丽、轻松的环境中，步行就可到达荷兰仙境家庭娱乐公园（Dutch Wonderland Family Amusement Park）和迷你高尔夫球（Wonderland Mini Golf）。

（二）辐射型布局

1. 特点

（1）该布局模式汽车营地的管理中心和服务设施中心都建在整块场地的中心或是各块地的连接处，以方便对整个营地各个区进行管理和提供服务（见图 7－3）。

（2）各个露营区根据场地的地形和环境特点，不规则地分散布置于管理区和服务区周围。

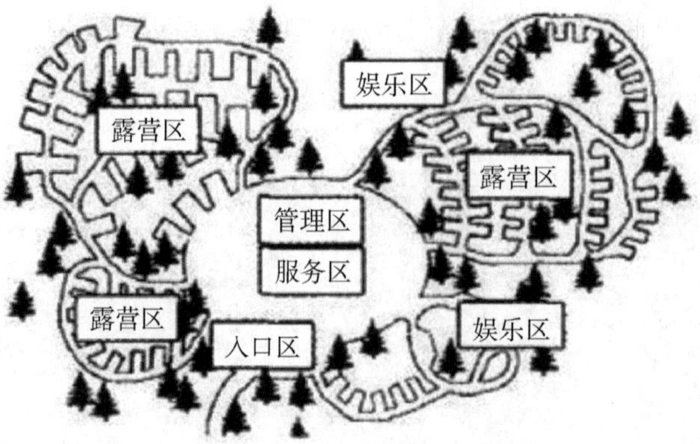

图 7-3　辐射型营地布局

2. 优点

(1) 能很好地将既分散又相对集中的零散地块有机结合起来，根据地块的自然条件灵活选择场地用途。

(2) 各露营区相对独立、景观各异、变化多样、各具特色。

(3) 可以结合环境在露营区内增加一些娱乐活动区域。

3. 缺点

道路系统较为复杂，不易辨识方向。

4. 适宜建设条件

(1) 景区内可利用空间成辐射型分布，如一些森林、河流冲击沿岸等。

(2) 台地为主要地形的地区所形成的可用场地形成不连续的成片状分布，片状土地之间距离和高程相差不大。

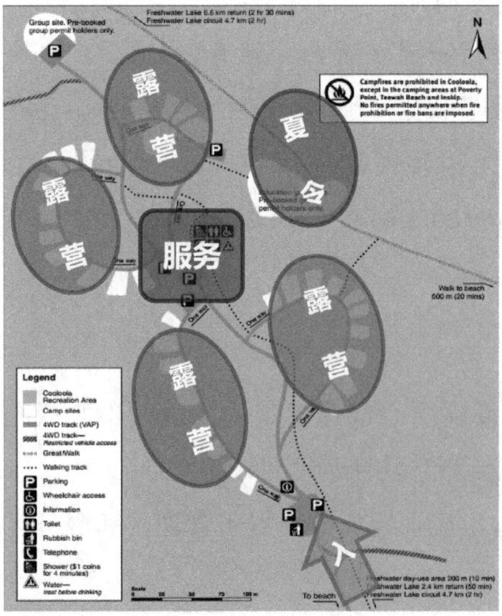

图 7-4　Freshwater 营地布局

5. 案例

澳大利亚昆士兰 Freshwater 汽车营地(见图 7-4)。该营地入口处布置有停车场，向西北角直走能到达露营区的中心，这里有洗浴、卫生间、电话亭、信息中心等设施，向西北角和东南角延伸出两个主要的露营区域，东北角方向不只有一个组团利用的青年夏令营，与两个主露营区有小路连接，从西北角露营区再向西北方向延伸也有一块为团体露营准备的组团营位，这个营地就属于典型的辐射式布局模式。丹麦 4 星级海滨型 Vikaer DiernaesStrand 汽车营地和英国 5 星级 Drumloca 汽车营地都属于此类型营地。

小资料

Freshwater 营地简介

澳大利亚昆士兰的 Great Sandy 国家公园 Freshwater 汽车营地，位于 Teewah 海滩的双岛景区南侧 8 千米处。该营地有 55 个营位，均布置于离海边 500 米远的橡胶林下，营地内有热水浴，不允许在营区内点篝火，但每个营位提供有燃料炉灶，同时还免费提供在营位做烧烤的燃气。

(三) 主轴线型布局

1. 特点

该种场地布局模式最明显的特征是有一条主道路，各个露营区或活动娱乐区都分散布置于主道路两侧，主道路像一根线，将分散的场地穿在一起(见图 7－5)。

图 7－5　主轴线型营地布局

2. 优点

(1) 营地中各露营区几乎都是独立的单元，可以结合所处环境特点开发出完全不同的露营特色，可以创造不同的风格，使游客体验更多不同的乐趣。

(2) 能避开植被景观较好的自然资源，选择相对生态景观较差的区域，易于周边生态环境的营建，可以营造很好的环境。

3. 缺点

布局非常分散，较难管理，管理的中心区通常布置于入口处或相对中间的露营区内。

4. 适宜建设条件

适合在风景游览路线较长的大型风景旅游区或景点比较分散的山地环境中建设。

5. 案例

美国佛罗里达州 St. Sebastian River Preserve 公园内的露营地。该营地有一条主道路，在入口处设置有卫生站和电话亭，沿路是 Tree Frog 露营地，接着是团体活动区，对面就是管理中心，再往里走是 Live Oak Grove 露营区和 Starr Mesa Equestrian 露营区，在 Start Mesa Equestrian 露营区内还设有骑马活动区，再往尽头是一块提供野餐、活动的区域，此处设有旅店。这种模式在我国露营地设计中应用很多，天津蓟县下营镇山野运动基地汽车营地和南京市郊的大石湖生态旅游度假区汽车营地都属于此种类型。

可持续发展的营地才是极佳投资价值的营地，营地方案设计也需从运营、安全、成本、收益的角度，多以商业化思维去考虑，减少决策的失误。这样不仅可以提高营地安全管理、服务质量，提升游客重游率，增加营业收入，还可以减少返工，大大节省投资成本。

五、施　工　图

施工图设计是依据设计好的方案文本，把设计者的意图表达出来，作为施工制作的依据，它是设计和施工工作开展的桥梁。据上海柯木设计团队几年来的露营地规划经验，结合露营地实操设计和行业规范，露营地施工图设计主要包含施工图设计说明、总平面图、竖向设计施工图、索引设计施工图、定位设计施工图、植物设计施工图、水电设计施工图、弱电设计施工图、节点详图等内容。施工图设计相关成果应符合国家、省、市的有关法律法规及技术规范，并与相关规划相衔接。

复习提问

（1）房车营地可行性报告包括哪些内容？

（2）房车营地总体布局按空间发展类型一般可分为哪几种模式？

第八章 露营活动与营地教育

学习目标

(1) 了解露营活动与营地教育的定义。

(2) 了解露营活动的种类与配置。

(3) 掌握营地教育的理论基础。

(4) 了解营地教育的发展概况。

第一节 露 营 活 动

一、露营活动的源起

露营活动的起源可追溯到远古时期，当时人类的祖先只能在荒野生存。后来各个时期的军队都采用了露营这一形式。在美国早期，西部开发者用树枝建造单坡棚居住或住在马车上，后来这些居所覆盖了帆布，成为绝佳的栖身之所。拓荒时代结束后，后期的狩猎运动和钓鱼旅游中，人们很自然地选择帐篷作为过夜的方式。

近代露营源于1861年的美国。当时是为了在自然环境中开展对青少年的理想教育而发起的。由于这项活动既能强健体魄、磨炼意志，又能使参与者体验到人与自然亲近的种种乐趣，所以很快流行起来。尤其在第二次世界大战以后，西方各国纷纷掀起一股在大自然中集体生活的热潮。随之而来，一个颇具规模的露营服务业也悄然兴起。

人们以游玩休闲为目的所进行的汽车露营的历史，大概可以追溯到欧美国家工业时代初期。人类进入工业化时代后，社会竞争激烈、工作繁重、生活紧张、身心压力大、都市喧嚣、环境受到污染，所有这一切，都使人们产生了重返自然、重返悠闲生活的心愿，受这种回归自然心理的驱使，人们开始了露营休闲生活。露营从最初的帐篷、简易床、睡袋和小型炊具，简单的加油加水停车场等服务，发展到旅行房车等专用旅行工具，服务项目扩展到车辆维修，设备租赁，提供保险，餐饮住宿，休闲度假，以及户外活动等，营地的规模也越来越大，甚至出现营地联盟等。

二、露营活动的定义

露营是指使用自备或租赁设备，以野外临时住宿和休闲生活为主要目的的活动方式。事实上对大部分人而言，露营意味着生活在户外或者在自然环境中的一种居家方式。到今天，露营已经成为一种主动式的户外游憩方式，是人们暂时摆脱城市喧嚣投入自然环境的旅游度假休闲行为。

（一）户外游憩

“游憩”（recreation）一词最早来源于拉丁语 recreation，一般是指依赖于自然环境，且基于休闲和放松为目的所进行的有益于身心发展的游憩活动。

户外游憩有两个方面的含义：狭义层面是指在自然游憩地从事的一系列游憩活动；广义层面是指在户外产生的一系列游憩活动。目前来说，户外游憩的定义基本上包含以下三个方面的内容：一为休闲活动；二为闲暇时间；三为满足身心放松等方面的需求。

（二）露营活动

露营活动是指在露营地内利用特定设备，以开展野外住宿、休闲、娱乐、训练、探险、教育等为目的的一种新型旅游休闲活动。不同于户外游憩，露营活动具有一定的范围，以露营地为边界，属于户外游憩活动中的一种。

对于露营地，国内尚无确切定义。从广义层面来说，露营地是相对露营者而言的，凡是人为圈定的、供户外露营者过夜与休闲的区域都可谓之露营地，是人们修心养性、感悟自然、出行交流的绝佳场所。

尽管与国外相比国内露营发展起步晚，但随着国内消费水平、制造业水平、创造力水平不断提升，露营地的规划建设已经进入快速发展期。近年来，文旅体概念深度融合，产业量的投入和质的更新升级速度的加快，为露营地的规划与发展提供了更加广阔的市场和发展前景。

三、露营活动种类与配置

（一）露营活动种类

露营活动往往和旅游活动的六大要素相关联，因此对露营活动的分类可以根据吃、住、行、游、娱、购六要素进行分类。

1. 住宿餐饮

提供多样化和具有特色的住宿形式，如房车、木屋、树屋、帐篷、集装箱、水景篷房、气泡房、星空房等；提供特色餐饮服务，如烧烤和野炊等，营地内的餐饮方式可以将当地特色餐饮与预制菜等相结合，满足客人的不同需求，丰富游客的餐饮体验。

2. 体育运动

对户外运动的分类，按照运动环境可以分为陆地、空中、水上和山地户外运动。

水上运动指全部过程或主要过程都是在水下、水面或水上进行的各种形式的体育比赛和活动。可在营地内开展的水上运动项目包括赛艇、帆板、滑水、水下摄影、游泳、跳水、漂流、摩托艇、垂钓等。

陆地运动指是指未经人工硬化的路径上的走、跑、骑行等项目。可在营地内开展的陆地运动项目包括徒步、跑步、定向越野、跑酷、骑行等山地运动是指在海拔 3 500 米以下的山区、丘陵开展的与登山有关的户外运动。可在营地内开展的山地运动项目包括徒步登山、攀岩、滑草、岩降、探洞等。

空中运动是一种新兴的运动，在中国包括高空弹跳，跳伞，热气球，高低空绳索，悬挂式滑翔器，滑翔翼等项目。可在营地内开展的空中运动项目包括蹦极、跳伞、滑翔伞、热气球等。

3. 研学活动

研学活动即研究性学习，是研究性学习和旅行体验相结合的校外教育活动，是学校教育和校外教育衔接的创新形式。继承和发展了我国传统游学、“读万卷书，行万里路”的教育理念和人文精神，成为素质教育的新内容和新方式。在营地内开展的研学活动包括参观各类博物馆或非物质文化遗产、参观动物和植物园、红色教育、素质培养等主题活动。

4. 野营活动

野营活动是指各种形式的享受自然的休闲活动，不需要复杂的操作技术，活动地点相对固定。可在营地内开展的野营活动包括荒岛求生、模拟野战、拓展训练、摄影写生、地质考察、探寻古迹等。

5. 娱乐休闲

娱乐休闲活动是指日常人们能够积极主动、轻松愉快、毫无心理负担所进行的一些健康娱乐活动。在营地内可开展的娱乐休闲活动可以划分为三类：一是运动保健类，包括各项球类运动，例如篮球、排球、足球、羽毛球、网球等；二是娱乐类，包括丢手绢、放风筝、跳皮筋等；三是射击类，包括气枪、打猎、射箭、彩弹野战等。

6. 会展活动

会展活动是会议、展览、大型活动等集体性活动的简称。其内涵是指在一定的地域空间，围绕特定主题，众多人聚集在一起形成的、定期或不定期、制度或非制度的传递和交流信息的群众性社会交流活动；其外延包括各种类型的博览会、展览会、展销会、大中型会议、竞技运动、文化活动、节庆活动、庙会活动等。

此外，露营活动还可以按露营活动组织方分类为三种：

(1) 由营地经营者组织的活动。以营地经营方为主的对客服务。营地经营者以优先保护和可持续发展的生态原则为准则，遵循“严格保护，统一管理，合理开发，可持续利用”的方针，避免过度开发。根据营地自然环境、道路交通及基础设施资源等条件，设立各类丰富的节庆活动，如美食节、登山节、郊游节等。还可以将体验整合到生态环境中，如与卡丁车赛道重叠的花海、植物园打造成为植物迷宫，以及基于高山地形的自行车运动等。又如山东省潍坊市白浪河营地在节日活动中利用自身的资源优势，举办风筝艺术节、“踏雪寻梅”冰雪艺术节等活动。

（2）由第三方机构在营地举办的活动。游客需要在营地长时间停留，因此需要大量休闲产品丰富营地体验活动。根据不同的功能，设计休闲产品时也具有一定差异性。第三方机构往往选择整合区域特色产业资源，以市场需求为导向，结合智能设备，合理使用互联网、声光等技术手段，打造创新性休闲产品，塑造产品亮点，以提高营地吸引力。例如，有的第三方机构会针对新婚夫妇在营地举办户外集体婚礼。

（3）由游客在营地内自行开展的活动。游客在不破坏营地原有风貌的前提下，在指定地点可自行开展体育锻炼、休闲娱乐等活动，同时营地方可提供相应的协助，如骑行、观光、跑步等。

（二）露营活动配置

露营活动可以根据不同类型的露营地进行配置，露营地的分类不同，内容也会有一定的差别。

1. 按营地地理特征配置

表 8－1 为不同地理特征营地中的露营活动配置。

表 8－1 不同地理特征营地中的露营活动配置

营地类型	特征	可配备的露营活动项目
山地型营地	处于山脉间，以山川地势为主要背景	结合山体建立拓展运动项目，如山地自行车、漂流、溯溪、山地徒步等项目
海岛型营地	位于海岛之上，四面环海，以水见长	依托海岛资源，开展丰富多彩的海上、海底运动项目，如深潜、冲浪、海底观光等项目
湖畔型营地	位于具有一定规模的湖区周边，滨水设置	湖上及湖畔休闲活动，如垂钓、划船、皮筏、独木舟水上高尔夫等项目
滨海型营地	位于海边，滨海设置	以丰富的沙滩、海上活动为特色，如沙滩排球、网球、海底探险、船艇活动等项目
森林型营地	位于植被良好的森林地区	依托森林丰富的植物、动物资源，开发科普娱乐等项目
乡村型营地	与乡村及农业资源相结合	这种露营地往往与乡村连成一体，可开展农业休闲、民俗体验等活动，如蔬果采摘、牧场体验

在现实中，以上露营地的分类存在交叉的现象，如有些露营地同时具备乡村型露营

地和湖畔型露营地的特征，因此在活动类型上也就存在重叠，一些受地理环境影响不明显的活动可在多类型营地中开展。

2. 按开放时间配置

按照开放时间不同可以分为临时营地和固定营地两种。后者又可以根据是否可以过夜分为可过夜营地和不可过夜营地两种类型。此外，还有季节性开放（时间固定）的露营地。

表 8－2 为不同开放时间营地中的露营活动配置。

表 8－2 不同开放时间营地中的露营活动配置

营地类型	特征	可配备的露营活动项目
临时营地	临时搭建，常具有特殊用途	城市绿地空间临时举办的露营活动，或依附于某个大型活动如“长三角露营嘉年华”活动
日间营地	日间使用（不可过夜），对于休闲性和舒适性的要求较高	日营可以在青少年娱乐设施内运行，提供体育、艺术、手工艺等活动，也可以在公园内或任何有可用空间的地方举办。体育活动通常包括游泳、跑步等
夜间营地	可过夜的露营地	夜间主要以篝火、烟花、露天电影等活动为主
周末营地	周末开展的露营活动	可根据不同主题，设计游戏、种植体验、篝火晚会、冬夏令营、亲子活动、文化演出等活动
假日营地	在节假日开展的露营活动	可根据不同季节设置不同主题类活动

第二节 营地教育

一、基本概念

1929 年美国营地董事协会纽约分会对营地教育做出了相关定义，其认为营地教育是一种为人们特定设计的教育形式，旨在关注青少年的综合素质和多项能力，包含了青少年的身体健康、情感表达、户外生存体验，以及积极的社会参与、品味和鉴赏能力、心智成长等。

1998 年美国营地协会将营地教育定义为：“以团队户外生活为形式，并能得到创造、娱乐和教育的一种体验。通过领导力培训及自然环境的熏陶，帮助每一位营员达到生理、心理、社交能力及心灵方面的成长”。

中国登山协会对营地教育的定义进行了补充，认为营地教育以体验式教育为核心，通过专项课程教授青少年知识、技能，培养他们的品质，陶冶他们的情操，从而促进他们发现问题、解决问题，实现全面健康发展，成为更好的自己。

《2018年中国营地教育产业白皮书》中提出营地教育是以教育为核心，以旅游为形式，面向青少年的一种体验式教育活动，是"教育＋旅游＋体育＋……"的多产业融合，并从营地教育所产生价值的角度，梳理和分析产业链目前涉及的主要相关产业。

二、营地教育的意义

露营活动的开展以户外营地为载体，以营地教育为核心。营地教育起源于美国，已有150多年的发展历史。根据世界营地协会(ICF)的统计，世界上营地数量最多的国家是俄罗斯，有5.5万个营地，最大的一个营地，光工作人员就有2000人；日本有3500个营地，服务3000万人；澳大利亚有超过400家营地。国外的实践证明，营地教育是学校和家庭教育的有效补充和组成部分，发挥着重要的作用，其主要表现在以下几点：

(1) 营地教育以跨学科和学科交叉的理论和实践为依据，打破了在教室学习的传统形式，能够吸引家长和青少年放下手中电子产品，走进大自然、亲近大自然，在大自然的环境下接受教育，可以尽可能地释放青少年的压力，促进青少年人格的完善。

(2) 营地教育开展的活动有利于培养青少年的动手能力和提高解决问题的能力。

(3) 营地教育的活动主要以团队形式开展，通过团队活动，能够培养青少年的组织能力、团队协作能力和组织领导能力。

(4) 营地教育可以帮助青少年更加了解自然、了解社会、了解他人，能够正确处理和面对人际关系，可以培养青少年的社会责任心和同理心。

(5) 营地教育能够尊重每个青少年的兴趣爱好，为青少年提供一个可以展示自我的平台，帮助其树立自信心，有助于实现其个性化发展。

在实践过程中能够开阔青少年视野，增加知识储备，激发青少年的好奇心，从而有效培养其观察探究能力。

三、营地教育发展形势

作为校外教育的一种形式，营地教育与研学旅行有很多契合点，可以说研学旅行是营地教育中的重要部分。2016年底，教育部、团中央等11个部委发布了《关于推进中小学生研学旅行的意见》，将研学旅游纳入到中小学的教学计划中，对研学旅行的营地建设和组织管理提出了指导性意见。教育部在全国遴选命名了一批全国中小学生研学实践教育基地和全国中小学生研学实践教育营地，其中包括文旅景区、实践基地、科研科普机构等，要求各地学校以基地、营地为载体，广泛组织学生开展社会实践、爱国教育、野外训练等活动。2019—2020年，中共中央、国务院颁发《关于深化教育教学改革全面提高义务教育质量的意见》《关于全面加强新时代大中小学劳动教育的意见》等文件，旨在全面发展素质教育，鼓励在基地、营地开展劳动教育。刚性政策陆续出台，将助力营地教育事业和研学旅行的大发展。

四、营地教育案例

（一）夏山营地教育

夏山营地教育成立于2014年，将国际童军训练和营地教育引入中国，并针对国内6～14岁年龄段儿童的认知能力进行了二次研发，形成了全系统的营地教育课程。课程体系包含了荒野求生、自然探索、自我保护、先锋工程、世界公民等7大系列27个专业共100＋的主题训练营。

夏山的名字源于《夏山学校》，夏山学校是世界上最古老的儿童民主学校，因实施因材施教的教育方法被誉为“最富人性化的快乐学校”，夏山学校的办学理念是“创造一个不是让孩子们来适应学校，而是去适应孩子的学校”。在这里，学校致力于使孩子学习如何去生活，而不只是知识的传授。2014年10月26日，夏山国际童军会正式成立。2018年5月10日，夏山国际童军会正式更名为夏山营地教育。

最初，夏山在开始摸索如何“把孩子应该学会的还给孩子”，借鉴了童军训练的模式，创设了夏山独有的LTP训练模式——learning（学习）、training（训练）、practice（实践），形成一个学习、练习、反思再实践、总结的完整学习周期。其产品包含两个部分：“硬技能”和“软技能”。“硬技能”指的是具体的知识和技能，例如绳结技术、物理知识、急救知识等；“软技能”指的是协作能力、领导力等。

2017年夏山营地教育与英国营地Inspiring learning合作，在中国开展英式夏令营、拓展英国营地型游学项目。把Inspiring Learning的营地规划、设计、建设、运营经验引入中国，采用英国最高标准的营地设施，在国内一二线城市建设、运营真正适合孩子的世界级营地。同时通过“文旅＋营地”“地产＋营地”“学校＋营地”“小镇＋营地”等形式，使营地与中国本土优质项目结合，与其他业态深度融合，顺应国家教育改革形势，引领大众消费观和教育观，以孩子带动家庭，形成自带流量的营地知识产权。

（二）Green Camp

Green Camp是一家位于印度尼西亚巴厘岛的教育营地机构，是一个伫立在丛林和稻田间由竹子建造的乡村教育社区。和欧美的很多营地不同，Green Camp以巴厘岛“热带天堂”的优势为切入口，学校里的所有房屋几乎全都是以竹子为材料，注重环保和可持续发展理念，让孩子在田园诗般的环境和建筑中深入学习和当地自然、文化相关的各种知识，以打造根植本土和自然的文化体验为核心点。

除了学习数学、英语等基础学科，孩子们还能学习包括文化、戏剧、美术、音乐在内的创意艺术课。学生们还要学习农业、园艺、艺术甚至渔猎方面的知识，每个年级都有自己的田园和果树，通过每天的观察记录，帮助他们了解不同种类动物的生长习性。

Green Camp 的课程菜单设计会更均衡地面向除了学生之外的多元群体，让不同客群都能找到适合自己的课程。并且从来不在活动中告诉、要求人们应该去做什么，而是通过教育场景的设计让人们感受自然的美好。Green Camp 是“教育为景区赋能”的典型案例，那些创意化的建筑、景观装置、游乐设施等硬件设施，一方面可以作为网红打卡点为景区添彩，同时也可以成为一个常态化的教育场景，为研学体验提供空间载体。

（三）坚果部落

作为一家营地研学的专业机构，坚果部落以培养“富于人文底蕴，善于自主学习，乐于社会参与”的人为目标。针对不同年龄段的学员，采用体验式学习、项目制学习和服务式学习的方法，把课程设计为六大类：亲子户外、自然教育、城市探索、综合实践、荒野生存、研学旅行，满足孩子全方面的提升需求。坚果部落的营地研学课程核心特色是重视自然探索，采用体验式学习，聚焦品格教育。这种体验式学习，对孩子的综合素质有显著提升作用。

2020 年坚果部落发起“勇气发现者”大赛，旨在打造小学生的多元综合能力，通过赛事去发现和比拼小学生成长中的“关键能力”，是一个符合亚洲青少年成长发展的国内赛事，由全国分赛区海选＋决赛构成。大赛总计分为 6 项挑战，从智力、记忆力、协作能力、毅力、思辨能力多项考核为基准，并通过赛事提供广泛的素质教育资源和学习方法。“勇气发现者”大赛本身就是一场以勇气为核心的小学生综合素质大赛，自推出以来就得到了家长的广泛支持，赛事本身是一场竞技，但更是给孩子的一个展示自己的舞台。

小资料

“做更舒适的帐篷”：喜马拉雅

喜马拉雅户外用品有限公司成立于 1998 年，是一家位于江苏常州的户外装备制造企业，集研发、生产、外贸及国内销售于一体。公司的产品远销世界三十多个国家和地区，成为中国户外露营装备品牌之一。喜马拉雅户外的产品线丰富，包括帐篷、睡袋、折叠气垫、野营烧烤、户外炊具、户外灯具、户外配件、户外手套、户外运动袜、户外帽子和滑雪装备等，覆盖了登山徒步等专业户外，以及郊游休闲自驾等户外领域。

喜马拉雅户外的品牌定位是“做更舒适的帐篷”，并倡导人们回归自然，享受轻松休闲的户外生活。品牌的核心理念是“回归自然，舒适自在”，并致力于提供“适然自在”的生活范式。喜马拉雅户外的产品以高品质著称，得到了世界顶级户外爱好者的认可和好评。喜马拉雅户外用品有限公司注重产品的研发和创新，推出了多个爆款装备，如“山海天幕”升级版和适合亲子家庭的“胡萝卜”充气帐篷。公司坚持长线思维，通过沉淀去保证整条生态链的供应，并希望从单一商品转向场景整体服务的提供。

此外，喜马拉雅户外用品有限公司也积极参与公益活动，如成为腾讯公益行活动藏地益行越野挑战赛的指定合作伙伴，并在《爸爸去哪儿第二季》和《骑行 318 川藏线》节目中被选用出镜。

（资料来源：百度百科）

复习提问

（1）什么是露营活动？什么是营地教育？

（2）露营活动的种类与配置是怎样的？

（3）试述营地教育的理论基础。

第九章　房车展会与节事活动

学习目标

(1) 掌握房车展会的类型与内容，了解国际、国内著名的房车展会。

(2) 掌握房车展览策划的含义及其基本原则。

(3) 掌握房车节事活动的基本分类，了解国际、国内著名房车节事活动。

第一节　展会策划与组织

一、展会策划的含义

策划是指人们为了达到某种预期的目标，借助科学方法、系统方法和创造性思维，对策划对象的环境因素进行分析，对企业自由进行组合和优化配置，进而进行的调查、分析、创意、设计并制定行动方案的行为。

展会策划，就是展会策划人员根据企业现有资源状况，在充分调查、分析展览项目环境的基础上激发创意，制定出有目标、可能实现的解决问题的一套策略规划。从策划的本质来讲，策划无非是一种做事情的方法，也就是从一个问题的所有可能的答案中找到一个最佳的答案。

伴随中国民众消费能力的提高与对高品质生活方式的不断追求，中国的房车产业近年来获得了迅速发展。在这样的趋势下，房车展会年年都在如火如荼地举办。例如，杜塞尔多夫展览（上海）有限公司于 2012 年推出了中国国际房车展览会（All in CARAVANING），展会一年一届，专为满足中国/亚洲地区的市场需求度身定制。

如何做好房车展会策划已经成为提高参展房车商的品牌形象，展示其企业文化，引领房车消费新潮流的重要环节。

二、展会策划的基本流程

（一）确定展会目标

明确举办展会的目的，如提升品牌知名度、拓展市场、促进销售等。确定展会的主题，使其与目标紧密相关。

（二）市场调研

市场调研是展会策划的基础。展会策划人员需要有针对性地收集市场信息，才能防止展会策划成为无源之水、无本之木。首先，要了解行业动态：分析行业发展趋势、竞争对手情况、市场需求等。其次，要调查目标受众：确定潜在参展商和观众的特征、需求和期望。

（三）制定预算

良好的财务管理和预算控制是组织展览的重要因素之一。首先，列出各项费用，包括场地租赁、展位搭建、宣传推广、人员费用、设备租赁等。其次，确保预算合理分配，同时预留一定的弹性资金以应对突发情况。

（四）选择场地

根据展会规模和目标受众，选择合适的展览场地。考虑场地的位置、面积、设施等因素。与场地提供方协商租赁事宜，确定租赁期限、价格和相关服务。

（五）招展招商

①制定招展计划，确定参展商的范围、标准和优惠政策；②通过多种渠道进行招商，如发送邀请函、参加行业活动、利用社交媒体等；③为参展商提供优质的服务，如展位设计、展品运输、现场服务等。

（六）宣传推广

①制定宣传方案，确定宣传渠道和宣传内容；②利用线上线下渠道进行宣传，如社交媒体、网站、广告、新闻发布会等；③制作宣传资料，如海报、传单、宣传册等。

（七）展会组织

①成立展会组织团队，明确各成员的职责和分工；②制定展会日程安排，包括开幕式、展览时间、论坛活动等；③安排现场服务，如安保、保洁、餐饮等。

（八）展会执行

①提前进行场地布置和展位搭建，确保展会按时开幕；②做好参展商和观众的接待工作，提供必要的帮助和服务；③组织各类活动，如论坛、研讨会、产品展示等，增加展会的吸引力。

（九）展会评估

①在展会结束后，及时收集参展商和观众的反馈意见；②对展会的效果进行评估，分析参展商数量、观众数量、销售额等指标；③总结经验教训，为下一次展会提供参考。

三、展会的组织

（一）参展商的组织

1. 参展商指南

展览会主办机构给参展商首先提供的资料应该是参展商指南，其内容应该涉及展会的方方面面。具体包括展示设计和展位人员安排的建议、赞助和广告信息、核对清单及参展报名截止日期、展会开放时间和详细安排、展厅平面示意图和部分提前注册的参展商名单、住宿和注册预订单、各种运输信息、检索系统信息和后续工作指南、宣传和推广计划、奖励信息等。

2. 其他支持

大部分展会主办机构在展前和展后都会向参展商提供支持性服务。当然，对常规服务的改进同样可以增加服务的实际价值，巩固与顾客之间的关系。组展方可以鼓励参展商递交简要的新闻稿和产品的彩色照片并在出版物中予以免费刊登。当然，同时也要积极征集计费广告以承担杂志的部分出版和发行费用。展会结束后再印发一份综合新闻通讯，向行业宣传本次展会上的一些具有新闻价值的产品。这样做的目的是把本次展会推向整个行业的最前沿。展会后的出版物中同样应该刊登参展商的广告。

组展方还可以向参展商提供一本展前营销综合手册，在手册中列出自己的一些建议并提供可以增加展位客流量的各种信息。实际上，组展方在为参展商提供这些增值服务的同时也加强了与他们的联系。另一个做法就是向展位工作人员提供免费的展前培训，由会展营销方面的专业培训师组织全天候的专题研讨会来提高受训人员在展览会现场的营销和洽谈技巧，单这一点就可以为参展商节省下一笔不小的开支。向参展商提供高水准的培训服务不仅能保证他们更好地参展，而且还可以加强他们对组展商的信任度，并向他们传递了一个明确信息，即组展方永远把参展商的最大利益放在第一位。

（二）专业观众的组织

1. 专业观念的含义

展览会作为一种中介性的产品，为参展商和专业观众搭建沟通交流、洽谈贸易的平台是其成功举办的关键。因此，专业观众组织和参展商的招徕工作同等重要，两者缺一不可。专业观众又称“贸易观众”，是指从事专业性展览会上所展示产品的设计、开发、生产、销售、服务的观众以及目标参展的潜在客户。这里所指的“产品”可以是有形的实物产品，也可以是无形的产品，如服务产品等。专业观众是参展商最主要的目标客户，拥有一定数量和较高质量的专业观众是培育品牌展览会的基本条件之一。

专业观众与普通观众是对应的，一个展览会除了有一定数量的专业观众，也需要大批的普通观众前来参观。前者是参展商的目标客户群，后者则主要是为展览会增加人气的。一个展览会的专业观众和普通观众的预期数量主要取决于该展会的性质和定位。一些专业性很强的展览会，如光纤通信与光电博览会暨研讨会主要是针对专业观众开放；而像汽车展、服装展等与大众生活密切相关的展览会，在注重专业观众的同时还会尽量吸引为数众多的普通观众来增添展会现场的火爆气氛。

专业观众与普通观众参观展览会的目的截然不同。一般情况下，专业观众更受组展方和参展商的欢迎，他们是以贸易、采购、科研、开拓市场为主要目的。普通观众参观展览会多是以开阔视野，获取相关行业的发展动态、技术信息为主。

2. 专业观众组织的主要途径

展览会的宣传推广成效不仅仅体现在招商工作中，在专业观众的组织工作中也起到非常重要的作用。目前整合营销是国际上通用的展览会宣传推广途径。整合营销重在"整合"，即营销对象、营销内容及营销手段的选择和组合。当制订和执行整合营销计划时，在企业战略层次上定义的目标细分市场开始分化，目标细分市场的顾客虽然在基本需求上相似，但他们在接受营销的内容取向上，以及在营销渠道的偏好上却有着明显的差异。整合营销的传播理念倡导根据营销对象、营销内容及营销渠道等进行全方位的组合，这种理念比较适合展览会专业观念的组织工作。运用整合营销理念，专业观众组织的主要途径主要有以下五个方面：

(1) 媒体广告。目前专业展已经成为展览会发展的趋势，市场细分的结果是参展商需要更明确的产品市场定位及客户的定位，需要在展览会上接触到意向更加明确的贸易观众。这些信息的传递离不开媒体，不同的媒体只有个性特征的差异，而没有绝对的优劣势之分。因此，组展方应该根据展览会的性质、规格与成本预算来选择适当的媒体进行展会的宣传与推广。

(2) 直接邮寄。在扩大展览会的知名度和信任度、提升专业人员对展览会的认知、激发目标受众对展览会的关注等方面，没有什么方式比有针对性地直接邮寄更有效了。一般情况下，如果目标客户名录准确率高的话，直接邮寄将成为成本最低廉的方式。直接邮寄的效果在很大程度上取决于办展机构所掌握的客户数据库的完整性和准确性。因此也有人将直接邮寄称为"数据库营销"。从组织专业观众的角度来看，对于直接邮寄的展览会推广方式，项目人员一项重要工作就是建立和维护观众数据库，并及时更新、补充、完善。

(3) 电话营销。电话营销是展览公司组织专业观众最常用的方式，通过使用电话、传真等通信技术来实现有计划、有组织，并且高效率地扩大目标专业观众群体，提高顾客满意度、维护顾客忠诚度的招商目的。与电话营销相关的词汇很多，如直接销售、数据库营销、一对一营销、呼叫中心、客户服务中心等都是其涵盖的内容。一般说来，规模较大的会展公司其电话营销的运作方式主要是依靠呼叫中心。呼叫中心的投资分为三大块：硬件(计算机、程控交换机、终端等)、软件(数据库、CTI 软件、业务应用程序)和人员(业务代表、系统管理员、电话营销专家)。

(4) 建立观众数据库。数据库对展览公司是至关重要的，每个展览公司都需要建立专业观众数据库，充分收集和了解目标观众的资料，利用数据对观众的质量进行科学的分析。通过问卷调查、网上注册或参展注册等方式了解他们的职务、个性特点，以及购买影响力等情况，并通过电话或其他手段来进行核实。如果做好了数据库的收集、整理与统计入库工作，将会使展览会的观众组织工作开展得井然有序。

(5) 观众资源共享。国内举办展览会通常由该行业的主管单位或协会与展览公司共同主办，展览公司可以利用合办方的数据库资料来完善专业观众的组织工作。此外，与参展商的合作也是专业观众组织的有效途径之一。通过合作，组展方不仅能够更好地了解参展企业的需求，更重要的是可以从他们那里获得宝贵的专业观众信息。

(三) 展台搭建的组织

展台搭建可以说是整个会展设计中最为重要的一部分，现场搭建施工的好坏决定了项目设计是否能够得到最终的实现。按展台搭建工作先后的顺序，其主要流程有图纸审核、办理搭建手续、熟悉时间安排、现场施工等。

1. 图纸审核

通常每个订购展位的参展商都必须在规定时间内随同指定搭建商申请表一起提交一份最终的展位设计图，以供当地消防部门及展馆进行审核。双层展台的搭建需要另行审核批准。

2. 办理搭建手续

为了场馆方便管理搭建商和参展商，有效控制展馆人数，搭建商必须在规定时间内办理搭建手续。如办理搭建工作员工证、展览期间及退场期间进入展馆的通行证，并在规定时间内完成展台搭建工作，同时通过场馆工作小组的安全检查。如需整改的，必须立刻按照场馆要求整改。

3. 熟悉展览搭建时间安排

为了展馆的统一管理，通常在展出前三天安排搭建商统一搭建。值得注意的是，展馆通常每天提供 10 小时供搭建商搭建，搭建商如需加班搭建必须在当天向展览现场管理办公室提出申请，并按照展馆的规定支付加班费。

作为展台搭建商必须从方方面面掌握相关的展览资料，并根据客户的要求设计独特、醒目、给人印象深刻的展台。在搭建前，必须掌握展览时间的安排、充分利用时间，将图纸转变为实体，从而给参展商提供对外宣传的舞台。

4. 现场施工

一般在搭建中客户也会在现场布置展品，此时最好具体负责该项目的业务服务人员能到现场陪同。如有必要，设计师也可以到现场监督施工，并与客户及时交流。尽管实际的效果不能马上体现，但是很多客户希望能得到这样的服务。如果服务人员确实有原因不能在现场，应该把负责搭建布置的联系人介绍给客户。

展场布展有施工规定，这些要在施工图上或现场交代时说明。现场要有清洁工随时清扫，要尽量保持现场整齐。

展台材料很多是租用的道具，花草也可以租用。要盯住道具公司按时将道具送到展场、拆包、放置时应予以监督。若有贵重物品和易损物品应小心拆箱、放置，并要考虑安排保卫人员。

现场施工程序是铺设电线管道，铺设地毯，并用厚塑料布覆盖，等到开幕前割开；若是双层展台，由金工施工，木工搭展架，电工拉线，水暖工接水，漆工油漆。

现场经常会有一些设计中本身没有预料到的情况出现，而且客户也会临时提出一些要求。如果是由于公司本身的原因造成的，应即时进行更改；如果是客户额外提出的，应保证首先满足其合理的要求，同时对追加的部分要求客户签收补充的总项目款项。

施工完毕，垃圾清扫完，地毯上的塑料布被割除。这时才是展台人员到场的时间，资料开始放到咨询台或资料架上。实践中往往是先把展台结构布置好以后再安排展品入场，现场的工作人员一定要注意为客户服务，配合其展品进场。

所有的搭建工作完成后，要进行展位的清洁卫生，直到客户验收完毕，确保次日的开幕。

5. 展会期间现场应急服务和增值服务

在开展期间，主要是客户的接待工作，但很多时候会需要对展台进行维护和临时配置东西，应有业务负责人员在现场进行应急服务。从客户方来讲，他们希望在展览期间能够有搭建服务人员的最直接的联系方法。

增值服务很广泛，有些搭建业务人员在现场帮助客户做接待工作，外语水平好的可以充当翻译，甚至可以帮助客户发送资料、安排客户见面等。

6. 配合展品离场和现场拆除

展览结束后，搭建商应首先配合客户把展品撤离现场，再进行展位的拆除。如果客户对有些材料需要限次使用的，应帮助其打包运输；如果需要保存的，应注意拆装。

7. 费用结算

完成工程后，应即时进行成本结算，向展馆或主办方退回事先预付的电箱申请、通信押金等费用。

第二节　房 车 展 会

一、国际房车展会

根据国际展览公共信息服务平台“国际展览导航”(https://www.showguide.cn)和“聚展网”(https://www.jufair.com/exhibition)信息，目前国际上主要的房车展会有：

(一) 德国杜塞尔多夫国际房车展览会

德国杜塞尔多夫国际房车展览会(CARAVAN SALON)是国际旅居车产品的盛会，是世界最大的汽车露营及房车展，代表世界旅居车发展最高水平及发展趋势。杜塞尔多夫房车展集中展示年度新产品、制造技术、设计趋势、房车商务、旅游和服务设备，以及配套产品，展出了几乎涵盖了整个市场的房车相关展品。这是德国杜塞尔多夫国际房车展的独特亮点。

举办周期：一年一届。

展会规模：25 万平方米。

首届举办：1962 年。

举办地址：德国杜塞尔多夫国际展览中心。

展品范围：①自行式旅居车及牵引式旅居车；②旅居车设备；③摩托旅居车；④旅居车改装配件及设备；⑤旅居车维护；⑥维修及售后服务；⑦旅居车营地配套设施及设备；⑧露营用品、休闲用品、帐篷、配件等。

(二) 美国房车及露营展览会

美国房车及露营展览会(RV SHOW)是北美洲最大规模、最受欢迎的房车及露营展览会。在展会上可以找到最新的配件、升级、露营地、度假目的地和相关产品。了解所有关于最新的房车模型和房车生活方式，可以结交有知识的经销商和参加研讨会的行业专家。展会致力于房车生活方式和一切与之相关的东西，展会更加侧重现场房车体验的模式来举行。

举办周期：一年一届。

展会规模：5 万平方米。

举办地址：美国加州图拉尔国际展览中心。

展品范围：各类型整车、房车配件及户外用品等。

(三) 德国斯图加特国际旅游房车展览会

第一届德国斯图加特国际旅游房车展览会(CMT)于 1968 年在德国斯图加特成功举办。经过 50 多年的发展和沉淀，CMT 现已成为欧洲较大的度假旅游展会，也是整个旅游度假和休闲露营行业的重大盛会，以及国际上规模较大的节假日旅行及房车展览会之一。

举办周期：一年一届。

展会规模：10 万平方米。

首届举办：1968 年。

举办地址：德国新斯图加特展览中心。

展品范围：各类房车、房车配件等。

（四）澳大利亚悉尼国际房车、露营及休闲展览会

澳大利亚悉尼国际房车、露营及休闲展览会（CARAVAN CAMPING & HOLIDAY SUPERSHOW）是澳洲国际旅居车产品的盛会。展会除了展示拖挂式房车、自行式房车、露营车等各类房车，展品还包括皮划艇、船、遮阳棚、帐篷、通信设备、渔具、房车配件、露营配件及其他相关户外产品。观众不仅可以采购房车露营度假用品，还可以了解最新、最先进的户外产品资讯和体验房车露营生活等。

举办周期：一年一届。

展会规模：3.5 万平方米。

举办地址：澳大利亚悉尼玫瑰山花园活动中心。

展品范围：各类房车、房车配件、露营配件及其他相关户外产品等。

（五）美国盐湖城国际房车体验展览会

美国盐湖城国际房车体验展览会（RVX）是北美洲知名度最高的房车展，也是北美洲规模最大的业内展会，该展由 RVIA 美国房车协会主办，全美 80%～90%的房车由美国房车行业协会成员生成。首届于 1963 年举办，一年一届，原来是在路易斯维尔举办，2018 年停办后，改为 3 月份在盐湖城举办，展会更加侧重现场房车体验的模式来举行。

举办周期：一年一届。

展会规模：5 万～10 万平方米。

首届举办：1963 年。

举办地址：美国盐湖城。

展品范围：自行式房车、拖挂式房车、房车底盘、悬挂、扩展功能设施等零配件产品等房车整车及配件。

（六）日本东京房车露营展览会

日本东京房车露营展览会（Japan Camping Car Show，JCCS）是日本房车协会主办的 15 个活动中规模最大的一个，是日本露营协会一年一度的盛会。参展范围包括各类房车、进口/国产自行式房车、拖挂式房车、各种户外用品等。观众人群定位于房车经销商、分销商、零部件商店业主、露营地运营者及展会相关人员。

举办周期：一年一届。

展会规模：小于 10 万平方米。

举办地址：日本千叶幕张国际展览中心。

展品范围：自行式旅居车及牵引式旅居车；旅居车设备、摩托旅居车；旅居车改装配件及设备；旅居车维护、维修及售后服务；旅居车营地配套设施及设备、露营用品、休闲用品、帐篷、配件；新产品，房车商务，旅游和服务设备，以及配套产品。

二、国内房车展会

根据国际展览公共信息服务平台“国际展览导航”（https://www.showguide.cn）和

“聚展网”(https://www.jufair.com/exhibition)信息，目前国内主要的房车展会有：

(一) 北京国际房车展

北京国际房车露营展览会(简称“北京国际房车展”，RVCC)，自2010年开始举办至今，已经发展成为亚洲大型房车露营交易盛会，堪称中国房车及露营产业发展的风向标和晴雨表，为品牌商、渠道商和购买者架起技术与贸易互通的桥梁。多年来，该展秉持“让十万个家庭拥有房车，让百万个家庭感受房车，让千万个家庭了解房车”这一理念，得到了广大房车品牌商、配件商、户外装备商、露营地，以及相关媒体的高度认可。

举办周期：一年两届。

展会规模：10万平方米。

首届举办：2010年。

举办地址：房车世界·北京房车博览中心。

展品范围：各类整车、房车配件、户外用品、高端产品、露营地/露营景点等。

(二) 上海国际房车展

上海国际房车露营博览会(简称“上海国际房车展”，SRVC)，是路程网房车行标志性IP “RV SHOW房车展”的重点会展项目。展会以持续不断的创新力闻名遐迩，根据时代背景变化，先后制定“走出上海　辐射全国”“A类房车展”“房车＋”等战略，被誉为中国房车露营产业及房车会展发展的指南针。作为国内房车露营行业最具影响力的品牌展之一，上海国际房车展致力于探索房车露营产业发展更多可能性，打造更多元的房车文化，以及房车露营新生活体验，为参展企业/参展观众带来国际性更强、合作面更广、参展价值更高的房车露营全产业链盛会。

举办周期：一年两届。

展会规模：9万平方米。

首届举办：2011年。

举办地址：国家会展中心(上海)、上海汽车会展中心。

展品范围：房车、房车配件、户外露营装备、房车租赁、露营地、场景配套、其他整车、高端产品等。

(三) 中国国际房车展览会

伴随中国民众消费能力的提高与对高品质生活方式的不断追求，中国的房车产业近年来获得了迅速发展。针对这一趋势，杜塞尔多夫展览(上海)有限公司2012年推出了一场全新的展会——中国国际房车展览会(All in CARAVANING, AIC)，展会专为满足中国/亚洲地区的市场需求量身定制。近年来，中国国际房车展览会快速展现当前的业界流行主题，收集世界有关房车创新、发展趋势等方面的可靠信息，为业界同仁提供共同交流探讨的机会。展会汇聚国际知名品牌的自行式及拖挂式房车整车、底盘、零配件以及房车露营地等，致力于为业内各领域的公司提供展示新产品和服务的国际化舞台，打造中国房车工业的顶级平台。

举办周期：一年一届。

展会规模：5 万平方米。

首届举办：2012 年。

举办地址：北京亦创国际会展中心。

展品范围：自行式及拖挂式房车整车、底盘、零配件以及房车露营地等。

（四）南京国际度假休闲及房车展览会

南京国际度假休闲及房车展览会（CMT China）由南京市旅游委员会举办，作为全球最大的度假展览会——斯图加特度假旅游及房车展览会（CMT）在中国的子展，是江苏乃至华东地区一年一度的盛会。南京国际度假休闲及房车展（CMT China）聚焦蓬勃发展的中国度假休闲市场，立足长江三角地区巨大的客源地，围绕度假休闲主题，以“探索最新度假休闲生活方式”为宗旨，集结“自助主题游、自驾游、房车露营及户外休闲”四大板块，精准邀约 B2B 买家和 B2C 中高端家庭客群，全方位推广市场方案，通过丰富多彩的展前及同期活动为行业人士和终端消费者呈现新潮、丰富的休闲度假方式。

举办周期：一年一届。

展会规模：3 万平方米。

首届举办：2012 年。

举办地址：南京国际博览中心。

展品范围：自驾游及主题游线路及产品、自驾游装备、房车露营、户外休闲等。

第三节　节 事 活 动

一、节事活动的定义及类型

（一）节事活动的定义

节事活动是指城市举办的一系列活动或事件，包括节日、庆典、地方特色产品展览会、交易会、博览会，会议，以及各种文化、体育等具有特色的活动或非日常发生的特殊事件。从概念上来看，节事是节庆、事件等精心策划的各种活动的简称，其形式包括精心策划和举办的某个特定的仪式、演讲、表演和节庆活动，各种节假日及传统节日，以及在新时期创新的各种节日和事件活动。

（二）节事活动的类型

1. 按照影响分类

国外学者莫里斯·罗彻（Maurice Roche）根据节事的规模、目标观众及市场、媒体类型覆盖面等标准完成分类。在他看来，“公共活动”或“公众事件”（public events）可以分为重大活动（mega-events）、特殊活动（special events）、标志性活动（hallmark events)、社区活动(community events)四个级别(见表 9-1)。

表 9-1 公众活动的类型和规模

活动类型	实例	目标观众/市场	媒体类型覆盖面
重大活动	世界博览会	全球	全球电视
	奥运会		
	(男足)世界杯		
特殊活动	F1 大奖赛	世界/国内	国际/国内电视
	泛美运动会		
标志性活动	澳大利亚运动会	国内	国家电视台
	大城市体育赛事/节日	区域	本地电视
社区活动	乡镇地方活动	区域/地方	本地电视/报刊
	本地社区活动	地方	本地报刊

(资料来源:Roche, 2000)

2. 按照内容属性分类

(1) 历史民俗类节事活动,包括民族、民俗、历史文化节事,如天津妈祖文化旅游节、南岳衡山寿文化节等。

(2) 衣食物产类节事活动,包括美食节、服装节、特产和花卉节日等,如河南洛阳牡丹花会、大连服装节等。

(3) 文化艺术类节事活动,包括各种文化节、艺术节、摄影节、戏剧节等,如吴桥杂技节、上海艺术节等。

(4) 自然生态类节事活动,包括自然风光、生态现象等,如中国南海开渔节、桂林山水旅游节等。

(5) 体育休闲类节事活动,包括群众体育赛事、登山探险、狂欢节等,如中国海南岛欢乐节、中国银川国际摩托车旅游节等。

(6) 其他综合类节事活动,如上海国际旅游节、重庆都市旅游节、广东国际旅游文化节等。

3. 其他一些分类方式

根据主办者身份的不同,节事活动一般可以被分为政府部门举办的活动、协会活动、社团活动和企业活动。在国内,目前节事活动的主办者主要有两类:一是政府部门;二是企业机构。协会活动和社团活动,由于经常需要与政府部门或企业合作,很少得到较为独立的发展,这与西方国家有很大的差别。

根据节事活动的举办目标,还可以划分出非营利性(公益性)活动、营利性活动等。主办者的身份跟节事活动的举办目标有一定关系,但是,并不能简单地认为公共部门(public sector,如政府和非营利性质的协会、社团)所举办的就一定是或只能是公益性活动，也不能简单地认为私人部门(private sector，主要是指企业)所举办的就一定是营利性活动。政府出于增加公共财政的目的，也可以在合法的前提下通过举办一些富有吸引力的节事活动来筹集建设与发展资金，而一些企业也会出于回馈社会、提高企业知名度或美誉度的目的举办一些公益性活动。

二、国内外房车节事活动

(一) 国际房车著名节事活动“F.I.C.C.世界房车露营大会”

世界房车露营大会被称为世界房车露营界的“奥林匹克”，是行业内最具规模和影响力的房车露营国际盛会，能够为来自世界不同国家的参与者提供一个建立友谊的平台和展示自我的机会。该组织的宗旨是推广自由，运动及户外活动；推崇通过房车露营活动，了解其他国家的文化，增进国际友谊。

世界房车露营大会的主办方为世界汽车房车露营总会(Fédération Internationale de Camping，Caravanning et de Autocaravaning，F. I. C. C.)，于 1932 年筹备，1933 年在比利时布鲁塞尔成立总部，现是联合国下属的非政府组织和全世界房车露营的权威机构。世界汽车房车露营总会主要国家以欧洲为主(现有 40 个国家、74 个俱乐部)，F. I. C. C. 总部设有 7 个分支机构：北美分部、亚太地区分部、仲裁分部、环境科技分部、集会分部、年轻人分部、欧洲区域分部，会员总数超过了 120 万个家庭、350 万露营者。而世界房车露营大会是世界汽车房车露营总会(F. I. C. C.)每年都举办的国际露营盛会，从 1933 年开始，世界房车露营大会每年都要在不同的成员国和地区举办一次(除了第二次世界大战期间中断了几年)，至今已举办 90 届。

2023 年 6 月 23 日，第 90 届 F. I. C. C. 世界房车露营大会在克罗地亚的 Zaton 度假胜地盛大开幕，来自中国房车露营行业的代表与来自英国、葡萄牙、比利时、韩国、日本等国家或地区房车露营代表团共同参加了盛会。Zaton 度假胜地是克罗地亚最美及最大的露营地之一。自 2009 年以来，该度假村一直是享有盛誉的国际协会、“欧洲领先露营地”的成员，并赢得了无数奖项。世界露营大会举办期间，营地里聚集了世界各国的房车露营者，他们相互交流，传播着房车露营文化精神。

(二) 中国房车露营大会

中国房车露营大会是由 21 世纪房车网和房车家族俱乐部发起的大型房车旅游节事活动。作为北京国际房车展的同期配套活动，中国房车露营大会吸引了全国各地房车资深车友前来相聚。这些资深的房车达人真实的房车露营生活，能让观众沉浸式感受到房车露营户外生活的场景。

首届中国房车露营大会于 2010 年 8 月 6—8 日在北京房车博览中心举行，大会期间有来自国内 60 余辆房车及 100 余辆汽车参展。目前已经连续举办 29 届，第 29 届中国国际房车露营大会于 2023 年 3 月 23—26 日在北京房山房车世界露营公园举办，露营房车超 100 台，活动主办方为参加大会的车友准备了丰富多彩的露营活动及各种交流活动。

（三）上海（长三角）房车旅游嘉年华

上海（长三角）房车旅游嘉年华是由长三角房车旅游联盟发起并组织，上海（长三角）房车旅游嘉年华组委会主办的大型房车旅游节事活动。为配合长三角江浙沪皖共同制定的《房车旅游服务区的设施与服务要求》旅游标准发布与实施，深化长三角旅游标准化工作合作，推进长三角房车旅游项目发展，由原上海市旅游局指导，2013 年 9 月 20 日当天举行了长三角地方标准《房车旅游服务区基本要求》发布暨首届上海（长三角）房车旅游嘉年华开幕仪式。

“首届上海（长三角）房车旅游嘉年华”集结了华东房车车友集体亮相，在北外滩邮轮国际客运中心形成展示场景。当时全国各地近 50 台房车云集上海国际客运中心码头，40 个旅游目的地结合房车旅游产品也将做一次面对市民的推广，在上海旅游节期间为上海旅游节增添节庆亮点，也为市民了解房车及房车旅游产品提供一个平台。“上海（长三角）房车旅游嘉年华”将“旅游特展”（房车）项目推进到市民身边，积极鼓励发展自驾车旅游，加快完善自驾车营地、房车营地等与休闲旅游需求相适应的设施与服务。

（四）大庆房车文化节

大庆房车文化节由路程网联合大庆赛车小镇于 2023 年 6 月 28 日共同举办，是第五届黑龙江旅游产业发展大会同期配套活动之一。房车文化节围绕“千台房车游大庆，万车自驾汇小镇”目标为主题，设有首届东北（大庆）国际汽车房车露营旅游博览会、东北（大庆）房车露营大会两大版块内容。

首阶段为期五天的活动时间吸引了全国各地 1 500 余位房车车友携 528 辆/台房车齐聚大庆赛车小镇露营地，活动面积 6 万多平方米，5 万多人次到场参观，央视、黑龙江新闻联播等百家媒体报道本次活动，见证了这场东北地区规模最大、规格最高的房车露营盛会的举办，一同迎接、庆祝第五届黑龙江省旅游产业发展大会的召开。

同期同地进行的中国·大庆露营文化节吸引了超过 300 台房车免费露营，200 多辆改装车/摩托车展出，500 多个家庭体验帐篷露营，现场还进行了一系列趣味活动。

复习提问

（1）请从不同的角度对展会进行分类。

（2）请列举出国内外著名房车展会。

第十章　运 营 管 理

学习目标

（1）掌握房车营地管理业务模式、服务规范、设施管理及卫生安全管理。

（2）掌握房车租赁管理的运营模式与服务规范。

（3）掌握房车俱乐部的运营模式与服务规范。

第一节　房车营地管理

营地是房车旅游活动的重要载体，扮演着重要的角色。营地的营业时间和收费标准是运营计划的重要部分，决定运营时间时要考虑有无积雪、气温（水管的冻结）、附属系统、当地气候和实际条件。通常情况下，由于工作人员的培训、设备的更新、保养和维修等原因，营地在一年内至少休业两周左右，同时在营业期间也应每周全天休业一次。

营地的收费分为门票，停车、帐篷搭建等营位费，卫生间、淋浴间、洗衣、电源等设施的使用费。为了合理分配淡旺季客源，鼓励露营者长时间使用营地，建议门票收费采取淡旺季差别收费制。黄金周、暑假、周末等时段可能会产生集中使用营地的倾向，所以事先预约是有必要的。事先预约可以避免混乱，方便露营者的使用，确保露营者的利益。在接受团体和多个家庭一起预约的情况下，要合理分配营区，分配营区时还要考虑到露营者的露营水平等各方面因素。

通过策划一些庆祝日，如音乐会、演唱会、艺术节、汽车试驾、啤酒推广活动等，促进露营者之间的交流，寻求营地与其他企业之间的合作。在营地举办特殊活动时，合理安排场所，确保不干扰其他露营者。淡季时需要以特价的方式来促销，如提早入营时间、延长退营时间、租金打折等。针对在淡季有可能使用营地的老人阶层、企事业单位团体的会议和娱乐活动等推出优惠措施。

房车营地的运营管理对于提升旅游体验、促进旅游业发展、保护环境资源、确保安全卫生、提升品牌形象及增加经济效益等方面都具有重要意义。良好的房车营地运营管理可以提供舒适、便利的住宿和服务设施，满足游客的多样化需求，提升整体旅游体验。有效的运营管理可以提高房车营地的运营效率，降低成本，增加收入，提升整体经济效益。

总体上，房车营地的运营管理是一个综合性的过程，涉及运营模式、接待服务、设备管理、安全与卫生管理、活动策划等多个方面的内容。

一、运营模式

营地运营的原点，是获取高于其投资额的利润，并通过稳定的经营净现流保持其持续不断的发展。利润需要通过两个维度来获取，一是外部增收，即通过市场营销方式实现营业收入的增长；二是内部增效，即通过内部经营活动的合理组织，实现投入与产出的最优化。营地内部管理的过程实际上也是营地产品在制造过程中的增值过程。由此也就可以梳理出营地的经营主线应该是：①谁是客户？（聚焦目标市场）②客户需要什么？（做好产品策划）③客户如何能来？（建立营销渠道）④如何让客户满意？（提供优质服务），围绕市场—产品—营销—服务—资源配置这个主线做文章，才能清晰地看到营地的经营方向与内部协作关系。

（一）主营模式

主营模式主要指房车营地通过营位租赁、房车租赁、营位销售、房车会员销售、餐饮、娱乐、会员发展度假屋等主打产品来获得的营业收入。在目前旅游市场竞争激烈的环境下，实施专业化服务、信息化操作，并根据顾客需求提供人性化的解决方案，实现产品的高质量和顾客的高满意度，最终实现营地的盈利。

营地主要是通过户外主题场景的构建而成的自主性生活体验场所，其内容涵盖满足客人在营地内活动所需求的餐饮、住宿、游乐、社交场景等基本要素。

一般而言，营地业务的种类首先取决于自身对目标客户群体的定位，由此合理划分各项基本要素在营地经营中所占据的比重，进而明确主营业务类型与关联产品组合。作为一个社交属性较强的公众平台，其业务范围具有丰富多样的主题内容，这也是营地有别于其他旅游业态的主要特征。营地中经常出现的主题活动包括亲子、友聚、研学、团建、运动、康养等类型，形成营地的主要业务形态。

例如，途居露营旗下的马仁山露营地，位于安徽省芜湖市繁昌区，是比较典型的城郊型营地。因其周边1小时车程内有多家大中型企业，同时与一个4A级景区相邻，所以该营地对目标客群的定位主要是团建派对、会议沙龙和家庭亲子人群，营地内的各类要素也进行了相应配置：

住宿功能：标准双人间、房车营位、露营帐篷、木屋等。

会议功能：大、中、小型会议室及音屏、网络等配套设施。

游乐功能:亲子乐园、定向寻宝、手工科普等。

餐饮功能:传统中餐、户外餐、主题派对餐、烧烤、农家大锅灶等。

活动功能:欢聚草坪、音乐广场、派对空间等。

营地根据客户类型和消费需求进行整体策划、组合报价,一站式解决客户在营地内的基本诉求,有利于增加客户对营地的信任和依赖,同时也便于营地有条不紊地做好接待准备和各部门协调工作。

(二) 衍生模式

1. 物业增值式

房车营地作为一种物业类型,长期的保值增值也是很多投资者盈利的方式。营地的投资商不仅要考虑目前的经营收入,更多考虑的是营地未来的升值潜力。营地升值潜力大小受多方面因素的影响,主要包括交通、景点位置、商业氛围、地产升值、人群积聚等状况,营地物业价值会随着这些状况的变化而变化,因此,酒店物业增值模式具有一定的风险性。很多坐落于著名景点周围的营地就是为了物业将来增值的潜力。

2. 产权出让盈利模式

产权出让盈利模式是营地或度假村的投资经营者将营地的营位或客房分割为一定的单元,将每个单元出让给不同的客户,这样既能很快收回营地的投资成本,同时又通过对其进行的集中管理,收取管理费来获得经济效益。这种盈利模式在国外酒店业发展得相对成熟,在我国由于经济发展水平和相关法律制度的不完善,这种盈利模式还正在起步。

3. 管理输出盈利模式

目前国外营地的发展已到一定阶段,其经营管理理念和管理水平已相对成熟,通过向管理集团发展,将其运营管理理念进行扩展到房车营地和度假村,实行管理输出具有明显的市场领先性和示范性。通过专业化的管理其他营地或度假村,可以获得一定的管理收入,并进一步提升自身品牌形象。

4. 产业集群盈利模式

营地发展到一定阶段之后,可以通过其所在地的相互之间具有密切联系的企业和其他相应机构组成的有机体,形成旅游产业集群,获得规模效益。如上游产业链可发展成易耗品产业,下游产业链延伸至旅游业、餐饮业、娱乐广告业等,以及相关的商会、协会、银行中介机构形成的旅游产业集群,这也是将来房车营地衍生盈利模式。

(三) 成本管理

成本管理是由成本规划、成本计算、成本控制和业绩评价四项内容组成。

成本规划是根据企业的竞争战略和所处的经济环境制定的,也是对成本管理做出的规划,为具体的成本管理提供思路和总体要求。成本计算是成本管理系统的信息基础。成本控制是利用成本计算提供的信息,采取经济、技术和组织等手段实现降低成本或成本改善目的的一系列活动。业绩评价是对成本控制效果的评估,目的在于改进原有的成本控制活动和激励约束员工和团体的成本行为。

要搞好成本管理和提高成本管理水平，首先要认真开展成本预测工作，规划一定时期的成本水平和成本目标，对比分析实现成本目标的各项方案，进行最有效的成本决策。然后应根据成本决策的具体内容，编制成本计划，并以此作为成本控制的依据，加强日常的成本审核监督，随时发现并克服生产过程中的损失浪费情况，在平时要认真组织成本核算工作，建立健全成本核算制度和各项基本工作，严格执行成本开支范围，采用适当的成本核算方法，正确计算产品成本。同时安排好成本的考核和分析工作，正确评价各部门的成本管理业绩，促进企业不断改善成本管理措施，提高企业的成本管理水平。要定期积极地开展成本分析，找出成本升降变动的原因，挖掘降低生产耗费和节约成本开支的潜力。进行成本管理应该实行指标分解，将各项成本指标层层落实，分口分段地进行管理和考核，使成本降低的任务能从组织上得以保证，并与企业和部门的经济责任制结合起来。

成本是体现企业生产经营管理水平高低的一个综合指标。因此，成本管理不能仅局限于生产耗费活动，应扩展到产品设计、工艺安排、设备利用、原材料采购、人力分配等产品生产、技术、销售、储备和经营等各个领域。参与成本管理的人员也不能仅仅是专职成本管理人员，应包括各部门的生产和经营管理人员，并要发动广大职工群众，调整全体员工的积极性，实行全面成本管理，只有这样，才能最大程度地挖掘企业降低成本的潜力，提高企业整体成本管理水平。

小资料

法国 Les Périères 露营地及收费

法国多尔多涅区 5 星级乡村型 Les Périères 露营地位于法国西南部多尔多涅(Dordogne)大区佩里戈尔(Périgord)市的莎拉小镇(Sarlat)，地势平坦开阔，气候温暖湿润，植被覆盖率高，树木葱郁，是夏季避暑的好去处。露营地占地面积 12 公顷，共设 100 个营位，平均每个营位占地面积为 100 平方米。营地配备全套的营地生活设施，如净水、污水接水口和动力接入口，并提供舒适到豪华等不同类型的营地木屋给游客租用。

Les Périères 露营地整体上沿河而建，拥有充沛的水源和丰富的水上娱乐休闲活动。营地内设置了两个室外泳池和一个室内泳池，其中室内泳池设有桑拿浴室。

营地收费标准如下：

其他休闲游乐设施/活动			
五人制足球场	独木舟	网球	徒步
乒乓球	自行车	儿童俱乐部	骑马
注：营地夏季会举办一系列节庆活动，让游客快乐参与，并了解当地文化			

（续表）

<table>
<tr><td colspan="7">露营价格</td></tr>
<tr><td>露营时间(欧元/晚)</td><td colspan="2">15/04—28/06
31/08—30/09</td><td colspan="2">29/06—12/07
25/08—30/08</td><td colspan="2">13/07—24/08</td></tr>
<tr><td>普通露营</td><td colspan="2">21</td><td colspan="2">25</td><td colspan="2">29.50</td></tr>
<tr><td>额外增加人员</td><td colspan="2">5</td><td colspan="2">6.80</td><td colspan="2">7</td></tr>
<tr><td>2—7 岁儿童</td><td colspan="2">免费</td><td colspan="2">4.50</td><td colspan="2">4.70</td></tr>
<tr><td>婴儿</td><td colspan="2">免费</td><td colspan="2">免费</td><td colspan="2">免费</td></tr>
<tr><td>宠物</td><td colspan="2">2</td><td colspan="2">2</td><td colspan="2">2</td></tr>
<tr><td>电力 6A</td><td colspan="2">4</td><td colspan="2">4</td><td colspan="2">4</td></tr>
<tr><td>额外增加车辆</td><td colspan="2">4</td><td colspan="2">4</td><td colspan="2">4</td></tr>
<tr><td>帐篷</td><td colspan="2">3.40</td><td colspan="2">3.40</td><td colspan="2">3.40</td></tr>
<tr><td>普通游客</td><td colspan="2">5</td><td colspan="2">6.80</td><td colspan="2">7</td></tr>
<tr><td colspan="7">住宿价格</td></tr>
<tr><td>露营时间(欧元/晚)</td><td>15/04—
14/06</td><td>15/06—
04/07</td><td>05/07—
18/07</td><td>19/07—
18/08</td><td>19/08—
30/08</td><td>31/08—
30/09</td></tr>
<tr><td></td><td colspan="2">*</td><td colspan="3">* *</td><td>*</td></tr>
<tr><td>经典Ⅳ帐篷
(可容纳 4 人)</td><td>44</td><td>55</td><td>62</td><td>80</td><td>62</td><td>45</td></tr>
<tr><td>经典Ⅴ帐篷
(可容纳 5 人)</td><td>51</td><td>61</td><td>70</td><td>90</td><td>70</td><td>51</td></tr>
<tr><td>小木屋—
50 m^2(可容纳 5 人)</td><td>70</td><td>85</td><td>115</td><td>135</td><td>115</td><td>70</td></tr>
<tr><td>小木屋—
60 m^2(可容纳 5 人)</td><td>76</td><td>91</td><td>121</td><td>141</td><td>121</td><td>76</td></tr>
</table>

注：* 可自由选择入住/结算时间—至少 2 晚

* * 可自由选择入住/结算时间—至少 3 晚

二、接待服务

营地满意度受服务人员、服务水平、宿营设施、卫生间等四方面因素影响。营地的接待服务也可从这四方面因素进行分析。

(一) 服务人员因素

主要包括前台服务规范、接待和招呼、接待人员仪容、快捷入营手续、接待人员到位、工作人员服务态度及友好性、接待区热情氛围、工作人员到位、员工专业程度等要素。

（二）服务水平因素

主要包括快捷离营手续、营区自然资源水平、账单准确程度、告别、问题跟踪、员工衣着规范、预定准确度、安全感和治安等要素。

（三）宿营设施因素

主要包括营地的完好程度、营位的物质条件、营地地表状态、营地状态和吸引力、电源设施、营地的可进入性等要素。

（四）卫生间因素

主要包括厕所数量和质量、厕所卫生和状态、厕所照明、厕所湿度和通风情况等要素。

接待服务的规范化与标准化非常重要，营地特别是连锁营地，需善用一套适合自己的营地管理系统并规范运作。营地的管理系统应该是量身定制，简捷适用，提升效率，不能过于烦琐而成为营地的负担。

根据营地的具体情况，选择好合适的作业工具，提高效率的同时彰显特色，如自助登记系统、电动布草车、流动售卖车等。鼓励员工开展对智能化、智慧化工具与作业方式的创新尝试，同时要有允错机制与专项资金的扶持。

营地应建立内部标准体系，标准体系是维系营地成长的必要条件，但标准不是教条，应该是一种导向，标准是为流程服务的，是对各项流程的规范与提炼，并随着流程的不断优化而不断完善。提升内部经营能力的有效办法，是依据内部流线的关键节点制定控制标准，进而逐步向更多的支节点发散，即以客人流线为主线的关键节点服务标准；以服务流线为主线的作业能力提升标准；以货物流线为主线的内部成本控制标准；以信息流线为主线的动态数据分析标准；以成长流线为主线的员工职业规划标准。

三、人力资源管理

（一）特殊性

(1) 营地的区位往往远离城市或相对偏僻，受此制约，人的问题特别是合格的专业人才和管理人员招募存在困难。部分营地创新人力资源管理方式，摒弃以往的聘用制引入内部合伙模式，将营地作为一个创业平台，通过“前景描绘＋成长环境＋内部合伙”，吸引志同道合者加盟。

(2) 强调关键岗位。岗位设定要考虑与经营主线的逻辑关系，人员配置要衡量其获取价值的能力。人员配置始终保持关键岗位人员不缺失，突出其绩效考核和激励机制。如部分营地人员配置增加营地教练的比重。营地教练在营地活动中起到带动和烘托气氛的作用，通过交叉培训30％以上的员工兼具教练身份，通过营地教练将营地活动丰富起来并走出营地，扩大经营边界获取更高的附加值。

(3) 非关键岗位用工灵活。营地边际较低的业务、非关键岗位或劣势项目可以进行劳务外包，在旺季时也可以有临时人员（实习生、临时工）甚至志愿者作为补充。为保证服务品质与效率，临时人员需接受培训再上岗。

（二）基本要求

主要包括配备专职人员负责咨询和接待，确保游客问讯和来电能得到及时、热情、满意的回复。

（三）服务要求

主要包括穿着制服，佩戴工号牌，并保持制服整洁；用普通话为游客提供服务，并有专人提供英语服务；有专职人员负责受理投诉，有详细的投诉记录。

（四）人员培训

主要包括日常经营管理培训、房车专业技术培训、房车日常使用知识培训、员工销售技能培训以及应急与救援培训。

四、设施管理

（一）设备管理

为了防止设备故障，设备需进行日常检查，定期检查，零部件应定期配换，相关部门要制作检查表，记录、保存检查结果。

（二）树木管理

为了保持场内良好的光照及通风，要定期修剪树木。同时为了营造湿润及良好的环境，应栽种季节性花草，设置花坛及盆栽。

（三）草地管理

营地帐篷区的草地十分重要，如果管理不善，将会在一季度内无法使用帐篷区，所以锄草、整地、施肥等日常工作十分重要。

营地的户外设施维护和保养要求高，需建立常态化维护检查机制，绿植维护要合理分区并按区域制定养护周期，对营地蚊虫的清理根据不同的季节定期进行。

五、卫生安全管理

（一）卫生管理

1. 清扫

为了保持舒适的营区环境，经常性的清扫工作是必不可少的。特别是卫生间、厨房、淋浴间、洗澡间、洗面台的冲洗及停车场的清扫，十分重要。一天至少清扫一次以上，露营者多时，需一日多次清扫卫生间。

2. 垃圾处理

在营地内划分区域，分区彻底清扫垃圾。携带垃圾出场，可能会到处乱扔，所以应坚决制止。一定要在营地内做好垃圾的集中处理工作。

（二）安全管理

1. 安全设施及设备

营地要有完整、规范的安全警示、导引和标识标志系统，方便客人在营地内活动。为了保障露营者的安全，需在营区内设置明显的界限、服务设施和游览导向标志等，包括安全警示标志、安全防护设施、消防设施及医疗服务设施等硬件系统。此外，对具有一定危险性和可能危及露营者人身安全的项目，应明确的警示，并设置有效的安全防护设施；危险项目设备、设施应当经国家认可的检测机构检测合格，保持安全运行状态，并具备必要的安全保障措施。

2. 安全制度及措施

完善的安全管理系统还应包括安全管理制度、巡逻制度、应急管理制度、其他安全管理制度等软件系统。其中，建议旅游安全预防体系尤为重要，应加强安全检查教育、防范制度，并建立专职保安队伍，当地旅游、安全生产、公安（消防）、卫生防疫等部门定期进行指导，不定期进行检查或抽查。

需要注意的是，不同地区的营地可根据区域自然环境特征设置不同的安全管理设施及管理措施。例如，滨海营地需设置防台风、防洪涝等设施及相关预防措施，山区营地需设置防山洪、防泥石流等设施及相关预防措施。

小资料

房车营地的运营检查要点

1. 总台

总台仪容仪表及精神状态。

前厅各类宣传物料布置与更新情况。

前厅整体卫生和设施设备完好情况。

总台备用金和营收款管理、发票及各类票券准备情况。

消防报警与监控设备运行情况与检查记录。

涉及非标房价、冲平账目、免费用房是否按照授权履行相关流程。

了解当日预订客情及营地房态。

2. 房务

对营地房车每日进行抽查，全面掌握房态，做到心中有数。

了解客房每日用工分配及计划卫生安排，关注房务经理日工作安排、了解布草、一次性耗品准备情况。

检查维修房维修进度。

关注员工仪容仪表及接待过程中的服务规范。

3. 餐饮

了解餐饮预订情况和餐饮经理的计划安排。

餐饮场所卫生及各类设施、物资、酒水准备情况。

抽检餐饮食材采购、验收过程和食材质量，了解进货记录及相关证、票手续是否合规。

巡查厨房日常管理情况，了解餐饮食材、辅材是否存在过期、变质和乱堆乱放现象。

了解餐饮新品开发动态和客人接受程度。

关注户外餐饮场所的安全卫生，杜绝隐患发生。

4. 活动

对营地各类二消设施进行巡检，关注设备状态和检查保养记录。

检查营地工作人员是否按照要求穿戴防护装备上岗，客人护具是否齐全、无安全隐患。

关注重点活动场所人员是否配置到位，按照服务流程与规范开展工作。

了解营地二消收银终端是合规无漏单现象，并在当班结束后核对营收。

5. 消防安全

营地总经理、部门经理、班组领班三级消防责任人日常工作开展。

定期组织消防安全检查，确保各项消防实施完好。

制定营地消防应急预案，组织全体员工熟练掌握消防工具使用、初期灭火和安全疏散演练。

对营地经营、办公、仓库等场所按照相关管理规定开展常态化检查，不符合消防规定的配置与用具坚决整改。

6. 水电保障

督促保障部门做好营地水电设施等基础文件的管理，各类档案完整无缺。

抽查营地水、电设施维护保养记录，发现问题责令整改。

关注水、电作业人员工作状态，发现违规作业现象应及时纠正并拿出处理意见。

抽查营地工程维修记录，对重复维修的设施应组织分析原因加以改善。

关注全员节能降耗工作，带动营地树立节约意识。

7. 计划卫生

牵头组织制定各部门制定计划卫生方案，以月度为周期，按时间顺序分场地、分营位、分区域进行计划卫生环境清理。

组织部门间计划卫生专项检查，在月度计划会议上进行评比，落后部门提出整改要求。

第二节　房车租赁管理

一、房车租赁概述

房车租赁是指租赁经营人将房车交付给承租人使用，租赁经营人收取一定的租赁和服务费用的经营方式，其中包括静态房车租赁。静态房车租赁是指拖挂式房车以静态的不再移动的方式停泊在房车营地的营位上，租赁经营人将静态的拖挂式房车交付给承租人使用，租赁经营人收取一定的租赁和服务费用的经营方式。

不同于国外家庭自有房车的模式，房车租赁是我国房车旅游发展的重要组成部分，尤其在现阶段房车租赁是实现房车旅游发展的重要途径。

传统租赁的做法源远流长，几乎和人类文明发展并存，现代租赁的做法起源于20世纪中叶。其中汽车租赁为实物租赁，是以取得汽车产品使用权为目的，由出租方提供租赁期内包含汽车功能、税费、保险、维修及配件等服务的租赁形式。房车租赁的发生是基于房车行业的发展。房车在国外的发展已有上百年的历史，但在我国仅有20余年的发展历程，我国的房车2000年正式起步发展。2009年12月3日国务院颁布的《关于加快发展旅游业的意见》中，房车作为旅游装备制造业被纳入国家鼓励类产业目录，这为房车在我国的发展创造了良好条件。中国已经成为继北美、欧盟、澳大利亚之后的世界第四大房车市场，同时也成了亚洲第一大房车市场。

随着房车旅游的兴起，房车租赁构成了房车旅游产业链中的重要一环。从房车旅行平均消费水平来看，由于中国房车价格较高，再加上房车昂贵的维修、保养和油费等费用，对于目前国民的平均收入来说还较高；其次，房车营地使用率较低、停车困难等因素也减少了国民购买房车的欲望。但国内租赁房车的数量有限、经营企业少，房车租赁在当前国情下，具有发展空间。

总体而言，房车租赁市场正逐渐受到关注。从承租方来看，租赁的方式令其有更多的选择，比如车型、旅游区域、价格等，可以以满足自身需求为前提，找到最合适自己的方式和产品。从租赁方来看，自身是专业从事租赁房车产业的企业，对于房车及维护保养都有更为专业的知识及较低的成本。在房车方面，特别是企业租用房车，更能减少企业独自建设车队而居高不下的成本，从而将企业的动力专注于核心能力的培养和建设。另外，在经济高速发展的今天，企业的快速反应及转型能力是非常宝贵的，鉴于租赁在时间上的弹性与周期性，企业将减少负担，更好地发挥其反应力。最后，在资源匮乏的今天，将自然资源、人力资源、社会资源等合理配置，发挥最大功效不但对企业有利，更对整个社会有利。

二、租赁模式

(一)房车租赁可分为长期租赁和短期租赁

长期租赁是租赁企业与用户签订长期(一般以年计算)租赁合同,按长期租赁期间发生的费用(通常包括车辆价格、维护维修费、各种税费开支、保险费及利息等)扣除预计剩存价后,按合同月数平均收取租赁费用,并提供汽车功能、税费、保险、维修及配件等综合服务租赁形式。

短期租赁是租赁企业根据用户要求签订合同,为用户提供短期内(一般按小时、日、月计算)的用车服务,收取短期租赁费解决用户在租赁期间各项服务要求的租赁形式。

在实际经营中,一般认为15天以下为短期租赁,15～90天为中期租赁,90天以上为长期租赁。而房车租赁一般按天计算,30天以上及为长期租赁。

(二)房车租赁可分为经营租赁和融资租赁

房东的经营性租赁是指承租人通过与出租人之间签订各种形式的协议,以在约定时间内获得汽车的使用权为目的,出租人通过提供车辆功能、税费、保险、维修、配件等服务时限投资增值,合同结束后承租方将车辆交还给租赁公司。

房车的融资租赁是指出租方融通资金为承租方提供所需的房车,具有融资、融物双重职能的租赁交易,它主要涉及出租房、承租方和供货方三方当事人,并由两个或两个以上的合同构成。出租方更具承租方的要求和选择,与供货方订立房车购买合同并支付货款,与承租方订立租赁合同,将购买的房车租出给承租方使用,在租赁期间,由承租方按照合同固定,分期向出租方支付租金。租赁汽车的所有权属于出租方,承租方在租赁期限内对该汽车拥有使用权,租赁期满时,汽车可由承租方按照合同规定留购、续租或者退回出租方。

房车融资租赁实质上转移了与租赁房车所有权相关的全部风险和报酬,所有权最终可能转移,也可能不转移。目前,我国房车租赁业主主要进行房车经营性租赁,房车融资租赁较少。

房车租赁是房车旅游的重要因素之一。由于房车的价格、保养及维护成本较高,纵观国内外,租赁是房车旅游最常见的模式。从承租方来看,租赁的方式令他有更多的选择,比如车型、旅游区域、价格等,可以以满足自身需求为前提,找到最合适自己的方式和产品。从租赁方来看,专业从事租赁房车产业的企业,对于房车及维护保养都有更为专业的知识及较低的成本。在房车方面,特别是企业租用房车,更能减少企业独自建设车队而居高不下的成本,从而将企业的动力专注于核心能力的培养和建设。另外,在经济高速发展的今天,企业的快速反应及转型能力是非常宝贵的,鉴于租赁在时间上的弹性与周期性,企业将减少负担,更好地发挥其反应力。最后,在资源匮乏的今天,将自然资源、人力资源、社会资源等合理配置，发挥最大功效不但对企业有利，而且对整个社会有利，租赁在这方面能帮助社会减少成本满足更多人的需求。

三、盈利模式

根据上海市交通运输行业协会房车露营与自驾车分会在2022年开展的一项的调查显示，在房车租赁花费方面，现阶段大多数消费人群在房车租赁的单次总体花费的意愿为5 000～7 500元。调查显示，在房车租赁产品方面，接受5天出游产品的人最多，占比达到42.05%；其次是3天出游产品，占比达到31.89%。在房车租赁费用方面，选择1 000～1 500元/天的最多，占比52.81%，远远多于排在第二位的1 500～2 000元/天(19.84%)，表明在国内房车旅游消费中人们对于价格的考量，基本等于自驾车的交通费用加上四、五星级宾馆的费用。因此，可以初步计算出现阶段大多数消费人群在房车租赁的单次总体花费的意愿为5 000～7 500元。

国内房车租赁企业的盈利模式比较简单，可以分为三种方式：①靠出租房车的租赁款为主；②以经营管理房车营地，以营地经营为主；③以组团社、组织游客参加房车旅游为主。这些盈利模式主要都是靠实物租赁，如房车租赁、营地租赁，单纯依靠收取租赁费。

国外房车租赁企业的盈利模式较为丰富。租赁企业不仅依靠实物租赁赚取费用，还可以通过融资租赁来获取设备折扣。此外，国外房车的盈利点还在于会对房车的管理费进行资金运作，如通过对房车租赁者办理驾照审核、设施设备维护的费用；更有保险金的投资收益，即房车租赁的押金；还有新兴的房车保险，包括基本险与增值险，这些都是以天为单位的险种，收益率颇高。

总体而言，我国多以房车俱乐部形式，为游客提供房车旅游所需要的房车租赁、营地车位、水电供给、餐饮娱乐、通信服务、医疗服务等，即以“房车租赁＋营地经营＋房车俱乐部会员＋连锁加盟”的方式，并且在旅游方面也充当房车旅游的组团社。相关定价以及费用主要基于以下服务确定：

(1) 营位停车费。

(2) 拖挂房车租赁。

(3) 营位餐饮费。

(4) 营地娱乐费。

(5) 营地租赁器材：帐篷、登山器材、自行车、划船、台球、游戏机、台球等设施。

(6) 营地超市。

(7) 水电费。

(8) 通信服务费。

(9) 营地医疗服务(营地药房、医疗站提供基本的药品或医疗服务)。

（10）营地洗浴服务。

四、服务流程

国内房车租赁服务流程主要有出行管理、书面告知、驾驶经历调查、承诺书、提供培训、宠物限制等。其中特别会强调出行管理，规定登记线路是为了考虑租赁企业的道路救援覆盖情况，以免救援不力。关于书面告知，主要采用书面并有消费者签字的形式，确保将租赁车辆的正确使用、安全驾驶、日常维护、救援服务等事项，向承租人告知；并以承诺书的形式引导承租人文明安全驾驶和保护环境。由于我国初次驾驶房车的比例极高，所以需要填写驾驶经历调查表并在房车交接时提供一定的培训。培训分为课堂培训和试驾两个部分。课堂培训的重点在于让驾驶人员了解房车的特殊性，试驾则是适应性培训。

图 10－1 为客户提车流程。

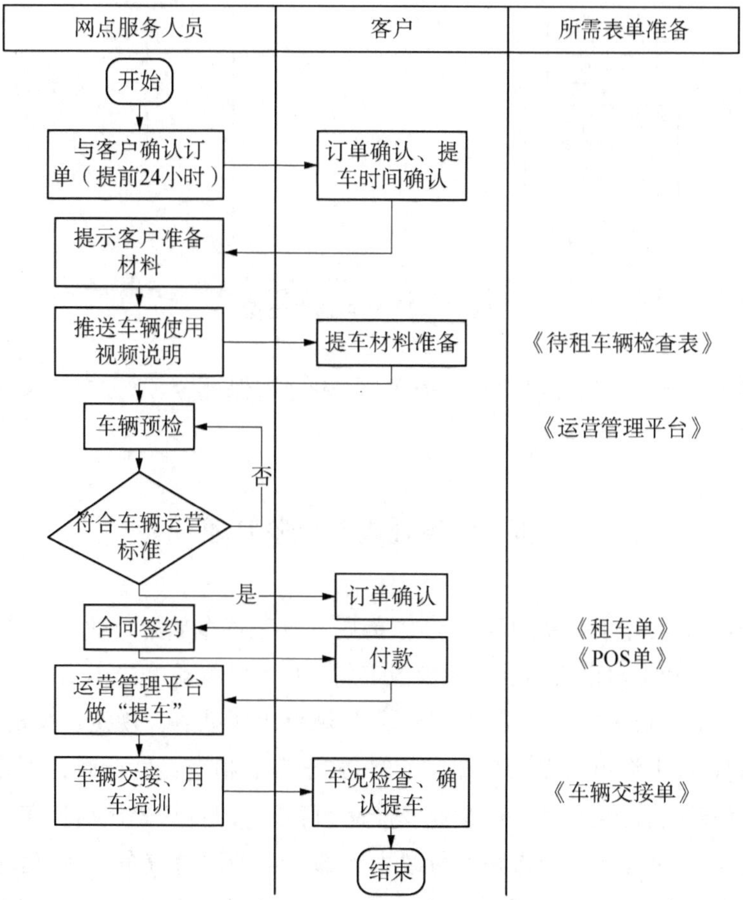

图 10－1 客户提车流程

图 10－2 为客户还车流程。

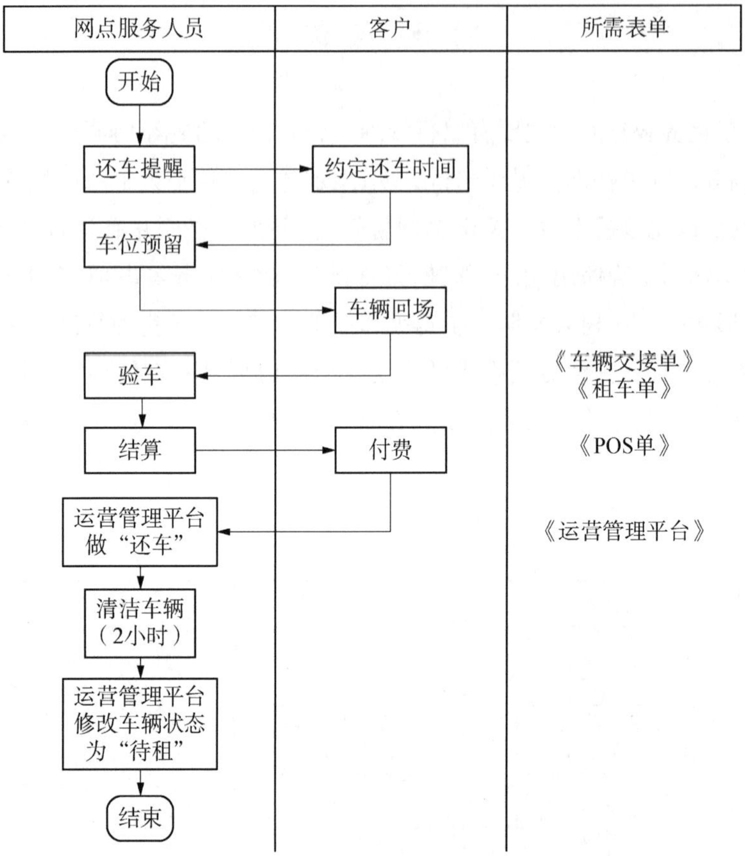

图 10－2　客户还车流程

房车租赁合同一般包含租期和服务范围、租金和保证金、双方权利义务、违约责任等相关内容。

五、法律合规与风险管理

近年来，国家发布了一系列政策支持、鼓励和规范房车旅游行业的发展。以上海市为例，早在 2014 年上海市交通委员会就发布了《关于规范本市房车租赁市场管理的若干意见》，对相关企业提出了一定的运营要求，规范市场准入。规定从事房车租赁经营的企业必须符合《上海市出租汽车管理条例》关于车辆租赁经营行政许可条件，其中车辆应当为工信部公告的《车辆生产企业及产品》目录中的自行式旅居房车 5 辆以上，不包括拖挂类房车，并按规定向市交通行政主管部门申请取得汽车租赁（房车租赁）经营许可。由上海市交通委对符合条件的新增企业发放经营范围限定为房车租赁的经营许可证件。根据汽车租赁行业发展规划，对上海市新增房车租赁车辆额度实行总量控制。对从事房车租赁经营的企业首次投放为 5 辆，再次投放不超过 5 辆。同时规定新增房车租赁车辆额度有效期为8年，如在有效期内车辆进行更新，则重新核准期限。

文件要求加强房车经营管理，经营者除应遵守《上海市出租汽车管理条例》有关规定外，还应遵守下列要求：

(1) 告知承租人车辆设施、设备操作方法，以及相关露营安全防范等注意事项，并建立相应应急救助体系。

(2) 要求承租人与其签订遵守国家及地方有关法律法规的承诺书。

(3) 确保车辆排放符合本市机动车排放标准要求；安装卫星定位系统，实施动态监控；安装必要的应急通信设备，与企业管理后台实时联通。

(4) 对车辆按时进行相关安全性能检测，一年执行四次二级维护，确保车辆安全技术状况良好。

(5) 为车辆投保法定机动车保险，并宜购买乘客意外伤害险。

除法规以外，以标准的形式来规范正在逐步兴起的中国房车租赁市场是重要的引导方式，也是创造良好房车旅游市场环境的重要保障。房车租赁涉及旅游线路、营地和服务网络，具有很大的流动性，这种流动性与我国房车租赁服务提供和消费市场的区域差异性形成相互制约。利用标准化形成统一的规范，是协调流动性与区域差异性的重要手段。2016年3月1日，中国汽车流通协会制定出台团体标准《旅居车(房车)租赁服务规范》(CA/T 1603003—2016)。对租赁经营资质、车辆、租赁服务场所、经营管理与服务、服务人员等都提出了相应的要求，同时还有服务流程和应急救援的相关规范。

小资料

新西兰THL(Tourism Holding Limited)公司建立于20世纪80年代，是全球最大的房车租赁企业，同时也是澳大利亚、新西兰最大的旅游车辆生产、销售、租赁公司，旗下的房车品牌含有Maui、Britz、Mighty、KEA等。THL建立了一套非常全面的客户资料库，在全球范围内对客户的信息进行搜集整理，同时对于客户的基本信息及偏好都有记录，并保持更新。在预订系统中使用同一后台，同时使电话、网络等预定都能转到同一后台“租车自助系统”，以保证公司运营效率。使用最新的电子平台，充分利用网络信息技术，管理规范化，服务信息化，在网络及移动设备上迅速接受客户提出的服务要求。特别是在目前普遍流行的移动智能平台上能够进行询价、预订等服务，并且与供应链上下游企业保持良好合作；与房车生产厂商保持良好的合作关系，为租赁企业提供优惠价格，使租赁企业为厂商带来稳定客户。对于租赁企业来说，一般达到一定里程或年限就需要更新车辆，新车以折扣价购买，淘汰时又以原价的二手车残值来出售；另外还与机场及酒店开展合作，实现租赁车辆接机并送至合作酒店，形成游客的零换乘，同时也帮助合作伙伴开展业务、品牌输出、特许经营、合资共营等。THL有着多个品牌房车的经营权，如Maui、KEA、Britz及Mighty、United、Alpha，在南非、纳米比亚、美国、澳大利亚和新西兰开展特许经营及合作经营房车旅游业务。

（资料来源：综合 THL 公司网站和互联网相关信息）

第三节 旅行社与房车俱乐部

一、旅　行　社

旅行社是旅游活动的中介组织，以营利为目的，从事旅游业务的企业。旅行社的基本业务包括产品开发、服务采购、产品销售、接待业务。1996 年国务院发布的《旅行社管理条例》规定，我国的旅行社可以分为两大类：国际旅行社和国内旅行社。国际旅行社经营入境、出境旅游业务和国内旅游业务，国内旅行社经营国内旅游业务。

房车旅游作为旅行社的产品组织内容之一，旅行社的主要业务内容包括房车旅游线路设计、房车租赁、营地外联等。目前，国内旅行社还没有过多地组织出入境房车旅游活动，旅行社所组织的房车旅游产品大多为国内线路。

按照价格包含内容不同，旅行社组织的房车旅游产品可以分为以下几种：

（一）全包价房车旅游

全包价旅游是指在旅游过程中，旅游者一次性向旅行社支付所有服务费用的旅游形式。全包价房车旅游一次性支付的费用包括交通费用、营地门票、房车租赁费、餐饮、娱乐活动等，主要形式是"车＋票"。这种形式适合团体游客，省事便捷。

（二）小包价房车旅游

小包价旅游又称可选择性旅游，它将全部旅游费用分为非选择部分和可选择部分。非选择部分包括接送服务、住房、早餐和城市间交通，需要旅游者在旅游前支付。小包价房车旅游的可选择部分包括营地文娱活动、房车内餐饮、房车内住宿、营地烧烤、营地木屋等，旅游者可以根据自己的时间、兴趣和经济水平自主选择，决定自己是否参加，怎样付款、如何参加。

（三）零包价房车旅游

零包价旅游是一种独特的旅游形式，旅游者随团前往和离开旅游目的地，但是在旅游目的地的全部活动均由旅游者自主安排。参加这种零包价旅游的旅游者可以享受团体机票的价格优惠，并可由旅行社统一代办旅游签证。零包价房车旅游可以为旅游者保留尽可能多的自主设计空间，体验房车旅游带来的独特魅力，真正实现房车自驾游。

旅行社在组织房车旅游产品时，会遵循一般的旅游产品操作流程。但是在具体操作时会有一些特殊因素，例如，房车可以提供住宿、餐饮，因此在产品定价时要区别考虑，根据游客的具体需要分别制定不同的包价形式。

二、房车俱乐部

房车俱乐部是以房车为核心，以会员制度为基础，通过提供房车租赁、房车维护、房车商务、休闲娱乐等服务，为房车旅行爱好者而建立的组织。俱乐部通过会员制度将房车爱好群体聚集在一起，给喜欢体验房车生活的人建立一个相互交流沟通的平台。

房车俱乐部通常是指为房车爱好者提供服务和活动的组织，它们可能由房车制造商、销售商、租赁公司或独立的组织者运营。这些俱乐部可能提供包括组织会员进行房车旅行，探索不同的旅游路线和目的地；为商务人士提供房车作为移动办公室的解决方案；提供自驾房车的体验和相关的培训服务；提供房车维护、改装建议和相关服务；组织露营活动，提供露营地点信息和露营技巧；组织会员聚会，促进会员之间的交流和社交。

在中国，房车俱乐部也在逐渐兴起，如北京房车俱乐部就是在北京房车露营自驾旅游协会的直接领导和推动下成立的。此外，还有全国性的组织如中国房车俱乐部与自驾游联盟(FCRS)，这是一个全国性的非营利性质的民间联谊活动平台，旨在推动中国房车自驾游产业的健康有序发展。

房车俱乐部的成员通常需要支付一定的会费，以获得俱乐部提供的服务和活动参与资格。随着中国房车市场的不断发展，房车俱乐部也在逐渐增多，为房车爱好者提供了更多的选择和便利。

(一) 创办程序

创办一家房车俱乐部，大致需要以下四个步骤：前期调研、行政审批、规划设计、运营管理。前期调研主要包括位置选址、可行性研究等。选址要考虑到地区因素、交通条件、周边社区等因素。可行性研究主要针对当地及附近地区居民的旅游偏好、旅游消费能力、娱乐设施现状等作出详细的论证，形成可行性调查报告。报告要详细、具体、精确，因为这些信息直接关系到房车俱乐部能否取得预期收益。在相关调研的基础上，着手准备行政审批材料。行政审批通过之后，就可以正式着手建造房车俱乐部。在规划设计时，应该咨询规划设计专家，确定结构形态、营地数量、功能设施布局、投入规模等。对工程量预算进行核算，确保工程可以如期完成，同时可以达到验收标准。

(二) 俱乐部经营

房车俱乐部最常用的经营形式是建立会员制度，保障客源，维持稳定的消费群体。俱乐部的具体经营主要涉及以下事项：

1. 明确俱乐部经营性质

俱乐部消费人群大致分为普通爱好型、商务型、展览型等。俱乐部首先要明确自己的主力消费群体，为后期的产品设计及市场营销打好基础。

2. 明确俱乐部经营模式

具体采用委托管理、连锁加盟，还是直营管理，需要根据投资方意愿确定。

3．明确俱乐部运营范畴

俱乐部可以提供多种服务设施，包括健身馆、豪华酒店、多功能会议室、游乐场、户外运动设备、房车销售与租赁、拓展活动等。

当然，如果房车露营地能够提供全面的设备与服务，对消费市场的开拓肯定会有极大的推动作用。但是，考虑到土地面积、投资规模、市场定位等因素，真正能够投资建设的项目是有限的，因此需要明晰运营范畴。

（三）俱乐部管理

房车俱乐部管理主要体现在章程管理、会员管理、组织管理、营运管理。制定详细的俱乐部会员章程，明确申请条件、权利、义务、处罚措施等。会员管理主要是确定会员级别、会费标准、退会管理等。组织管理首先要建立清晰的组织机构，一般包括前台预订处，人力资源部、市场部、后勤部、财务部、安保部等。明确各个部门的职责权限，每个员工的工作范围及工作标准。运营管理就是在上述有效管理的基础上协调各个资源，使俱乐部正常运转。其中，市场营销和安全管理是两个特别重要的板块。稳定的市场消费人群才能保证俱乐部的经济效益，有效的安全管理可以推动俱乐部健康持久发展。

复习提问

（1）房车营地由哪几种运营模式？

（2）房车租赁的盈利模式是什么样的？

（3）房车俱乐部管理有哪些内容？

第十一章　市场营销与品牌管理

学习目标

(1) 掌握房车旅游的需求和消费特征。

(2) 掌握房车旅游的市场细分、定价策略、促销策略及分销渠道。

(3) 掌握房车旅游的品牌价值与品牌管理的核心内容。

第一节　市场营销

一、市场需求

(一) 需求特征

1. 大众知晓度和兴趣

房车旅游作为一种新的业态在中国的发展时间并不长,虽然发展很快但人们对其的了解并不多,信息的不完善对于开发消费市场空间是首要的障碍。如何让游客对这种新业态产生兴趣是相关企业必须克服的问题。

2. 国内市场区域发展

消费是房车旅游的一个重大制约因素,中国经济发展状况呈现东高西低的态势,向西北内陆发展房车旅游困难重重。重点发展华南、华中地区,由沿海及边沿地带带动房车发展,逐渐推广至内陆。

3. 假期与工作日经营时间的分配

如我国著名的奇瑞途居露营地在营业的途居黄山露营地、途居芜湖龙山露营地和途居扬州露营地三家营地,其市场表现特征是节假日、周末几乎一票难求,而工作日入住率很低。

（二）消费偏好

1. 动静结合的房车旅行方式

国外的房车露营旅游是开着房车去旅游，中国境内开着房车去露营旅游目前来看普及化不是很现实。一方面，私人持有房车的成本过高，对房车的交通法律法规制度的供给并不完善；另一方面，大部分人认为为开房车单独去考专业驾照没有必要。因此，其原本动态的旅游体验方式在中国就转变成了动态和静态的结合，即私人及家庭自驾车去房车露营地，在房车露营地租住停在固定地点的房车或者在露营地范围内驾驶房车旅游。

2. C型和6米以下的房车是选择主流

从房车车型来看，C型头铺房车销量最多，B型轻客销量次之，配备“额头床”的C型房车将成为未来3～5年的公路最主流车型。从消费者需求来看，考虑到驾驶安全性和驾照通用性，消费者在购车时一般都会选择6米以下的房车。

（三）消费趋势

1. 消费需求更加个性化

房车旅游作为一种新型时尚的休闲旅游方式，相对于其他传统旅游方式更突出现今社会对于自由的高度需求，房车新颖、奇异，更能引起人们的注意和兴趣。尤其是富有个性、追求时尚潮流的年轻人及愿意尝试新事物的老年人，这种现象在欧美国家的一些地区尤为明显。房车的内部设计也是根据房车拥有者的自主爱好需求来设计，充分体现了需求个性化这个特点。房车外观可根据季节进行相应的改装，客户也可自行设计外形来改装。

2. 产品选择更加多样化

产品选择的新颖多样是衡量房车旅游市场是否初具规模和完善程度的一个主要指标，在数量上首先要能满足目标客户群体需求。在高端旅游产品数量的推广上，主要就是针对产品如何进行多样化设计与运行、提供多样化差异性服务。就目前国内外房车旅游推广的房车品种来看各具特色，自行式、拖挂式、豪华式、越野式房车，能够充分满足高端客户需求多样化的特点。

3. 形象设计主题化

中国具有五千多年的文化传统，不同地域各具地方特色，具有鲜明的地域文化。随着社会发展，人对精神文化需求的不断提高，追求文化形象，探寻文化符号，通过旅游感受和认知不同文化也成为高端消费者更为深度化的文化追寻。房车推广主打“慢生活”的主题形象，更适用于现今快节奏生活，以舒缓人们紧绷的精神状态。大城市快节奏的工作和生活方式，使亲友间少有在一起相聚交流的时间，尤其是在城镇化不断发展的今天，人们更愿回归自然，远离喧嚣、浮躁，零距离感受大自然的魅力。房车的人性化设计可以为高端客户群体提供一种“家”的感觉，可以满足顾客和家人出行的各种需求。

4. 品质期望高

房车旅游与大众化旅游的不同在于其定位于中高端客户市场，而中高端消费群体的旅游次数、经验等更为丰富多样，往往更注重精神层面的享受，而非价格敏感型的旅游者，个性化需求十分明显，有很高的旅游期望。依据客户需求打造的房车拥有时尚、新颖的外部体验和温馨、舒适的内部装饰，能很好地满足对生活质量要求高的客户需求；另外，完善的服务设计，针对顾客个性需求设计旅游路线，便于游客舒适出行，有利于提高游客的满意度。

此外，随着消费者消费层级及理念的变化，消费者群体的群体效应逐渐显现，也产生了伴随着"互联网""大数据""人工智能"等新兴产业形成的消费者群体，尤其是"90后""00后"等为代表的年轻消费者群体。这部分群体个性化需求程度高，对新鲜事物的认知能力、行动能力较好。因此，新经济发展趋势下年轻消费者群体的"消费者群"式的"集群"需求和消费已经成为一种重要的消费模式。

由此看来，房车旅游面向的对象主要是城市游客人群和商业旅游等旅游人群。城市游客人群进行房车旅游的实现受多种因素影响，房车旅游的价格、从众心理、增值服务、房车露营地的距离和时间成本是其考虑最终参与房车旅游的主要影响因素。

二、营销策略

(一) 市场细分

根据不同年龄层面向房车旅游爱好者，或想尝试房车旅游的旅游者分别定制属于他们的独特游程。比如年老者的晚年回忆，返回童年居住地重温旧时光，或者喜欢刺激探险的户外活动，抑或年轻人喜欢的追求新鲜感的独特风景路线，时尚感强的活动。出游的地点可以是风景秀丽的自然河山，也可以是纯朴归真的乡村郊野，是充斥着欢声笑语的游园活动农庄乐园，也可以是激情与惊险的野外生存，融合着自然与人工的开发，满足他们对于感官和体验上的精神需求。与旅行社合作在不同地区根据当地风景名胜等推出更多适合的旅游规划路线满足他们的多样化需求。

根据不同时间段/类型的房车旅游爱好者，推出适合他们的产品。1～2天的房车短程游对于周末爱出游的家庭来说是不错的活动项目，黄金周春节假期，家庭或朋友进行房车旅游时间相对较长，对房车也是一个发展机遇。以租赁为主的房车市场以相对大众能接受的平民价来打动游客，吸引游客参与。对于学生、上班族而言，出游多数在假期。而学生与家庭出游大多会选择家庭房车套餐，因此寒暑假时期的学生家庭于房车而言是一个庞大的消费市场。而待业或退休人员则时间上比较自由，可自主选择旅游时间。

（二）定价策略

由于房车在中国并不如国外受欢迎，且价格高。因此大多数房车旅游活动销售都会与相关旅行社合作，可以实现以较低价体验房车旅游。现在市场上主要提供的产品有主楼套房、帐篷（家庭式大床）、集装箱（大、双床，一房一厅和两房一厅）、情侣房车、尊贵家庭房车和木屋（一房一厅、两房一厅）等。

通过对房车购买或租赁价格进行相应的调整，以相对平价的价格获得并刷新大众的好感度，人们熟悉并了解房车，房车于他们而言不再是一个高高在上的产品后，就能使房车慢慢渗透进人们的生活，从而获取更大的客源市场。

（三）促销策略

总体而言，应以网络营销、节事营销为主体，以口碑营销为保障，从“品牌培育、媒体精投、事件引爆、网络助力、终端深挖、多方参与”等方面确定营销方案，做到供其所需、激其所欲、释其所疑。如与各类音乐节、知名IP、赛事活动、亲子机构、市集、宠物品牌、电商平台等机构进行多样化合作，打造场景化体验式的营销模式。将房车小众市场培育发展为大众市场，可在亲子家庭、爱宠、户外、艺术、娱乐、商务、退休长者等细分人群市场上开展各类营销活动。

（四）分销渠道

线下渠道主要是以房车展会为主。如路程网×房车行标志性的IP项目——RTRV SHOW房车展，迄今已成功举办20届，覆盖上海、南京、南昌、北京、天津等多个省市，超百万专业人士参加，为房车爱好者看房车、选房车、买房车提供了极佳的交流互动平台；当然，除了展会外，还有一些头部房车企业设有直营店、经销商等，但大部分房车企业还是以工厂直销的传统模式。

线下渠道还可以通过走进社区、公园、商圈等，与用户直接接触，通过现场体验、讲解，门店试驾等方式让用户直接感知房车的魅力。线上渠道相对较少。可充分利用社交媒体、搜索引擎优化等手段进行网络营销。如房车销售商可与旅行社合作进行房车旅游深度开发，亲自体验不同地区房车旅游，推出适合的有趣的旅游攻略。或者与资深房车旅游者交换资源撰写攻略书籍，这些旅游攻略对于不知道去哪里玩怎么玩的旅游者提供了一个快速便捷的游程计划。有了这些共享资源，房车旅游也会有更大的市场。

随着互联网、大数据等新兴科技的不断发展进步，关注行业中的技术趋势和创新变化，了解新技术对市场的影响和潜在机会，这可以帮助企业保持竞争优势，并在市场上不断创新。如目前居于国内房车产销量冠军的上汽大通MAXUS原厂房车，利用溧阳房车基地的智能化平台，研发领域涵盖“旅行家”“生活家”与“探索家”在内的多款原厂房车，以适应多元化旅游场景、构建全新房车旅游业态；曾多年霸榜国内房车产销冠军、中高端产品市场占有率超过20%的宇通房车，通过提升产能、优化采购流程续写房车制造业界的辉煌；以瑞弗品牌获得业界和消费者较高口碑的奇瑞控股集团，在持续提升房车空间优化的同时，发力汽车房车露营领域，在形成“途居露营”全国营地网络的基础上构建房车露营全新价值生态圈。而作为普通厂商的湖北随州齐星房车，则聚焦解决房车通过性差、闲置时间长的痛点，着力研发能进地下车库、上班通勤代步、兼具中短途旅居的B型房车，从其研发与申请的相关专利可以显示出在软升顶技术、硬升顶技术积累和突破方向。

第二节　品牌管理

一、品牌概述

（一）品牌定位和价值

品牌定位和价值是品牌管理中两个关键概念。它们在帮助企业建立并塑造品牌形象和市场地位方面起着重要作用。

品牌定位是指企业在市场中所选择的目标消费者群体及为其所提供的产品或服务，也可以是企业不断提供独特价值、与竞争对手有所区别的产品或服务。品牌定位需要考虑目标消费者的需求、竞争对手的定位、企业的核心竞争优势等因素。一个明确定义且成功的品牌定位可以帮助企业在市场上形成独特且可识别的品牌形象，吸引目标消费者，并与竞争者区分开来。

品牌价值是指消费者对品牌的认知和评估。它是品牌在市场上的价值和影响力的度量。品牌价值可以通过市场份额、品牌知名度、品牌忠诚度、品牌关联性等多个指标进行评估。高品牌价值意味着消费者对品牌有更高的信任和忠诚度，愿意为该品牌支付更高的价格，同时也有助于品牌在市场竞争中获得优势。

品牌定位和价值之间存在紧密的关联关系。品牌定位决定了企业所提供的产品或服务的独特性和目标市场。如果企业能够成功地实现其品牌定位，满足目标市场的需求，并建立起良好的品牌形象和声誉，那么品牌价值自然会提高。企业不断增加品牌价值，进而提高品牌忠诚度和市场份额，形成良性循环。

品牌建设的实质是对原本没有或有很少价值的品牌符号进行“充值”，在价值规律的作用下，实现高于同类产品价格的溢价销售。从品牌的本体层面来看，品牌实践的核心是创造品牌价值。越来越多的企业主意识到，只有培育自有品牌才能实现高附加值化和全球化，而企业在品牌实践过程中，需找到品牌价值诞生的基础，发现品牌价值诞生的机制，才能更好地创造品牌价值。

因此，企业应该将品牌定位和价值视为品牌管理的重要元素，并通过不断优化和管理品牌来满足目标消费者的需求，并在市场中取得竞争优势。

（二）品牌标识

品牌标识是指用于代表和识别特定品牌的符号、图形、标志或标志系统。它是品牌在市场上的可视化表示，可以通过视觉和感官上的方式与消费者建立联系和辨识度。

一个成功的品牌标识应该具备以下几个关键要素：

1. 独特性

品牌标识应该具有独特性和与众不同的特点，可以帮助品牌在市场竞争中脱颖而出。独特的标识能够引起消费者的注意并产生记忆效应。

2. 目标市场适应性

品牌标识应该与目标市场的消费者群体的喜好和价值观相契合。它应该能够引起目标消费者的共鸣，并激发他们对品牌的情感连接。

3. 可识别性

品牌标识应该具备辨识度，即消费者能够立即将其与特定品牌关联起来。这可以通过色彩、形状、字体、标志等元素的独特组合来实现。

4. 简洁明了

一个好的品牌标识应该能够用简明的方式传达品牌的核心价值和个性。过于复杂或混乱的标识可能会让消费者感到困惑或无法记住。

5. 可扩展性

品牌标识应该能够适应不同的媒体和应用场景，包括印刷品、电子媒体、广告、产品包装等。它应该在不同尺寸和比例上都能保持清晰和有效。

品牌标识的设计过程一般包括对品牌定位、目标市场和品牌个性的调研与分析，以及与设计师的合作来创造出符合品牌理念和价值的视觉元素。从长远来看，一个成功的品牌标识会帮助品牌建立识别度和差异化竞争优势，在市场中建立起强大的品牌形象。

（三）品牌故事

品牌故事是品牌在市场上向消费者传达的关于品牌起源、价值观、理念，以及创立背后的故事和情感的叙述。通过讲述品牌故事，企业可以与消费者建立情感连接，激发共鸣，并巩固品牌在消费者心中的地位。

一个好的品牌故事应该具备以下几个要素：

1. 品牌起源和创始人的故事

讲述品牌的起源和创始人的背景故事，可以让消费者了解品牌的渊源和创立的初衷。这可以塑造品牌的独特性和真实性，并增加消费者对品牌的信任感。

2. 品牌核心价值和理念

品牌故事应该传达品牌的核心价值观和理念。这包括品牌一直秉持的价值导向、为消费者提供的特殊价值、对社会和环境的关注等。通过品牌故事，消费者能够更好地理解品牌的使命和承诺。

3. 情感共鸣

一个好的品牌故事应该能够触发消费者的情感共鸣。通过讲述与消费者生活相关的情感故事，品牌能够建立起与消费者的情感联系，让消费者产生对品牌的认同感和忠诚度。

4. 引发好奇心和互动

品牌故事可以通过引发消费者的好奇心和互动来吸引他们的注意力。这可以通过讲述品牌背后的秘闻、与消费者的互动和参与、用户生成内容等方式实现。

5. 一致性和持久性

品牌故事应该与品牌的行为和实践保持一致，并能够持久地传递品牌的价值和意义。一个一致而持久的品牌故事可以加深消费者对品牌的记忆和印象，形成品牌形象的一部分。

6. 增加品牌的认知度

通过有效地传达品牌故事，企业可以建立起独特且引人注目的品牌形象，增强品牌的认知度和差异化竞争优势。而消费者则可以通过品牌故事更好地了解和认同品牌，并与之建立情感连接，从而成为品牌的忠实消费者。

二、品 牌 管 理

（一）品牌声誉管理

品牌声誉管理是指企业通过积极的策略和措施来维护和提升品牌在消费者心目中的声誉和信誉。一个良好的品牌声誉可以帮助企业建立信任、吸引客户、增加市场份额，并提供长期竞争优势。

以下是品牌声誉管理的关键方面和策略：

1. 提供优质产品或服务

品牌声誉最根本的基础是提供高品质的产品或服务。企业需要确保其产品或服务符合消费者的期望，提供卓越的用户体验，并持续改进和创新。

2. 诚信和透明度

企业应该以诚信和透明度作为核心价值观，并确保其行为和决策符合消费者的利益和社会期望。对于产品质量、商务实践、交流沟通等方面，企业应该坦诚和开放，处理问题时及时提供准确的信息和解决方案。

3. 消费者关系管理

建立和维护积极的消费者关系是品牌声誉管理的重要组成部分。企业应该倾听消费者的反馈和需求，积极回应和解决问题，提供良好的客户服务，并与消费者建立沟通和互动的渠道。

4. 社会责任和可持续发展

企业应该积极履行社会责任，关注环境保护、社会公益和可持续发展。通过采取环境友好的做法、参与社区活动、支持公益事业等方式，企业可以增强其社会形象和品牌价值。

5. 危机管理

在面临危机或负面事件时，企业应该及时、透明地应对和管理，并采取有效的措施来修复损失和恢复消费者的信任。危机管理计划和团队的建立是品牌声誉管理中的重要一环。

6. 建立品牌认知和宣传

通过积极的品牌宣传和市场营销活动，企业可以增强品牌认知度和塑造品牌形象。有效的品牌推广、广告和公关活动可以帮助企业建立积极的品牌印象和声誉。

品牌声誉管理需要企业跨部门的合作和持续的努力。它涉及企业的各个方面，包括产品质量控制、管理层决策、营销和沟通策略等。通过持续强调品牌声誉的重要性，并采取积极的管理措施，企业可以建立起强大的品牌声誉，提升市场竞争力并赢得消费者的信任和支持。

（二）品牌推广和传播

品牌推广和传播是指企业通过各种营销和传播手段来推广和传递品牌的信息、价值和形象，以吸引目标消费者、增加品牌认知度、促进销售和建立品牌声誉。

以下是品牌推广和传播的几个关键方面和策略：

1. 广告宣传

通过广告渠道，如电视、广播、报纸、杂志、户外广告等，将品牌信息传达给广大消费者。广告宣传可以利用视觉、声音和文字等媒体元素，创造广告创意和故事，吸引消费者的注意力并形成品牌印象。

2. 数字营销

数字营销是利用互联网和数字技术来推广品牌和产品。通过搜索引擎优化(SEO)、搜索引擎营销(SEM)、社交媒体营销、内容营销、电子邮件营销等手段，企业可以精准地定位目标受众，提供个性化的品牌信息，与消费者互动并促进销售。

3. 社交媒体营销

社交媒体平台如微信、抖音、小红书等提供了与消费者建立互动、传播品牌信息和建立品牌形象的渠道。通过发布有趣、有价值的内容，与粉丝互动、评论和分享，品牌可以扩大影响力并吸引更多的关注和参与。

4. 公关活动

通过公关活动，如新闻稿、媒体采访、品牌赞助、公益活动等，品牌可以获得媒体曝光和口碑传播。积极参与社区、行业和公益活动，关注社会问题和可持续发展，有助于塑造品牌形象并与目标受众建立连接。

5. 口碑营销

消费者口碑对品牌推广和传播有着重要影响。通过提供优质的产品、卓越的客户服务和积极回应消费者的反馈，企业可以鼓励消费者积极传播品牌信息和正面评价，从而增加品牌的影响力和声誉。

6. 品牌合作与联合营销

与相关品牌或领域内的大众人物、公众人物、社区领袖等进行合作，进行联合营销活动，可以借助他们的影响力和受众群体来推广品牌和增加品牌知名度。

品牌推广和传播是企业提升品牌曝光度、吸引消费者和建立品牌声誉的重要手段。企业应该根据目标市场和消费者特点，选择适合的推广渠道和传播策略，并持续监测和评估推广效果，进行必要的调整和优化。

小资料

房车品牌合作与联合营销

在上海新天地，有房车与宠物品牌“伯纳天纯”合作参加宠物市集，既倡导了“宠物救助、领养替代购买”的公益理念，又突出了房车可带宠物出行这一独有优势。在上海外滩 BFC、兴业太古汇，房车与“一米市集”合作，营造健康有机的生活场景，将“户外”生活理念融入健康生活。在沈阳，房车入驻了 K11 购物艺术中心，参加周末创意市集主题活动。在河南郑州中原锦艺城购物中心，房车与京东世界合作推出了“移动小酒馆”，点亮了本地“醉美”夜生活，消费者可以在房车上品酒听音乐。在成都和杭州，房车与百事可乐合作，迅速聚拢了一大波人气，成为当地市集潮流风向标。在成都，房车驶进“成都文化公园消夏啤酒夜”，成为成都人又一“巴适”的好去处。房车还开进了南宁的吾悦广场、昆明万达广场、厦门宝龙一城等。

（资料来源：综合互联网信息）

（三）品牌扩展

品牌扩展是指企业利用原有品牌的知名度、声誉和市场影响力，在现有的产品线或业务领域之外，进入新的市场、产品类别或业务领域，以实现品牌的增长和多元化发展。品牌扩展可以帮助企业利用现有品牌的资源和优势，拓展新的商机和消费者群体。

以下是几种常见的品牌扩展策略：

1. 产品线扩展

在已有产品线的基础上引入新的产品，以满足不同消费者的需求。这可以是在现有产品类型中添加不同规格、功能或风格的产品，也可以是推出全新的产品类型。

2. 品类扩展

将品牌从一个领域扩展到另一个相关领域中，以满足消费者在不同领域中的需求。这可以是在相关的产品类别中推出新产品，或是进入相关的服务领域。

3. 地理扩展

将品牌扩展到新的地理市场，开拓国内或国际的新市场。这需要考虑不同市场的文化、消费行为和竞争环境，并进行相应的市场调研和营销定位。

4. 品牌联合与授权

与其他品牌进行合作或授权合作，共同推出联合品牌产品或利用其他品牌的知名度和资源来扩展市场。这可以是与其他行业的品牌合作，互相受益，拓宽品牌受众和市场。

5. 服务扩展

通过提供新的服务来扩展品牌。这可以是品牌在现有市场上提供的增值服务或附加服务，也可以是品牌进入全新的服务领域。

在品牌扩展过程中，企业需要仔细评估新市场或产品领域的潜力和风险，并确保与原有品牌形象和核心价值相一致。同时，企业还需要进行市场调研、定位策略、产品开发、营销推广等工作，以确保品牌扩展的成功和可持续发展。

小资料

房车品牌地理扩展

港中旅集团制定了“双轮驱动”的房车露营产业战略。在东部发达城市周边重点打造房车休闲农庄业态，以营地生活体验和小区域流动为主，重在培育客源市场；同时将房车布局重点放在西部，通过投资、参股等多种方式，用3年时间打造以川藏线、云南至东南亚、丝绸之路3条精路为核心的西部房车营地网络和多条房车线路，通过自建及加盟的方式，发展500个房车营地，实现全国营地网络布局。

首旅集团借鉴了美国最具规模的露营地公司KOA的运营模式（目前KOA在美国拥有约500个营地，其中仅20多家为自建，其他均为连锁、加盟），依靠“品牌＋资本”发展战略，凭借旗下北京龙湾国际露营公园和甘肃酒泉东风胡杨林露营公园的运营经验，正在海南、山东、湖南等地积极选址和规划，“建样板、广布局、树品牌、促上市”，以“连锁经营、布局全国”的开发原则，打造了“金蜗牛露营”管理品牌。

（资料来源：环球网）

三、品牌监测和评估

品牌监测和评估是企业对其品牌健康状况和市场表现进行定期跟踪和评估的过程。它可以帮助企业了解品牌在市场中的表现情况，评估品牌价值和影响力，并根据评估结果制定相应的品牌战略和决策。

以下是一些常见的品牌监测和评估指标和方法：

（一）品牌知名度

衡量消费者对于品牌的认知程度和知名度。可以通过市场调研、问卷调查或在线社交媒体分析等方法来评估。

（二）品牌形象

评估消费者对品牌的印象和态度。可以通过定性和定量研究方法，如调研问卷、焦点小组讨论和品牌关键评估指标等来评估。

（三）品牌忠诚度

度量消费者对品牌的忠诚程度和重复购买行为。可以通过消费者调研、客户满意度调查和品牌关联度分析等方法来评估。

（四）市场份额

评估品牌在市场中的销售额和市场占有率。可以通过市场调研数据、销售数据和竞争对手分析等方法来评估。

（五）市场声誉

衡量品牌在消费者和利益相关者中的声誉和信誉度。可以通过舆情监测、社交媒体分析、消费者反馈和口碑评价等方法来评估。

（六）品牌价值

评估品牌作为资产的经济价值和贡献。可以使用品牌评估模型和财务指标，如品牌评估方法、财务报表分析和品牌溢价评估等方法来评估。

品牌监测和评估的结果可以帮助企业了解品牌的强项和改进点，识别市场机会和挑战，制定相应的品牌战略和营销计划，以提升品牌价值和市场竞争力。它是品牌管理中关键的一环，需要定期进行，并根据市场变化进行调整和优化。

复习提问

(1) 房车旅游的需求有哪些特征？

(2) 房车旅游消费有哪些趋势？

(3) 试述品牌推广和传播的关键策略。

第十二章　信息管理与电子商务

学习目标

（1）了解智能化管理信息系统。

（2）掌握电子商务功能、特点和常见模式。

（3）了解房车企业管理信息系统和电子商务开发。

第一节　管理信息系统

一、管理信息系统

管理信息系统的英文全称是 Management Information System，简称 MIS。它为管理决策服务，通过人和计算机对信息进行收集、加工、传递、存储、使用和拓展。它通过分析过去的数据并依据相关的统计方法对未来进行预测，为企业的科学决策提供重要依据；通过对项目的实际执行状况的进度监控，企业可以通过执行与计划的对比进行及时控制；通过数据分析结果合理分配企业各种资源，帮助企业进行决策，使企业管理更加科学化，而不是依赖经验管理。

管理信息系统起源于 20 世纪 60 年代末的美国；但一直到 1985 年，高登 · 戴维斯(Gordon Davis)这位来自美国明尼苏达大学卡尔森管理学院的教授给管理信息系统做出了比较完整的定义。他认为管理信息系统是利用计算机硬件和软件，手工作业，分析、计划、控制和决策模型，以及数据库的用户-机器系统；它能提供信息支持企业或组织的运行、管理和决策功能。这个定义指出了企业或组织的管理信息系统的组成、功能和目标。从此以后，管理信息系统得到了全面发展并日益成熟。随着一些新技术和理论如信息技术、企业业务、流程重组等的发展，管理信息系统在内涵和功能上有了进一步的提高，应用空间更广泛。我国的管理信息系统兴起于 20 世纪 80 年代。最先得到开发的是财务管理信息系统软件，随后掀起了企业兴建管理信息系统的热潮，反过来也推动了管理信息系统理论在中国的发展。

（一）房车企业管理信息系统的基本功能

1. 数据处理功能

房车企业特别是房车制造企业会有各种数据，如财务数据、生产数据、市场数据等。这些数据庞大而杂微，通过管理信息系统的数据处理能提高工作效率，降低生产、管理成本。

2. 计划功能

房车企业可以根据市场、企业现状等数据资料制定出如生产计划、采购计划和企业资源配置计划等，以便生产活动、管理活动更加科学化。

3. 控制功能

控制功能是与计划功能相对应的。房车企业的管理信息系统根据各个计划数据，对计划执行情况进行监督、检查、比较执行与计划的差异，并且分析产生差异的原因，帮助管理人员及时纠正偏差。

4. 预测功能

房车企业的管理信息系统内部建立有相应的数学、统计学方面的模型，以便对数据进行科学分析，并利用分析结果对未来进行预测，提供决策的科学性。

5. 决策辅助功能

房车企业的信息管理系统建设的目的就是通过对收集数据的加工、分析以提高管理决策的科学性，即帮助管理者做出更加科学的决策而不是更多地去依赖管理人员的经验。

（二）房车企业管理信息系统的开发过程

现有多种管理信息系统的开发方法，最常见的有面向对象法、原型法、计算机辅助软件工程开发和结构化生命周期法。这些方法都有各自的优点和缺点。本节以结构化生命周期法的开发为例，介绍开发的各个阶段。

结构化生命周期法是在系统化和工程化思想的指导下，以用户需求为目标，通过进行自上而下的整体设计和自下而上的实施来开发系统。以房车企业中的租赁企业为例，介绍开发的过程。

1. 系统规划阶段

系统规划阶段是管理信息系统开发的第一步。其主要内容是根据用户的要求，在对企业的各种资源、目标等的初步调查基础上，采用相应的规划方法，确定系统的目标。对于房车租赁企业来说，管理信息系统的目标是对车辆资源的合理调配、管理租赁信息和企业内部的资金、员工等资源。

2. 系统分析阶段

系统分析阶段在基于规划阶段的成果，先进行可行性分析。只有具备可行性才能再进行后面的工作。若具备可行性，然后进行对企业的详细调查。调查的内容有企业的业务流程、数据的统计分析、系统的性能要求及相应的技术要求。这一阶段形成的成果是系统分析说明书。

对于房车租赁企业来说，要管理多个租赁点，其人工工作量是庞大的。而管理信息系统可以帮助处理数据，提高工作效率。因此，开发管理信息系统是非常必要的，而且在技术上也是可行的。房车租赁企业可以借助专业团队建设符合自身需求的信息系统。

3．系统设计阶段

系统设计阶段分为总体结构设计和详细功能设计。不同于系统分析阶段解决的是要做什么的问题，系统设计解决的是怎么做的问题。可以说系统分析阶段建立的是系统的逻辑模型，而系统设计阶段设计的是新系统的物理模型，并以系统设计说明书的方式呈现出来。总体结构设计是构建系统的各个功能板块，而详细功能设计则是对各个功能版块进行详细设计，包含了技术层面和用户需求层面的设计。

房车租赁企业管理信息系统的总体结构设计可以分为几大板块，如房车车辆信息管理、会员信息管理、企业员工管理、房车租赁信息管理等。详细功能设计则是针对这些板块进行具体设计。比如车辆信息管理，需要设计的具体功能有提供房车车型、使用状况监控及租赁信息查询等。

4．系统实施阶段

系统实施阶段的任务是将系统设计的成果以实物呈现出来，包括计算机等硬件设备的购买、安装和调试，系统软件的编码和调试，操作人员的培训，数据转换，系统转换等。最后还要编制用户手册等文档资料。

5．系统维护与评价阶段

系统的正常运行离不开对系统的定期维护，否则在突发状况发生时不能有效应对。而且定期的维护能使系统进行更新以满足租赁顾客的新需求。而要判断系统的设计是否达到企业的功能要求就需要对系统进行评价。并且针对评价中出现的问题及不足作出最新的改进意见。

应该说，进行管理信息系统的维护是所有企业都应该重视的一部分。系统不是建成之后就一劳永逸的。来自内外的需求都要求企业要定期进行系统的维护。而系统评价则是保证系统的与时俱进性，不断满足企业和顾客的发展要求。

二、Kampsight 营地管理信息系统

国外房车企业在管理信息系统的建设方面走在我们的前列，有许多值得我们学习的地方。美国营地公司自行开发的管理信息系统 Kampsight 就是其中之一。

（一）企业介绍

在美国国家房车公园与露营地协会中，创建于1962年的美国营地公司（Kampground of America，KOA）是最大的营地服务商之一。Kampsight就是该公司专有的管理信息系统。KOA的创始人是戴夫·德拉姆，现任董事局主席是美籍华人奥斯卡·唐。在成立的60多年的时间里，美国营地公司一直专注于北美营地的开发、建造和运营，并致力于成为世界上最大的特许经营营地集团，其网站KOA.com是世界上最大的私人露营网站，每年超过15万人次进入网站浏览。美国运营公司的经营理念是"想客户之所想，急客户之所需"。有接受过专门培训的黄衫军（美国运营公司的员工穿着耀眼的黄衬衫，故称之为黄衫军）为每一位到达营地的客户提供干净、便宜和舒适的休闲环境。

（二）Kampsight介绍

Kampsight是美国KOA运营公司的专有营地管理系统。它是一款包含了运营公司的登记入住业务，电话预订、网上预订业务，销售点信息，财会分析和集成信用卡处理的专有管理软件。它具有足够灵活性和动态性，可以满足各种规模和类型的露营地的需求。它不仅简化了露营地操作，而且还有助于确保运营公司在露营地市场上的竞争优势。更重要的是，KOA运营公司在加盟商需要电话技术支持时，能得到从Kampsight专家全天候的帮助。Kampsight具有的管理能力和KOA的支持还提供了一个简化的流程，以确保加盟商获得与其服务相匹配的价格（由于在正确的时间、合适的地点为合适的露营旅客提供合适的价格是增加加盟商的野营收入的有效途径）。

（三）Kampsight的特点

Kampsight具有以下的特点：

（1）在线管理报告随时随地的可获取性。

（2）集成信用卡处理减少了对单独刷卡机的需求。

（3）零售功能省去了单独的收银机。

（4）QuickBooks的财会下载可用于所有收入交易。

（5）对即时预订的客人进行确认是否再次光顾KOA。

（6）自动发送感谢邮件给离开的客人。

（7）所有Kampsight记录会自动备份，而美国运营公司负责处理所有的软件更新。

三、房车租赁管理信息系统

（一）概述

房车租赁企业是服务性企业，不仅需要实体门店提供服务，还需要建立广泛的服务网络以弥补实体门店服务半径小的不足。而房车的采购成本高昂又使房车租赁企业必须具备雄厚的资金实力。房车租赁企业应该采取合作、特许、加盟等方式尽快构建一个完善的房车租赁网络。房车租赁还涉及庞杂的订单数据、客户数据和车辆信息，传统的手动记账和计算机简单应用已经不能满足现实需要。所以，建设房车租赁的管理信息系统对房车租赁企业来说是重要的一步。

房车租赁管理信息系统是一种专门用于管理房车租赁业务的软件解决方案。它通常包括一系列的功能，以帮助租赁公司提高效率、优化资源分配，并提供更好的客户服务。

（二）功能

房车租赁管理信息系统的主要功能包括：

1. 租赁流程自动化

从客户预订、车辆调度到租金结算的所有流程都可以自动化处理，简化租赁过程，减少人为错误，并提高工作效率。

2. 车辆管理及跟踪

系统具备车辆管理功能，包括车辆维护记录、保险信息，以及车辆位置跟踪、里程数等信息，确保租赁车辆始终处于良好状态，并为客户提供准确的位置信息。

3. 多渠道接入与集成能力

支持多渠道接入，如网站、手机应用、线下门店等，方便客户进行预订和咨询。同时，系统还具备与其他业务系统的集成能力，如与财务系统、库存管理系统等进行数据交互和业务协同。

4. 合作伙伴关系管理

支持与旅行社、景区等合作伙伴进行业务协同，共同为客户提供更全面的服务。通过与合作伙伴的数据共享，提高整个服务链条的效率和客户满意度。

5. 客户教育与培训

提供客户教育和培训功能，帮助客户更好地了解如何使用和操作租赁的房车。提供培训材料和视频教程，提高客户的驾驶技能和安全意识。

6. 灵活的调度与路线规划

具备强大的调度功能，可以根据客户需求和地理位置进行灵活的车辆调度。系统支持根据客户预订时间和地点安排合适的房车，并提供导航和路线规划服务，确保客户能够顺利抵达目的地。

7. 可持续性与环保理念

房车租赁管理系统关注可持续发展和环保理念，通过优化车辆调度和使用，减少不必要的浪费和排放。

系统还支持对可再生能源的使用进行记录和管理，以促进绿色租赁的发展。

图 12－1 为房车租赁管理信息系统的主要功能模块。

（三）作用与优势

房车租赁管理信息系统最大的作用表现为数据驱动决策作用。它可以收集并分析各种数据，如租赁收入、车辆使用率、客户行为等。房车企业可以利用这些数据制定更科学的商业决策和营销策略，提高经营效率和市场竞争力（见图 12－2）。

图 12-1 房车租赁管理信息系统的主要功能模块(资料来源:泛普软件 www.fanpusoft.com)

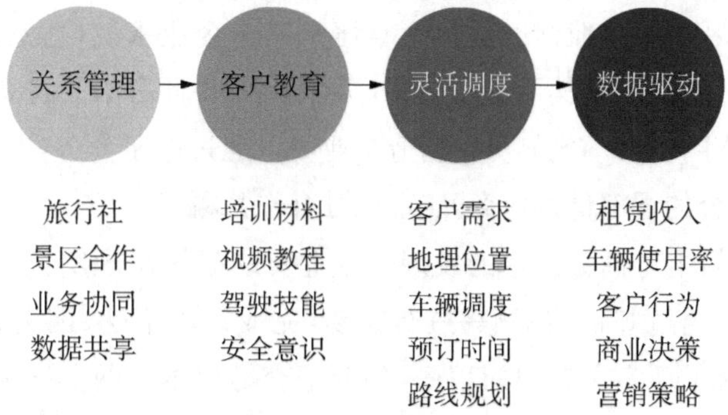

图 12-2 房车租赁管理信息系统的作用(资料来源:泛普软件 www.fanpusoft.com)

房车租赁管理信息系统的优势主要表现为:一是提升租赁服务效率,优化资源配置;二是提升用户体验,推动露营车房车租赁行业的规范化发展;三是促进旅游业的发展,提供便捷、高效的租赁服务。

第二节 电子商务与网站建设

一、电 子 商 务

(一) 电子商务

电子商务是随着信息技术发展而兴起的,其综合了市场营销、企业管理、计算机技术等多学科的理论。由于其发展时间短,涵盖范围广泛,社会对电子商务的定义还没有统一的结论。

电子商务分为狭义和广义两种。狭义上的电子商务指利用计算机网络进行商品交易。而广义上的电子商务是将交易的范围扩展到了服务领域。电子商务是通过电子化手段进行商业交易的一种方式。电子商务是通过电子方式进行货物和服务的生产、销售、买卖和传递。

电子商务最根本的特征是借助计算机技术进行企业的商业活动。房车企业电子商务就是借助计算机网络进行房车的销售、售后服务、文化推广等活动。

（二）电子商务的功能

通过电子商务，企业可以完成商业活动的全过程。因此它具有如广告宣传、合作洽谈、网上交易、服务延伸、账户管理等功能。

关于广告宣传，企业可以通过第三方电子商务平台或者自建电子商务网站，发布企业信息、产品信息并与目标人群进行互动，为企业做宣传树品牌，培养忠诚顾客。这一宣传方式高效、低成本，是很多企业发展电子商务的重要原因之一。

关于合作洽谈，房车企业涉及面广。拿房车制造企业来说，它是上游有底盘、零部件、内部设备等诸多供应商，其下游需要房车经销商，并且房车制造企业和营地运营商等都存在诸多合作的机会。比如房车制造企业可以通过电子商务把零部件需求信息发布出去，找到最适合的零部件供应商，实现双方合作共赢。

关于网上交易，电子商务技术的发展使企业交易战场从现实世界移到虚拟网络中来。参与双方可以通过邮件、视频等进行交易，完成订单下达、网上支付等交易活动。这一过程大大简化了现实交易中的程序，降低了交易成本。网上交易还涉及到电子账户的管理。

关于服务延伸，所谓服务延伸即为顾客提供产品的附加价值，以培养企业的忠诚顾客。比如很多房车企业都在网上建立了相应的论坛或社区，供房车爱好者发帖、互动。企业适时、客观参与论坛或社区话题将有助于房车爱好者增进对企业的了解，提升企业的形象。

关于账户管理，电子商务会涉及诸多的账户，如电子支付账户、会员账户、论坛账号等。电子支付账户的管理服务多由金融机构提供，但像会员账户就需要企业自己管理、维护。对会员账户、论坛账号的管理可以形成企业自己的顾客档案，有利于企业发现市场、开辟市场。特别是采纳论坛帖子反映的一些意见和建议将对企业改进产品、提高服务水平大有帮助。

（三）电子商务的特点

1. 全球化

基于互联网的全球化环境下，商品或服务的交易不再受时间、空间及流通上的诸多限制。通过电子商务，企业可以把全球的商业资源跨越时间、空间利用起来，也可以把自己的商品和服务带到世界上的其他地方，即实现生产的全球化和市场的全球化。不过，这也要求企业必须具备相应的能力去面对全球化的竞争。

2. 降低成本

电子商务减少了交易的中间环节，这省去了一些实体店铺的成本，降低了商品流通的成本。企业能通过电子商务更好地掌握顾客的需求,产能不会过剩,而且商品的快速流转,也可以降低库存压力。

3. 交易的数字化

电子商务是基于互联网等信息技术发展起来的。顾客的访问次数、购买情况、意见反馈,以及消费偏好等信息都以数字化的形式存储于企业的数据库中,为企业的进一步决策提供依据。

二、房车企业电子商务网站建设

(一) 房车电子商务网站的功能

当今社会是信息化的社会,任何企业都需要建立起它自己的电子商务网站。一个房车企业的商务网站应该具备以下的功能:

1. 企业形象/品牌形象

房车企业的企业形象和品牌形象需要载体来呈现,房车企业的电子商务网站展现的就是企业形象和品牌形象。网站呈现的专业程度、企业风格会影响进入网站浏览的顾客或者说潜在的顾客对该房车企业的评价,进而形成对该企业的企业形象或者品牌形象的印象。一个设计优良的网站可以成功吸引顾客进入,并给顾客留下深刻的企业形象和品牌印象。

2. 产品/服务展示

房车企业的电子商务网站是对外进行产品和服务宣传的绝佳阵地,这也是顾客了解企业产品和服务的重要途径。相比其他宣传手段如产品手册等,网站的优点在于信息量大,更新快,成本低和受众广泛。

3. 信息发布、查询

房车产业处于起步阶段,消费者对房车的了解还很有限。房车企业发布各种房车信息,如房车发展历史、先进地区的房车发展动态、国内房车发展动态等来普及房车知识,培育房车市场。房车产品、促销活动、合作加盟等资讯也可以在网上发布,以扩大企业影响。很多房车购买者或者潜在的购买者可以在网站上进行问询,对房车的销售、维修等有进一步的了解。

4. 顾客管理

网站的留言区、社区论坛等板块为顾客提供各种帮助和信息服务,可以为现有顾客提供服务,还能吸引潜在顾客,增加网站浏览量。甚至有些顾客信息对产品的设计、改进大有裨益。

5. 网上销售管理

对企业而言,开展电子商务网站的目标之一就是要增加房车产品的销售量。对于顾客的购买咨询甚至是网上下单、网上支付等都是一个电子商务网站可以完成的。在网上进行销售管理还可以省去相应的销售成本。

（二）房车电子商务网站的开发选择

根据房车企业对网站的目标定位、功能要求和自身实力等多方面的综合考虑，房车企业的网站开发有外包、租借和自建等方式。

1. 外包

房车企业可以找专业的网站开发商，将网站的开发外包给网站开发商。网站开发外包是在开发商已有的软件基础上根据房车企业的个性化要求进行一定修改。这在一定程度上将开发商的技术优势和企业的个性化需求结合起来，而且开发成本低、开发时间短以及成功率高。

2. 租借

在企业实力和资金有限的情况下，租借是一些房车企业的不错选择。租借相比外包更具成本优势，节省开发时间。但租借的软件可能只包含了通用的一些功能，不具备个性化，不能很好地展示企业的相关特色。

3. 自建

自建网站能更好地实现企业的目标，展示企业的风格，在行业竞争中拥有先天优势。但自建网站是最耗费时间、人力和资金的，而且企业还要面对之后运行过程中的许多问题。

三、房车网站的安全管理

房车网站正式运营起来之后，安全管理就必不可少。没有安全管理，网站存在被黑客攻击、木马病毒侵袭的可能，会员信息和企业相关信息的安全存在隐患。房车企业网站的安全管理由以下措施组成：

（一）构建防火墙

防火墙能在内部局域网和外部互联网之间起到隔离和过滤信息的作用，从而保护内部网络的安全。防火墙有软件防火墙、硬件防火墙和芯片级防火墙。防火墙能记录下访问并生成日志以供管理员查看，保护内部数据不外泄。保护内部网络的安全还有使用代理网关。使用代理网关会使网络数据包的交换更加安全，外部的非法访问也不能接入内部局域网。

（二）建立防病毒体系

网络病毒数以万计，而且每天都有新种类病毒和变异病毒出现。各种木马病毒、网页恶意代码等轻则占据磁盘存储空间导致电脑运行缓慢，重则破坏数据引起整个计算机系统瘫痪。所以，建立全面的防病毒体系刻不容缓。防病毒体系应该包含病毒预防技术、病毒检测技术和病毒清除技术。防病毒体系应重在防御，因为病毒一旦侵入就极可能造成损失。

（三）漏洞扫描

系统漏洞是网站设计过程中出现的错误或者有意留下的调试结构。这注定了漏洞的广泛存在。漏洞扫描定期的安全发现网络的薄弱环节，并关闭一些不必要的服务和端口，为一些系统漏洞打上补丁，保护了网络的安全。

（四）安全审计

安全审计包括安全审计自动响应、安全审计分析、安全审计浏览等。安全审计自动响应是在发现潜在的安全隐患时做出响应，包括了增加、删除和更改等操作。这样可以避免搜索引擎对网站的屏蔽，减少网站访问量的流失。安全审计分析是通过分析安全审计的数据来发现可能存在的违规操作。其分析报告能为快速修复提供相应的建议。

（五）数据备份

数据安全对于电子商务网站来说是最重要的。数据安全不仅受到黑客攻击、病毒感染等威胁，还会因为操作人员的错误操作、系统的意外断电，以及其他天灾人祸造成数据损毁，所以要对网站数据进行数据备份。设定一些时间点对需要备份的文件进行统一的执行，并能够将数据恢复到指定的时间点，当发生硬盘损坏或者病毒感染时，能够快速恢复源文件。

（六）信息保密

为了保障网站交易数据的安全，要对在网上传输的交易数据进行数据加密，不留给攻击者机会去分析篡改交易数据，以保证交易数据的真实完整。

第三节　新媒体应用

一、新媒体的定义及特点

随着信息技术的飞速发展，各式各样的新媒体纷纷涌现，对世界上信息的集散起到重要的枢纽作用，推动了社会的进一步发展。新媒体又可以称为数字媒体、网络媒体，是建立于计算机信息处理技术和互联网基础之上的发挥传播功能的媒介，是以数字技术为基础，以网络为载体进行信息传播的媒介。新媒体具有以下特点：

（一）新颖性

既然是新媒体，那和电视、报纸、杂志等传统媒体是不一样的，是在新时期出现的，在传播手段、受众参与等方面具备传统媒体所不具有的特点。

（二）数字化

新媒体是依托信息技术产生、发展的，数字化是其技术特征。没有数字化的特征，新媒体的即时性、大量化和低成本的全球传播等都是不可能实现的。

（三）交互性

新媒体的交互性是传统媒体所不能比拟的，是新媒体魅力所在。传统媒体，信息传播与信息受众是严格分开的；而新媒体突破了这种角色的限制，任何人都可以成为信息的加工传播者，信息可以广泛迅速传播。比如在一些社交网站上，热点事件的迅速传播，数以万计的跟帖讨论，无不显示着新媒体高度的交互性。

新媒体主要分为三大类，即网络媒体、手机媒体和未来互动式数字电视。网络媒体即依托互联网的媒体，如搜索引擎，网络电视，各类社交、视频、门户网站，各类博客等都属于网络媒体。手机媒体是在智能手机广泛使用的前提下兴起的。

二、新媒体的应用

新媒体在企业网上营销、品牌建立等方面有着极大的应用。在国家鼓励新媒体和传统媒体融合发展的背景下，新媒体的发展前景更加广阔。房车企业可借力新媒体进行企业宣传、房车旅游文化普及及产品营销等活动。

（一）社交媒体

1. 博客

博客全名 Web log，即网络日志，是借助网络将自己的心情、思想及见闻等与大众进行分享、传播的平台。它是继电子邮件、论坛和即时通信软件之后的第四种网络交流工具。微博就是从博客发展而来。博客在商业上的应用已经成为企业公共和销售的重要方式。企业可以开通企业博客，通过博客与目标人群进行互动，传递企业理念，树立企业形象。企业还可以在博客上有针对性地进行企业公关和产品推广。

房车现在对公众来说还是新鲜事物，还需要公众进一步的了解。房车企业可以借鉴通用汽车公司前副总裁鲍勃·鲁茨的做法。为改变美国大众对通用汽车公司的反感，使通用汽车公司更加人性化，更贴近公众，鲍勃·鲁茨从 2004 年开始撰写博客。在博客上，他从不吝惜他的专业知识，通过对一些关于通用汽车公司的新闻做出中肯的评价，与大众进行互动，交换看法。他的博客——快行线为通用汽车公司打开了一扇通往公众的窗户。

2. 论坛

论坛的建立基于特定主题。它能吸引更加专业的人士或者爱好者来到论坛。企业发布信息更能被企业的目标人群所了解，并留下他们的评论与交流。小米手机的成功很大程度上依赖小米社区的活跃。每个月有 60 多万的小米粉丝活跃在论坛里，为小米手机的功能、外观等出谋划策。很多粉丝的建议会被采纳。这种高度的互动，成就了小米手机飞速发展的奇迹。房车企业就可以建立自己的企业论坛，吸引房车专业人士、爱好者及一些公众参与进来，并进行互动交流。要想一个企业论坛要保持足够人气和活跃度，企业必须投目标人群之所好，给予参与者一些鼓励。

3. 社交网站

社交网站的迅猛发展为企业进行企业公关及营销提供了又一重要途径。据有关机构统计，现代人每天花在社交网站上的时间超过 2 小时以上，而且女性花费的时间远多于男性。微博、空间还有朋友圈等社交网站拉进了企业和公众的距离。但如何利用这些社交网站，房车企业还需要进一步的学习。很多房车企业虽然都在社交网站上设有企业的公共主页。但相比其他行业较娴熟的社交网站利用，房车企业的公共主页呈现的信息少，更新量更少，更新速度慢，引起的公众参与度低。

（二）自媒体营销之 App 应用

企业要拥有自己的媒体进行企业的营销推广。而相比企业内刊、宣传手册等传统自媒体，手机 App 应用拥有巨大的优势。随着智能手机的发展，自媒体营销的重要手段——App 应用兴起并得到快速的发展。比起传统网页即 PC 客户端，App 更能为企业扩大影响力，带来更多流量，积累更多的用户。一些开发优良的 App 能增强用户对企业的忠诚度，保持用户的活跃度。而且 App 应用的开发技术比较成熟，开发成本较小，能够实时更新企业信息。

美国营地公司开发了它们自己的移动应用程序——KOA App。苹果应用商城和谷歌应用商城得到下载，获取方便。这款 App 能够搜索与顾客要求契合的 KOA 营地，并获取关于目标营地的详尽信息；能与导航系统相结合，帮助客人顺利到达营地；与 KOA 的个人账户结合，以便快速预定营地；还能推送企业的各类促销信息，道路紧急关闭信息和相关天气预报。此款 App 设计人性化，体现企业视以顾客需求为第一位，上线后下载量大。

（三）病毒式营销

病毒式营销指企业借助于网络，利用网络用户的口碑宣传和主动传播，信息像病毒一样传播和扩散，利用快速复制的方式传向数以百万计的受众。病毒式营销能够成功的关键在于企业传播的信息是消费者所感兴趣的，并乐于去进行转播的。因此，房车企业可以建立讨论区或者相关论坛，鼓励公众自创内容的发布，并给出专业意见。病毒式营销还要关注网络意见领袖，他们对某一事情的评论、分享会在无形中影响一部分公众的行为。因此，房车企业开展病毒式营销要主要引导网络意见领袖的行为，使其活动往企业期待的方向发展，扩展企业病毒式营销的宽度和深度。

复习提问

（1）现代房车企业和传统房车企业有哪些区别？

（2）为什么说新媒体的应用是房车企业发展中重要的组成部分？

第十三章　安全问题与风险管理

学习目标

(1) 了解房车营地的安全内容与类型。

(2) 掌握房车营地的应急与救援系统。

(3) 掌握房车旅游的风险识别与管理。

(4) 了解房车旅游的保险业务。

第一节　安全问题

一、安全问题的内容

保障营区安全，保护游客不受威胁，远离没有危险、危害、损失是营区的最基本也是最重要的职责。总的来说，营区应该在以下七个大方面为旅游者提供保障：①营区不得有任何危害旅游者安全之潜在因素。内凡有危险的地方，应设置安全警示标志，应有防动物侵害的防护设施。②进出营区道路之设计需避免车辆碰撞意外。③营区需有自然或人为界线。④夜间应有充足照明。⑤传染性疾病：营地管理方发现有感染传染性疾病时，需通报当地卫生主管单位。⑥食物卫生：营区贩售之食物品质及储存方式需遵循卫生法规并受卫生机关监督。⑦游泳场所应符合 GB 19079.1 的要求，配置水上救生设备和救生员。特别重视水上区域的安全警戒。下面我们将就营区的消防、卫生、安全与应急管理做出详细的阐释。

二、安全问题的类型

(一) 消防

根据长三角《房车旅游服务区基本要求》，房车旅游服务区的消防工作应满足以下要求：房车旅游服务区内的建筑应符合 GBJ16，以及当地消防管理部门规范的要求并通过验收；服务区内固定建筑所需要的装饰材料的燃烧性能等级要求，应符合 GB50222，以及当地消防管理部门规范的要求并通过验收；应根据营位的布局放置消防器材，消防器材应在有效期内，其配置应按 GBJ140 的有关规定执行；服务区内不得存放大量易燃物品，少量易燃品（如烧烤时使用的木炭等）应相对集中放置在安全区域并应有明显标识；篝火区和烧烤区应设置在地域空旷的场所，远离易燃易爆品；应制定防火安全制度，有专人负责；应对游客进行消防安全教育。也就是说，在房车营地建设之初，场地规划与建筑设计应符合相关国家标准，建筑材料的选择也应遵照相关准则；在房车营地营运之时，除了消防器材应符合相关准则，消防隐患的防护，消防制度的监督与完善，以及游客消防安全教育也是缺一不可。

（二）卫生

1. 污水处理

房车营地是专为房车而建的露营地，房车补给和停靠（短期、长期）都在房车营地中进行，在这一过程中必定会产生一系列的污水。房车营地的污水来源主要为餐饮污水、洗衣洗澡污水、大小便污水。房车营地环境保护与可持续发展的需要，要求房车营地必须具备污水处理能力。千岛湖所在的淳安县在其颁布的地方标准《房车营地设置与服务规范》中指出：“营地宜实行雨污分流，应有污水处理设施；宜建设中水处理设施，处理后水质符合 GB/T 18920 和 GB/T 18921 的要求。”

2. 废弃物处理

作为选择房车出行的旅游者，其在房车行驶过程所产生的废弃物无法在路途中得到处理，房车营地在解决废弃物排放、各种补给等问题中担任了重要角色。淳安县在其颁布的地方标准《房车营地设置与服务规范》建议道：“在各区域的入口处或道路相交处设置贴有分类标的容量 400 升以上的带盖垃圾桶，所有垃圾每日集中运出处理。垃圾收集箱应及时清理和消毒。”

3. 能源循环再利用

在一般情况下，房车在营地露营时，需要接上 30 安培或 50 安培的岸电。此外，在房车营地中进行的一系列日常活动也需要消耗大量能源。因此，充分利用各种可创造性能源，以节约资源是十分必要的。BIPV 营地是一种具有新型理念的营地，它集能源、地产、汽车、旅游、休闲于一体，凭借独有的可视化、模拟和分析等独特绿色能源设计理念，将能源光伏系统与新型休闲建筑完美融合，以可持续性设计为原则。BIPV (Building Integrated Photovoltaic)通称“光伏建筑”“光伏建筑集成”或者“光伏建筑一体化”)，是目前世界光伏发电最重要的应用领域和最主要的市场，是能源可持续发展战略的重要组成部分。在进入新能源时代的同时，世界也将进入一个休闲的时代，休闲产业将成为未来世界的支柱产业。将能源与休闲融合的 BIPV 房车营地将赋予世界汽车文化生活的新概念，打造新的前卫休闲生活方式。

（三）安全与应急管理

在安全与应急管理方面，设置安全管理部门和人员保障房车营地安全是十分重要的。总的来说，营地应该在以下方面采取行动：设立安全专（兼）职部门，合理配备专（兼）职安全管理人员，安全部门负责落实本单位安全工作；建立公司、部门和岗位三级安全网络，以部门为主，实行逐级安全责任制，将旅游安全管理的职责落实到每个部门、每个岗位；专（兼）职安全管理人员应通过专门的旅游安全管理培训。

三、应急与救援系统

（一）房车旅游露营地急救系统

2014 年 1 月 1 日，国家体育总局颁布了《汽车露营地开放条件和要求》，2015 年 10 月，国家质检总局和国家标准委联合颁布了《休闲露营地建设与服务规范》，在这两部行业规范中对房车露营地安全建设方面都提出了相应的配套要求，其中保障游客的人身生命安全是露营地安全最为重要的组成部分。房车旅游露营地通常选址于各个风景区，虽然景致优美，但是往往地处偏远，或是医疗资源相对缺乏、营地急救条件有限，游客一旦发生重大伤病，常需要经过较长的时间才能得到医疗照顾，极易错失最佳救治时机。鉴于此，房车旅游露营地需要建立完善规范的急救系统，在专业急救力量到达之前，为游客提供及时有效的急救措施，才能切实保障游客的人身生命安全。

1. 房车旅游露营地急救系统的定义

房车旅游露营地急救系统是指为了确保营区游客的人身生命安全，企业根据国家关于旅游安全工作的方针政策及行业规范而进行的管理活动，是企业在游客发生人身生命安全威胁时所采取的制度、措施、方法等一系列活动。房车旅游露营地急救系统的建立有利于提高企业的服务质量并维护营地的声誉，也是保证企业能够正常开展接待服务工作的重要条件。房车露营地急救系统关系到游客的人身生命安全，要真正做到“以人为本，关爱生命”，一切以游客的人身生命安全为首要考虑因素，建立的具有人身生命安全保障功能的急救系统。

2. 房车旅游露营地急救系统的组成

房车旅游露营地急救系统是一个具有人身生命安全保障功能的系统，该系统应包括三个子系统：预防系统、应急救援系统和管理保障系统。

（1）预防系统。预防系统是为了预防人身生命安全事故的发生而设置的系统。在露营地急救系统中，预防系统十分重要。一方面，预防系统可以使游客远离危险；另一方面，预防系统可以保护露营地不受危险因素的侵害。预防系统主要包括监控和预警系统、标识系统、安全设施系统。

（2）应急救援系统。应急救援系统是为了实施安全救援、迅速解决人身生命安全威胁而设置的系统。当游客发生人身生命安全状况时，迅速启动应急救援系统可以减少损失，挽救生命。应急救援系统主要包括急救人员、急救装备、急救技术。

(3) 管理保障系统。管理保障系统是能否建立健全露营地急救系统的关键。一个合理完善的急救系统能主动在安装状况发生时采取及时有效的措施。管理保障系统包括露营地的急救组织机构、急救预案、急救培训等。

三个系统相互作用、相互联系，共同组成有机系统，从而更好地为游客人身生命安全提供保障。

3. 房车旅游露营地急救系统的构建

1) 预防系统的建设

(1) 监控和预警系统。通过“网络摄像头”等监控设施对露营地实施监控，全面掌握露营地治安等状况。对游客进行安全告知或培训。提前告知游客露营过程中存在的危险因素及相应防范措施；一旦发生意外时求救和自救方法；救生用具及个人防护品的使用方法；露营过程中的规则和注意事项；在露营过程中要不断加强游客自身安全意识和自我保护意识。

(2) 标识系统。在邻水、山区等容易发生事故的地方设置标识牌，以增加游客对潜在危险的了解，引导游客安全有序地进行露营活动。标识牌的内容应简明、准确、科学、完整、醒目。

(3) 安全设施系统。露营地安全设施系统应与游客容量相适应，如配备足够的消防栓、灭火器，救生衣(圈)。对营地道路、停车场、逃生通道等营区设施加强维护。设立并公布专门的 24 小时营地应急救援电话，以便第一时间获得呼救信息。

2) 应急救援系统的建设

(1) 急救人员。

露营地工作人员应接受规范的急救培训，至少三分之一的人员应取得国家认可的急救员资质。受训工作人员应作为营地急救的中坚力量。

按照露营地环境类型，需要配备相应急救资质的急救人员。如毗邻水系的露营地需配备具有水上救援的资质人员，毗邻山地的露营地需配备具备山地救援的资质人员。

露营地急救人员应熟练掌握各项急救装备、急救预案。

露营地急救人员应积极为人身生命安全受到损害的游客提供急救帮助。

露营地急救人员对游客实施急救行为应受企业的鼓励与保护。

(2) 急救装备。

露营地内应配备 AED(自动体外除颤仪)。按照一旦游客在露营地内发生心脏骤停，能够在 4 分钟内获得 AED 的标准加以配置。

露营地内应配备急救箱(包)，内含创伤急救、消毒隔离等用品。

露营地内应配置轮椅、担架、脊柱板等用于伤病员转移的装备。

按照露营地环境类型，需要配备相应急救装备，如毗邻水系的露营地应配置水上救生装备等。

露营地应安排专人对急救装备进行日常维护与更新等工作。

(3) 急救技术。

急救人员应掌握心肺复苏、AED、气道异物梗阻、止血、包扎、固定、搬运等急救技术。

急救人员应掌握如中暑、卒中、过敏、癫痫等急症的处置方法。

3) 管理保障系统的建设

(1) 急救组织机构。

建立专门的急救管理机构,任命相关人员担任组织机构负责人,明确各成员的职责和权限。

配备与露营地急救能力相适应的具有专业急救技能的专职急救管理人员,以便更好地做好急救管理工作。

与120、附近医院形成协作关系,一旦游客发生伤病等能第一时间联动,快速转送患者就近就医。

(2) 急救预案。

建立健全营地急救预案,一般应包括应急组织、报告程序、成员职责、启动机制及善后工作、总结汇报等内容。

针对营地有可能发生的游客伤病、意外事故等紧急情况,制定专项应急处理预案,以对其进行重点控制。一般应包括心脏骤停、严重创伤、火灾、交通事故等紧急状况的预案。

营地管理者每年要针对不同急救预案组织一两次应急救援演练,使相关单位及人员熟悉急救流程及装备使用,以提高预案在紧急情况下的执行性。

(3) 急救培训。

露营地应经常性地为工作人员提供不同层次、内容的急救培训,包括普及性培训、授证培训、复训等。

露营地应定期对工作人员的急救技能进行考核。

第二节 风险管理

一、风险识别

风险识别是将不确定性转变为明确的风险陈述。风险识别主要包括风险评估、系统地识别风险、将已知风险编写为文档、交流已知风险四个方面。对房车营地与房车旅游而言,其面临的风险主要包括自然风险、人身风险与财产风险。

（一）自然风险

自然风险是指由于自然环境为房车旅游带来的风险。如由于滑坡、泥石流、洪水等自然灾害带来的风险；又如营地附近的有害动物、植物为营地带来的风险。

（二）人身风险

随着房车出游方式的普及，房车旅游迅猛发展，不论是个人出行还是俱乐部组织，安全已经成为突出的问题。旅游人身意外伤害险、旅游救助保险、旅游求援保险、住宿旅客人身保险等保险必不可少。

（三）财产风险

除了一般旅游过程中会遇到的自然灾害、盗窃、火灾等会对财产造成损害，由于房车出游是带着汽车行走的特殊性，道路损害、配件受损等也会给旅游者造成一定的财产损失。

二、风险管理的具体方法

在当今社会，旅途中面临的风险因素日益增加，但随着社会的发展和科技的进步，大众的风险识别能力也越来越强。在完成风险识别后，就应当采取措施对付风险。无论采用何种方法，风险管理的一条基本原则是以最小的成本获得最大的保障。对风险的处理有回避风险、预防风险、自留风险和转移风险等四种方法。

（一）自然风险管理

在应对自然风险管理方面，《国家体育总局汽车露营营地开放条件和技术要求标准》中指出："汽车露营营地应选择在远离滑坡、泥石流、洪水等自然灾害频发的场所；汽车露营营地应选择在远离生长有害动、植物的场所；汽车露营营地应选择能够停放足够车辆且能搭建帐篷的场所；汽车露营营地宜选择高速公路出入口、国道、省道等主要道路沿线周边；从地级以上城市到达汽车露营营地应交通便利，车程宜不超过 2 小时；汽车露营营地宜选择地域开阔、生态环境良好的自然地带；汽车露营营地宜选择在具备植被、河流、湖泊或海岸，日照充沛的地域；汽车露营营地应选择在便于配备给水、排水、电源、通信、道路等生活基础设施的场所。"由此可以看出，汽车营地在选择与建造之初就应该针对相关风险做好回避与预防措施。

（二）人身风险管理

房车旅游的人身风险的预防主要依赖于相关的保险方案。房车旅游的人身保险主要是意外事故、残疾保险和意外医疗保险。房车旅游特点决定其人身保险具有以下特点：①旅游保险险期不用长，险种不能重复；②要根据房车旅游风险定保额，在保障范围上要加以留意，如果有高风险户外运动计划的还要看是否承保该运动；③关于合同的签订及消费者的权利要有明确详细的规定。

（三）财产风险管理

与人身风险类似，房车旅游中产生的财产风险的预防措施也主要依赖于相关保险方案。保险公司应针对房车类型，设计相应的保险条款。可供选择的保险范围应包括洪水、盗窃、火灾，以及全天候道路救援、替换配件等。也可以先在普通险条款的基础上约定一些有针对性的能够让房车车主受益的附加条款。

三、保险业务

保险业务的核心是风险转嫁。风险转嫁的主要作用是：①保险的性质体现在把多数个人的危险转嫁给他人或团体的过程之中；②企业转嫁风险于保险人，是为了赔偿资本的不确定性损失；③保险人之所以接受被保险人转嫁来的风险，则藉于聚集保费、均摊风险的技术手段。风险转嫁说系由损失分担说蜕化而来，与损失赔偿说同出一辙。因为转嫁风险是为了分担损失，最终必然归结为经济补偿。

一般来说，房车旅游所涉及的保险业务主要是人身保险与财产保险。人身风险主要是针对意外事故、残疾保险和意外医疗保险；财产保险则主要针对旅游过程中的洪水、盗窃、火灾，以及全天候道路救援、替换配件等对旅游者带来的财产损害。此外，旅游者购买的保险应根据房车旅游活动中将参与的活动而定。如果行程中只有风险较低的活动，则投保金额可控制在较低水平；如果行程中包括有攀岩、探险、潜水等高风险的活动，则需要有所侧重地加大保额及保险项目。

复习提问

（1）房车营地应该在哪七个大方面为旅游者提供保障？

（2）房车旅游露营地急救系统的组成包括哪些子系统？

第十四章　行 业 管 理

学习目标

(1) 了解国内外房车行业组织。

(2) 掌握国内外房车旅游法律法规。

(3) 掌握国内外房车旅游政策。

(4) 了解国内外房车旅游标准与认证。

第一节　房车行业组织

一、国内房车行业组织

(一) 中国汽车工业协会房车委员会

中国汽车工业协会房车委员会(CMRV)成立于2012年5月，是中国汽车工业协会领导下的产品型分支机构，实行单位会员制，最高权力机构是会员代表大会，面向中国汽车工业协会房车委员会会员单位，为行业服务，为政府部门服务。

主要业务范围有：开展调查研究，为政府制定行业发展规划、产业政策等提供依据及建议；组织业内交流活动；受委托对行业内的大型投资、改造、开发项目进行前期调研、论证工作，并提供咨询服务；协调有关部门组织制定修改行业标准，并组织开展标准的宣贯工作；收集和反馈行业服务质量信息，开展用户满意调查工作，调解纠纷；研究房车行业的发展趋势，组织开展行业内各种技术交流，促进企业的发展；组建行业技术经济信息网络，开展行业的统计工作；制定行规行约，建立行业自律机制，规范企业行为，促进企业的公平竞争；组织企业开展技术交流和联合开发活动、国际国内交流工作；组织房车行业展览活动，开拓房车市场；组织开展多种多样的会员活动；承担有关部门和会员单位委托的其他工作。

（二）中国旅游车船协会

中国旅游车船协会（China Tourism Automobile & Cruise Association，CTACA），是由中国旅游车船运营企业、旅游车船及零部件生产企业、旅游车船租赁企业、旅游车船俱乐部企业、地方旅游车船协会、与旅游车船业务有关的其他组织，以及旅游车船行业资深管理人员和知名研究人员自愿结成的行业性、全国性、非营利性的社会组织，具有独立的社团法人资格。

协会于1991年成立，接受中华人民共和国民政部和业务主管单位国家旅游局的业务指导和监督管理。1991年经中华人民共和国外交部批准，代表中国旅游车船行业加入国际旅游联盟（AIT），现为国际汽车联合会（FIA）的国家级会员单位。

（三）部分地方性行业组织

1. 北京房车露营自驾旅游协会

北京房车露营自驾旅游协会成立于2016年3月，是由北京地区从事房车制造、租赁，房车露营地建设、经营管理的企业，及为房车旅游提供服务的企事业单位、社会团体等共同发起自愿结成的行业性、非营利性的社会组织，具有独立的社团法人资格，接受北京市民政局和业务主管单位北京市文化和旅游局的业务指导和监督管理。

2. 上海市交通运输行业协会房车露营与自驾车分会

上海市交通运输行业协会房车露营与自驾车分会成立于2016年11月，是上海市交通运输行业协会的分支机构，是由上海市房车露营与自驾车行业相关单位自愿组成的跨部门、跨所有制实行行业服务和自律管理的专业性、非营利性的社会团体。主要任务为增进房车相关行业相互交流、沟通信息提供平台，开展房车业务培训、提供国内外最新产业信息和经营管理经验、开展房车行业建设管理发展论坛和招商引资活动，拓展房车技术开发、制造、销售和旅游市场，促进房车产业发展。

二、国外房车行业组织

房车旅游在欧美国家风行了近一个世纪，拥有成熟的配套体系和广泛的爱好者，已成为欧美人的一种日常生活方式，诸多全球性、地区性、国家级的行业组织历史悠久、影响力深厚。

（一）国际房车露营联盟

国际房车露营联盟（Federation International Camping And Caravanning，F. I. C. C.）成立于1933年，是联合国下属的非政府组织和全世界汽车露营的权威机构，目前拥有来自40个国家和地区的74个成员俱乐部。该组织总部设在比利时布鲁塞尔，另有7个分支机构为北美分部、亚太地区分部、仲裁分部、环境科技分部、集会分部、年轻人分部、欧洲区域分部。

从1933年开始，除特殊时期之外，F. I. C. C. 每年都会在不同成员国和地区举办一次世界性的房车露营节，2023 年第 90 届国际房车露营大会在克罗地亚成功召开，中国企业代表亦参与了此次盛会。

（二）欧洲露营地组织和假日公园协会联合会

欧洲露营地组织和假日公园协会联合会（European Federation of Campingsite Organisations and Holiday Park Associations，EFCO&HPA）成立于 1978 年，当时比利时、法国、卢森堡、荷兰、瑞士和英国的国家协会代表决定创建一个交流专业知识和最佳实践的代表欧盟的平台组织，目前有 23 个欧盟国家和英国的协会组织而成，其主要目标是确保在欧洲相关重要的决策过程中理解和考虑房车露营行业的利益，使该行业能够持续可行地运营。

（三）德国房车工业协会

德国房车工业协会（Caravanning Industry Association，CIVD）成立于 1962 年，现拥有 208 个会员，包括几乎所有德国甚至整个欧洲的房车制造商，以及来自各个行业的供应商、服务商、公共机构、展览公司。协会已通过 DIN EN ISO 9001:2015 认证。

CIVD 的主要责任在于代表房车工业领域在专业技术和经济利益方面与欧盟委员会、德国政府机关及其他机构进行沟通协商。主要涉及车帘制造的技术、安全性能、标准化及备受关注的消费者安全和环境政策法规等问题。此外，作为向社会公众阐明房车行业发展状况的角色，CIVD 几十年来一直致力于统计房车行业的数据信息，其结果之可信已成为全球房车行业和国际分析师工作中不可或缺的一部分。

（四）美国房车工业协会

美国房车工业协会（Recreational Vehicle Industry Association，RVIA）是美国价值 1 400 亿美元的房车行业的主要商务代言人，在华盛顿特区和印第安纳州的埃尔克哈特设有办事处。协会目前拥有 495 家会员企业，包括房车整车生产商、零部件及配套设备供应商、服务商和营地企业，他们生产的房车约占美国产量的 98%，全世界产量的 60%。

RVIA 积极与其他行业相关组织及其他国家的同行业组织保持密切合作，并于 2007 年第一次到中国访问，考察中国的房车生产企业、营地建设及中国的休闲旅游市场。在随后历年访华中，RVIA 先后与中国相关行业协会建立了联系，包括中国汽车工业协会、中国旅游车船协会及一些地方性行业协会。

（五）澳大利亚房车协会

澳大利亚房车工业协会（Caravan Industry Association of Australia，CIAA）是澳大利亚房车和露营行业的最高级别的全国性组织，为非营利性质，协会愿景是“在澳大利亚倡导和领导一个安全、合规和可持续的房车露营行业”。

CIAA 的成员包括各州的房车和露营协会，整个供应链上有超过 6 000 家企业，许多企业向协会提供经济捐助以支持整个行业的可持续性发展。协会还定期与房车露营的消费者开展沟通，拥有一个超过 508 000 名消费者的活跃数据库。

（六）日本房车协会

日本房车协会(Japan Recreational Vehicle Association，JRVA)成立于1994年，为一般社团法人，现总部位于神奈川县横滨市。协会成立初衷是优化日本国内露营车使用环境，培育相关市场，发展相关产业，曾作为日本代表参加2008年在德国召开的首届世界房车大会。目前拥有201家会员企业，是日本房车行业的代表性组织。

主要业务是：宣传普及行业信息，包括接受媒体采访，统计行业数据，每年定期编写发布《露营车白皮书》等；召开展销会、露营大会等其他大型活动；与各地政府协调缔结合作关系，出借房车用于防灾救灾；推进露营地建设完善；与车辆制造企业合作，升级房车制造技术，开发更安全更舒适的基础型房车；推广行业保险；构建全国会员网络，提供相应技术、救援等支持，保障用户安心开展房车旅游活动。

第二节　房车旅游法律法规

一、国内相关法律法规

目前，我国并未颁布专门的房车旅游法律条例对房车及房车旅游进行界定与规范，这里主要就《旅游法》与其他地方性法规中涉及房车旅游的条款和《机动车驾驶证申领和使用规定》等相关交通法规中关于房车驾照、上牌上路等的要求做一汇总介绍。

（一）驾驶执照

1. 驾照类型

2021年12月，公安部公布了最新一版的《机动车驾驶证申领和使用规定》(公安部令第162号)，其中新增准驾车型C6－轻型牵引挂车，自此可更好满足群众驾驶拖挂式房车出游的需求，促进房车旅游新业态发展。该规定自2022年4月1日起施行。

目前，在我国不同类型房车所要求的驾照如表14－1所示。

表14－1　房车所要求的驾照

房车类型	车辆规格	驾照种类
自行式	车长≥6米或乘坐人数≥20人	A1
	车长＜6米，9＜乘坐人数＜20人	A1、A2、B1
	车长＜6米，乘坐人数≤9人，总质量≤4 500千克	A1、A2、A3、B1、B2、C1
	车长＜6米，乘坐人数≤9人，总质量≤4 500千克，自动挡	A1、A2、A3、B1、B2、C1、C2

（续表）

房车类型	车辆规格	驾照种类
拖挂式	汽车列车总质量≥4 500 千克	A2
	汽车列车总质量<4 500 千克	A2、C6

2. 驾照培训与考试

2022 年 3 月 24 日，交通运输部与公安部协同印发了最新版《机动车驾驶培训教学与考试大纲》(交运发〔2022〕36 号)，新增轻型牵引挂车准驾车型(C6)驾照的培训教学及考试要求。

《大纲》规定 C6 驾照总教学时长为 30 小时。科目二考试项目包括桩考、曲线行驶、直角转弯三个项目，重点考核驾驶人对车身位置、移动轨迹等感知力、判断力、操作力，确保具备轻型牵引挂车安全驾驶能力。还需通过科目三安全文明驾驶常识考试。

同时，公安部交通管理局对申请 C6 驾驶证，做出了如下解释：

(1) 申请方式。已取得驾驶小型汽车(C1)、小型自动挡汽车(C2)以上准驾车型驾驶证，且本记分周期和申请前最近一个记分周期内没有记满 12 分记录的，可以申请增驾轻型牵引挂车(C6)驾驶证。

(2) 申请年龄。申请 C6 驾驶证的人员需在 20 周岁以上，70 周岁以下。

(3) 重点提示。原来持有 A2 准驾车型驾驶证，因满 63 周岁或者自愿降级已经注销 A2 驾驶证、现在还有驾驶轻型牵引挂车需求的，无需考试，可以直接向车辆管理所申请签注 C6 准驾车型驾驶资格。

(二) 车辆登记

1. 自行式房车

自行式房车上牌基本与家用轿车一致。根据公安部颁布的《机动车登记规定》(公安部令第 164 号)，初次申领机动车号牌、行驶证的，机动车所有人应当向住所地的车辆管理所申请注册登记。机动车所有人应当交验机动车，确认申请信息，并提交以下证明、凭证：

(1) 机动车所有人的身份证明。

(2) 购车发票等机动车来历证明。

(3) 机动车整车出厂合格证明或者进口机动车进口凭证。

(4) 机动车交通事故责任强制保险凭证。

(5) 车辆购置税、车船税完税证明或者免税凭证，但法律规定不属于征收范围的除外。

(6) 法律、行政法规规定应当在机动车注册登记时提交的其他证明、凭证。

车辆管理所应当自受理申请之日起二日内，查验机动车，采集、核对车辆识别代号拓印膜或者电子资料，审查提交的证明、凭证，核发机动车登记证书、号牌、行驶证和检验合格标志。

2. 拖挂式房车

根据《机动车登记规定》(公安部令第 164 号)第十三条，车辆管理所办理注册登记时，应当对牵引车和挂车分别核发机动车登记证书、号牌、行驶证和检验合格标志。即牵引车辆与旅居挂车组合而成的“乘用车列车”，应有两副车牌分别挂于各自车身，且备有两本行驶证。

《机动车交通事故责任强制保险条例》第四十二条指出，挂车不投保机动车交通事故责任强制保险。发生道路交通事故造成人身伤亡、财产损失的，由牵引车投保的保险公司在机动车交通事故责任强制保险责任限额范围内予以赔偿；不足的部分，由牵引车方和挂车方依照法律规定承担赔偿责任。

因此，拖挂式房车上牌与自行式房车相同，需要缴纳购置税、车船税和购买车险，进行相关车辆性能检测。此外，拖挂式房车上牌前还需要办理无发动机证明(即不验尾气证明)。

3. 其他条款

根据《机动车登记规定》(公安部令第 164 号)第二十三条，已注册登记的机动车有下列情形之一的，机动车所有人应当在信息或者事项变更后三十日内，向登记地车辆管理所申请变更备案：载货汽车、挂车加装、拆除车用起重尾板的。

根据《机动车登记规定》(公安部令第 164 号)第七十八条，有下列情形之一的，由公安机关交通管理部门处警告或者二百元以下罚款：挂车及大型客车的车身或者车厢后部未按照规定喷涂放大的牌号或者放大的牌号不清晰的；挂车未按照规定安装侧面及后下部防护装置、粘贴车身反光标识的。

(三) 道路行驶

1. 上路

与其他车辆相同，房车上路行驶需遵循《中华人民共和国道路交通安全法》《道路交通安全法实施条例》等法律法规。

《道路交通安全法实施条例》第十四条规定，用于公路营运的载客汽车、重型载货汽车、半挂牵引车应当安装、使用符合国家标准的行驶记录仪。第二十二条规定，机动车驾驶人在实习期内驾驶的机动车不得牵引挂车。第五十六条指出，机动车牵引挂车应当符合下列规定：①载货汽车、半挂牵引车、拖拉机只允许牵引一辆挂车。挂车的灯光信号、制动、连接、安全防护等装置应当符合国家标准。②小型载客汽车只允许牵引旅居挂车或者总质量 700 千克以下的挂车。挂车不得载人。大型、中型载客汽车，低速载货汽车，三轮汽车及其他机动车不得牵引挂车。

值得一提的是，过去曾有个别地方以《中华人民共和国道路交通安全法》第六十七条“全挂拖斗车不得进入高速公路行驶”的规定为依据，禁止旅居挂车在高速公路上通行;部分地方为减少机动车污染物排放,出台了限制挂车进入城区或在城市快速路、高架路及主要桥隧上通行的规定,将旅居挂车一并纳入限行车种。为规范旅居挂车上路通行的政策措施,促进旅游业健康发展,公安部交通管理局发布《关于规范旅居挂车上路通行管理工作的通知》(公交管〔2015〕134 号),明确小型载客汽车牵引旅居挂车不属于全挂拖斗车。同时,要求各地应按照区别对待、分类管理的原则,进一步细化城市道路通行管理措施,结合本地道路交通状况和旅居挂车通行需求,制定旅居挂车分时分段进入城区或在城市快速路、高架路及主要桥隧上通行的规定,切实保障旅居挂车的通行权利。

2. 限速与收费

房车在速度限制方面没有针对性的法规,可因地参照相应道路、对应车型的规定。

关于房车的公路收费,虽无相关法规,但可参照 2019 年 9 月开始实施的行业标准《收费公路车辆通行费车型分类》(JT/T 489—2019)。该标准将包括房车在内的所有载客汽车统一根据机动车注册登记的车辆类型、核定载人数分为 4 类,执行阶梯收费。其中,拖挂式房车对应的"乘用车列车"无论长度及重量,均被归为 2 类客车。

二、国外相关法律法规

欧美国家为了大力推广房车露营旅游市场,不断拓展露营地功能,持续改进服务设施,丰富与露营、游览有关的各类休闲娱乐活动形式,建立了比较完善的房车露营地相关的标准法规体系、规章制度及配套设施,形成了一套完整的房车露营地经营理念、发展模式及服务体系。

(一) 美国

1. 驾驶执照

一般来说,2.6 万磅(1 磅=0.453 592 千克)以下的房车只需要普通驾照即可驾驶,这包括了大部分 C 级房车、拖挂式房车。但各州法规不一,少数几个州对超过一定重量或尺寸的房车有特殊的驾照要求,如商业驾驶执照(CDL)等。例如,加利福尼亚州不允许普通驾照驾驶超过 40 英尺的自行式房车,或重量超过 10 000 磅的拖挂车和重量超过 15 000 磅的五轮车。

2. 车辆尺寸

作为行驶在美国境内的车辆,房车首先需要遵守《联邦机动车辆安全标准》(Federal Motor Vehicle Safety Standards, FMVSS),它规定了机动车辆的设计、构造、性能和耐用性等方面要求。此外,各州法律对拖挂式房车的最大尺寸的定义不一致,有些州将旅行拖车限制在 320 平方英尺,而另一些州则将最大值设置为 400 平方英尺。根据美国国家消防协会 NFPA 1192 旅居车标准(Standard on Recreational Vehicles),拖挂式房车的最大尺寸为 400 平方英尺。

同样，房车的整车尺寸亦无全国统一的限制规定，大多数州对所有房车都保持 14 英尺的高度限制，但同时 13.6 英尺的限制也非常普遍。近年来，美国房车工业协会(RVIA)一直在致力于促进各州统一执行最大长度 45 英尺、最大宽度 102 英寸(1 英寸=0.0254 米)，所有房车的附属物最多可额外增加 6 英寸、房车组合的最大长度为 65 英尺的尺寸标准。

3. 其他

在美国，几乎每个州都要求车辆配备安全链和分离开关来固定房车，对于超过 3000 磅的拖车通常需要单独的制动器。许多州和地方法规不允许在家门前的街道上长期停放房车。但在 2017 年 3 月，埃尔克格罗夫市议会以 4∶1 的投票结果通过一项拟议的法规修正案，该修正案将允许房车车主将车辆停放在其财产的任何铺砌表面上。唯一的其他条件是房车应该是可移动的，不能阻碍人行道或街角的能见度。

（二）欧盟

1. 驾驶执照

2006 年 5 月，欧洲委员会通过了一项由欧盟委员会提交的提案，同意将欧盟(EU)/欧洲经济区(EEA)成员国的 110 类驾驶执照合并为 1 类欧洲通用的驾照类型。同年 12 月，欧盟官方公报公布了《欧洲议会和理事会第 2006/126/EC 号指令——关于驾驶执照》①，明确了最新的欧盟驾照类型及对应的准驾车型。该指令自 2013 年 1 月 19 日起施行。据此，最常见的最大核定质量不超过 3500 千克的房车所需的驾照类型为普通乘用车驾照，即 B 级，可牵引不超过 750 千克的拖车。而驾驶超过 3500 千克的房车则需要 C 级驾照。具体如表 14-2 所示。

表 14-2 欧洲房车驾照

车辆规格	驾照类型	最低年龄
牵引车重②≤3500 千克，载客数(含司机)≤9 人，被牵引车重量≤750 千克	B、BE、C1、C1E、C、CE、D1、D1E、D、DE	18 岁(英国、冰岛、爱尔兰、匈牙利为 17 岁)
牵引车重≤3500 千克，载客数(含司机)≤9 人，750 千克<被牵引车重量≤3500 千克	BE、C1E、CE、D1E、DE	18 岁(英国、爱尔兰为 17 岁)
3500 千克<牵引车重≤7500 千克，载客数(含司机)≤9 人，被牵引车重量≤750 千克	C1、C1E、C、CE	18 岁
3500 千克<牵引车重≤7500 千克，载客数(含司机)≤9 人，750 千克<被牵引车重量	C1E、CE	18 岁

① DIRECTIVE 2006/126/EC OF THE EUROPEAN PARLIAMENT AND OF THE COUNCIL of 20 December 2006 on driving licences (Recast).

② 车重指车辆最大核定质量(maximum authorized mass)。

（续表）

车辆规格	驾照类型	最低年龄
9 人＜载客人数（含司机）≤17 人，车身长度≤8 米，被牵引车重量≤750 千克	D1、D1E、D、DE	21 岁
9 人＜载客人数（含司机）≤17 人，车身长度≤8 米，被牵引车重量＞750 千克	D1E、DE	21 岁

值得一提的是，针对拖车驾照，《指令》规定驾驶员若想拖拽最大核定质量超过 750 千克（不超过 3 500 千克）的拖车，则需要单独的 E 类拖车驾驶执照。但 B 类驾照的一些例外规定对拖挂式房车有极大意义：①如果车辆组合的最大核定质量不超过 3 500 千克，那么 B 类驾照同样可以驾驶拖拽超过 750 千克的拖车（不需要 BE）。②主要针对小型拖挂式房车组合，引入 Code 96 附加在 B 类驾照之下。适用条件为，如果车辆组合的最大核定质量超过 3 500 千克，但不超过 4 250 千克，获取 B96 驾照后可驾驶拖拽最大核定质量超过 750 千克的拖车。B96 只有在申请人已经持有 B 类驾驶执照或已经满足该类驾驶执照要求的情况下才可以发放。而且想要在 B 类驾照上增加 Code 96，只需进行驾驶培训，但不需要考试，如表 14－3 所示。

表 14－3 车辆规格与驾照类型

车辆规格	驾照类型
汽车列车总重≤3 500 千克，载客数（含司机）≤9 人，被牵引车重量无限制	B、BE、C1、C、D1、D1E、D、DE
3 500 千克＜汽车列车总重≤4 250 千克，载客数（含司机）≤9 人，被牵引车重量无限制	B96、BE、C1、C、D1、D1E、D、DE

2. 车辆登记上牌

2018 年 5 月 30 日，欧盟公布了新的框架法规《欧洲议会和理事会第 2018/858 号法规（EU）——关于机动车及其挂车，以及用于此类车辆的系统、部件和独立技术单元的审批和市场监督》①。该条例于 2020 年 9 月 1 日生效，其核心是进一步统一欧洲的类型检测和扩大市场监督。一旦获得欧盟的类型认证，自行式和拖挂式房车就可以在欧盟成员国范围内注册，而无需再进行检测。这无疑将有助于欧洲的房车销售与利用。例如，德国 2020 年生产的自行式和拖挂式房车中有 40%以上出口到了国外，这就是为什

① REGULATION (EU) 2018/858 OF THE EUROPEAN PARLIAMENT AND OF THE COUNCIL of 30 May 2018 on the approval and market surveillance of motor vehicles and their trailers, and of systems, components and separate technical units intended for such vehicles, amending Regulations (EC) No 715/2007 and (EC) No 595/2009 and repealing Directive 2007/46/EC.

么德国制造商自1999年以来一直使用欧盟(欧共体)认证标准的原因。

3. 速度限制

欧盟没有专门针对房车速度限制的规定,但在城市道路上所有车辆速度均不能超过50千米/小时,非城区和高速路的限速要求可参照对应规格的普通车型,每个国家的规定不尽相同(见表14-4)。

表14-4 不同国家的规定

国别	自行式房车 车重≤3 500千克	拖挂式房车 车重≤3 500千克	自行、拖挂式房车 车重>3 500千克
德国	非城市道路100千米/小时 高速公路130千米/小时	非城市道路80千米/小时 高速公路80千米/小时	非城市道路60千米/小时 高速公路80千米/小时
法国	非城市道路80千米/小时 (90千米/小时) 快速路110千米/小时 高速路130千米/小时	非城市道路90千米/小时 快速路110千米/小时 高速路130千米/小时	非城市道路80千米/小时 (90千米/小时) 快速路80千米/小时 高速路90千米/小时
意大利	非城市道路90千米/小时 高速公路130千米/小时	非城市道路70千米/小时 高速公路80千米/小时	非城市道路80千米/小时 (90千米/小时) 快速路80千米/小时 高速路90千米/小时

4. 车辆停放

在欧洲,一般情况下,如果没有标志提示仅供普通乘用车停放,则允许在城区的公共道路和停车场停放自行式房车。但带拖车的房车则有更多限制条件,如必须遵守停车场的限停标志;不能被覆盖或堵塞井盖;即使允许在人行道上停车,也只适用于2 800千克以下的车辆,但许多拖挂式房车都很重;7 500千克以上的房车在晚上10点至早上6点或周日和公共假期不允许停在住宅街区;在街道上,3 500千克以下的房车需要停在夜间有路灯照明的停车位,而3 500千克以上的房车则必须有其他灯光照明。

(三) 英国

1. 驾驶执照

基于英国驾驶员和车辆标准局(Driver and Vehicle Standards Agency)与驾驶员和车辆牌照管理局(Driver and Vehicle Licensing Agency)的规定,在英国驾驶房车所需的驾照类型和车辆规格限制与欧盟基本一致(见表14-5)。

表14-5 共同驾驶房车的车辆规格和驾照类型

车辆规格	驾照类型
牵引车重≤3 500千克,载客数(含司机)≤9人,被牵引车重量≤750千克	B、BE、C1、C1E、C、CE、D1、D1E、D、DE

（续表）

车辆规格	驾照类型
牵引车重≤3 500 千克，载客数含司机≤9 人，750 千克<被牵引车重量≤3 500 千克	BE、C1E、CE、D1E、DE
载客人数(含司机)≤17 人，车身长度≤8 米，被牵引车重量≤750 千克	D1、D1E、D、DE
载客人数(含司机)≤17 人，车身长度≤8 米，被牵引车重量>750 千克(车列总重≤12 000 千克)	D1E、DE

2. 车辆登记上牌

和其他车辆相同，在英国给房车登记上牌的主管部门是驾驶员和车辆牌照管理局(DVLA)。与我国不同的是，英国的拖挂车必须显示与牵引车辆相同的车牌。如果不只一辆拖挂车，车牌必须固定最后一辆拖挂车后部。此外，车重不超过 3 500 千克的车辆牵引的拖挂式房车的最大长度为 7 米。

3. 速度限制

和欧盟国家不同，英国单独明确了房车的限速规定(见表 14 - 6)。

表 14 - 6 英国的限速规定

车型	城区	单车道	双车道	高速公路
拖挂式房车	48 千米/小时	80 千米/小时	96 千米/小时	96 千米/小时
自行式房车(最大空载重量≤3 500 千克)	48 千米/小时	96 千米/小时	112 千米/小时	112 千米/小时
自行式房车(最大空载重量>3 500 千克)	48 千米/小时	80 千米/小时	96 千米/小时	112 千米/小时

4. 其他法规

(1)《房车场地与发展控制法》(Caravan Sites and Control of Development Act 1960)。该法案进一步规定了对房车场地的许可和控制，授权地方当局提供和经营房车场地。最近一次修订为 2020 年 6 月 15 日。

(2)《房车场地法》(Caravan Sites Act 1968)。该法案限制将房车所有者驱逐出房车停车场，并为这些拥有者的利益做出其他规定；确保地方政府为吉普赛人，以及其他有流浪习惯的人群建立此类场地，并在某些地区控制这些人未经许可占用土地。同时修改 1960 年《房车停车场与发展控制法》第一部分中"房车"的定义。

(3) 关于住宅用房车缴税。根据 1988 年《地方政府财政法》(Local Government Finance Act 1988)第 66(3)条的规定，如果房车是个人唯一或主要的住所，那么该房车场地就属于家庭财产，而不需要缴纳税款。相反，用于旅游的房车，不用于居住或永久或半永久地停放，则通常被视为动产，这种条件下，房车将不被征收税款，而其停放位置则有可能需纳税。

（四）澳大利亚

1．驾驶执照

在澳大利亚，驾驶执照的发放及道路行驶的监管执行，都由州和地方政府管理。例如，首都直辖区由道路运输管理局负责，新南威尔士州由交通局负责。1997 年，实施了国家驾驶执照制度(NDLS ，National Driver Licensing Scheme)，确立了单一的驾驶执照分类结构、资格标准等一套统一的要求，使得执照的发放、变更、续期、暂停和取消在全国各州之间相互认可。根据《国家国家运输委员会(道路运输立法——驾驶执照)条例 2006》，澳大利亚在同等级驾照对应的车辆最大核定质量及载客数方面，上限均比其他各国高(见表 14－7)。

表 14－7　澳大利亚驾驶房车的车辆规格和驾照类型

车 辆 规 格	驾照类型
牵引车重≤4 500 千克，载客数(含司机)≤12 人	C、LR、MR、HR
含 1 台刚性牵引车，载客数(含司机)≤12 人，4 500 千克<牵引车重≤8 000 千克，被牵引车重≤9 000 千克	LR、MR、HR
含 2 台刚性牵引车，牵引车重>8 000 千克，被牵引车重≤9 000 千克	MR、HR
含 3 台及以上刚性牵引车，牵引车重>8 000 千克，被牵引车重≤9 000 千克	HR

2．速度限制

由于澳大利亚宪法没有规定联邦议会对道路运输法的立法权。因此，道路法是州和地区议会的责任，这就造成了各地规则不一引发了诸多不便。1999 年，澳大利亚交通委员会(由澳大利亚各位交通部长组成)以多数票通过批准国家道路运输委员会提交的《澳大利亚道路规则》(Australian Road Rules)，构成了澳大利亚各州和地区道路规则的基础。该《规则》本身是没有法律效力的示范法，大多数情况下每个州和地区都已将规则参照到自己的法律中，但是并非每个条款都完全复制到每个州和地区，甚至《规则》中的一些条款明确将某些事项留给州和地区政府决定。在车辆限速方面，目前除了西澳大利亚州和北部地区之外，另外 6 个地区都参照了该规则。具体如表 14－8 所示。

表 14-8 澳大利亚限速规定(千米/小时)

州/地区	学校区	城区	农村	高速公路
澳大利亚道路规则	学区标志上的速度	50	100	限速标志上的速度
澳大利亚首都直辖区	40	50	100	100
新南威尔士州	40	50	100	110
北部地区	40	60	110	130
昆士兰	40	50	100	110
南澳大利亚州	25	50	100	110
塔斯马尼亚	70	50	100	110
维多利亚	70	50	100	110
西澳大利亚州	40	50	110	110

(五) 日本

1. 驾驶执照

在日本,基本的普通驾照(普通免许)便可以驾驶大多数市场上的房车。根据《道路交通法》,驾驶各种规格房车需持有的驾照如表 14-9 所示。

表 14-9 日本驾驶房车的车辆规格和驾照类型

车辆规格	驾照类型	最低年龄
牵引车重≤3 500 千克,载客数(含司机)≤10 人,被牵引车重≤750 千克	普通驾照、准中型驾照、中型驾照、大型驾照	18 岁
3 500 千克<牵引车重≤7 500 千克,载客数(含司机)≤10 人,被牵引车重≤750 千克	准中型驾照、中型驾照、大型驾照	18 岁
7 500 千克<牵引车重≤11 000 千克,10 人<载客数(含司机)≤29 人,被牵引车重≤750 千克	中型驾照、大型驾照	20 岁
上述车型如果被牵引车重>750 千克	增加牵引驾照	18 岁

2. 速度限制

无论自行式房车或拖挂式房车,在限速上没有全国性的特殊规定,视为与其他车辆一致。同样基于《道路交通法》,可知普通公路的时速上限为 60 千米/小时(可上下浮动 10 千米/小时),高速公路时速上限为 100 千米/小时(根据道路设计可上浮至 120 千米/小时)。

第三节　房车旅游相关政策

一、国内房车旅游政策

2013年至今，国务院与公安部、文化和旅游部、交通运输部等各部委相继出台了一系列政策，鼓励支持房车旅游业发展。在这些政策中，国务院出台的政策主要鼓励加快房车营地建设与完善、开发房车旅游线路等，也有几项涉及指导制定房车露营地建设标准规范、完善房车上路通行政策措施的指导性政策。

另外，通过政策内容我们可以看到各部委在推动房车旅游发展上的工作分工大致为：文化和旅游部工作重点为加大房车旅游宣传推广工作，推动房车营地提高软硬件服务水平，推出精品自驾游线路，鼓励企业对房车及配套设备进行技术提升，为房车旅行营造良好市场环境。同时，配合相关标准的制、修订工作。

交通运输部工作重点为因地制宜推进高速公路服务区房车补给站和自驾车营地等建设。

公安部主要负责指导各地公安交通管理部门按照规定办理旅居车登记，结合本地道路交通状况和旅居挂车通行需求，细化通行管理措施，切实保障旅居挂车的通行权力。同时，积极会同相关部门完善旅居车技术标准，健全旅居车登记、检验和准驾制度，推动房车旅游产业健康发展。

工业和信息化部主要负责完善旅居车辆标准体系，加快相关标准的制定、修订工作，为产业发展做好支撑。同时，为扩大市场需求，积极鼓励汽车生产企业加大研发创新，开发价格适当、面向中端市场的房车及配套设备，为发展房车旅游提供装备支撑。

二、国外房车旅游政策

（一）美国

1. 普遍优惠制

普遍优惠制（Generalized System of Preferences，GSP）是指发达国家承诺对从发展中国家或地区输入的商品，特别是制成品和半制成品给予普遍的、非歧视的和非互惠的关税优惠待遇。1970年为第二十五届联合国大会所采纳。

在房车行业，长期以来均利用普惠制来采购一种名为Lauan的坚固柔韧木板，是美国制造的几乎所有房车的必须进口物料。来自印度尼西亚的Lauan符合普惠制的资格，每个月就能为全美的房车制造企业节省上百万美元。

2. 二套住房按揭利息减免政策

根据美国税法，房车可以被视为第二套住房而让房车购买者享受某些贷款利息的减免。美国各地的房车经销商报告介绍，二套住房按揭利息减免政策是中产阶级消费者购买房车的强大动力。

3.《2017 年减税与就业法案》

该法案是美国国会为简化 1986 年《国内税收法》而提出的一项法案，于 2017 年 12 月生效，主要内容包括改革和降低企业与个人的税率。该法案中降低公司税率、免除汽车(包含房车)的展销贷款利息等条款使房车行业受益。

4.《美墨加三国协议》

《美墨加三国协议》(United States-Mexico-Canada Agreement，USMCA)是加拿大、墨西哥和美国之间的一项自由贸易协定，于 2018 年 11 月 30 日签署，2020 年 7 月 1 日生效，其前身为《北美自由贸易协议》(NAFTA)。新协议要求车企如果要想获得零关税优惠，至少有整车价值 75%的汽车零部件来自北美地区，较原先 NAFTA 原产地规则所规定的最低比例 62.5%有所提升。目前在北美地区大多数非美国本土车企都没有达到 75%的本地化标准，因此本协议实施后，对美国本土车企是巨大利好，自加、墨进口汽车至美国享受零关税变得更加严格。

美国是世界上最大的房车生产国，生产的房车数量是世界其他地区总和的 2 倍。房车行业与加拿大和墨西哥有着牢固的贸易关系，并依赖于强有力的三边协议。据统计，2020 年有近 3 万辆房车从美国出口到加拿大，约占美国房车出口量的 95%，美国房车总出货量的近 10%，批发价值约为 8.84 亿美元。墨西哥也是美国房车出口的较大对象国，约占出货量的 2%。

5. 佛罗里达州《柠檬法》

《柠檬法》(Lemon Laws)是一种美国的消费者保护法，主要保障汽车消费者买到瑕疵车时相关的权益问题。自 1982 年起，美国各州陆续地都制定了细节各有不同的《柠檬法》，大致是规定在新车购买之后的特定期限内，如果发生一定情况，则汽车买主可以要求厂商无条件退款或更换新品，不得拒绝。

虽然房车同样适用此类法律，但大多数汽车《柠檬法》并没有针对生活区物品如电器、屋顶、家具或管道系统的条款，这就使得房车车主的部分权益无法得到保障。佛罗里达州则针对房车制定了专门的《柠檬法》，填补了法律空白。

(二) 欧盟

尽管近年来新冠疫情对旅游业造成了巨大冲击，但欧洲游客对房车旅行的热情依旧不减。甚至由于房车的独立性和私密性，这种旅游形式反而在疫情时代有更受欢迎的趋势。据欧洲房车联盟(ECF)统计，2020 年前 7 个月，全欧洲新登记上牌的房车有 15 万辆，较上一年度仅下滑了 1%。特别是欧洲最大的房车市场德国，新注册的房车有 7 万余辆，较上年增长 15%。2021 年，整个欧洲市场的房车销售量增长高达 9.9%，全年共售出259 393辆新房车(包括自行式和拖挂式),是该行业历史上最好的年度业绩。几乎所有国家市场的销售都在增长,这离不开欧盟与各国政府的相关政策支持。

1. 德国:建立针对房车的职业资格培训体系

目前,德国共有140万辆房车(包括自行式和拖挂式)在使用,短短五年内增长了30%以上,相应地,生产工厂、车库和经销商对熟练劳动力的需求也在增加。而在许多方面,房车制造不同于普通客车等其他道路车辆。为满足市场需求,在德国联邦经济事务和气候保护部的支持下,相关雇员和雇主协会已决定对"车身和车辆制造技师"这一职业资格进行改革,新设立"房车技师"这一专业方向,重新组织培训。此举将大大有助于为房车制造商提供他们所需的大量专业技术劳动力,被视为行业发展的一个重要里程碑。

该项培训计划于2023年开展,主要涉及以下方面:①改造两个现有的职业资格,分为"车身维修技师"和"车身和车辆制造技师";②创建一个全新的专业方向,命名为"房车(包括自行式和拖挂式)技师",进行房车制造、维护和维修所需技能的专业培训。该资格的培训将包括以下内容:①参与生产房车的工人所需的基本技能;②改装房车所需的技能;③房车电气、电子、液压和气动系统维护所需的技能。

2. 法国:为露营地评级制定标准

2010年7月6日,法国颁布法令《确定露营地评级的标准和程序》[①],并在此基础上于2019年4月10日进行修订,颁布了《制定露营地、房车公园以及住宅休闲公园的评级标准和程序》[②]。法令中,除开发许可证是强制性的之外,其他标准为指导性。由此,法国通过星级来划分露营地。评级标准包括先决条件、设备、客户服务、无障碍环境与可持续发展等4个大项、195个小项(见表14-10)。

表14-10 法国星级露营地评级标准

评级标准	1星级	2星级	3星级	4星级	5星级
露营地最小间距尺寸	70平方米	70平方米	80平方米	80平方米	80平方米
房车营地平均面积	100平方米	100平方米	100平方米	110平方米	120平方米
公共区域和设施的清洁	√	√	√	√	√
收集和处理投诉	√	√	√	√	√
必须有昼间接待处		√	√	√	√
—24小时接待			√	√	√

① Arrêté du 6 juillet 2010 fixant les normes et la procédure de classement des terrains de camping.

② Arrêté du 10 avril 2019 fixant les normes et la procédure de classement des terrains de camping et de caravanage et des parcs résidentiels de loisirs.

（续表）

评级标准	1星级	2星级	3星级	4星级	5星级
—2种外语接待，包括英语			√	√	√
—3种外语接待，包括英语					√
会议和娱乐区		√	√	√	√
—儿童游乐区			√	√	√
场内或附近有加油站				√	√
独立盥洗室（卫生设施）		√	√	√	√
卫生间与热水淋浴					√
额外的便民设备（洗衣机等）				√	√
多样的服务（互联网、饮料等）			√	√	√
可选的优质服务（按摩、理发店、水疗中心等）					√
游泳区					√
互联网					√
24小时预订					√

（三）英国

1. 房车增值税优惠政策

由英国税务海关总署发表于2013年12月27日的政策文件《房车和船屋（增值税通知701/20）》[①]，规定了房车制造销售方、房车营地经营方如何计算增值税的方法，其中涉及多项税制优惠。相关内容有：

（1）对于在2013年4月6日当天或之后销售全新房车的任何人，有必要确定是否应缴纳增值税。标准是：

① 车身长度不大于7米或宽度不大于2.55米的，采用标准税率。

② 车身长度大于7米或宽度大于2.55米，且未按照BS3632：2005[②]标准制造的，则降低税率。

③ 如果在2013年4月6日当天或之后销售，车身长度大于7米或宽度大于2.55米，且制造符合BS3632：2005标准的，则享受零税率。

（2）对于在2013年4月6日当天或之后销售二手房车的任何人，增值税义务应遵

① Caravans and houseboats（VAT Notice 701/20），2022年4月1日的最新修订版本未涉及房车内容。

② 2005年6月17日发布的英国标准Residential park homes. Specification，现已被BS 3632：2015替代，相应的税法也修改了参考标准。

循上述要点。但如果同时满足以下三个要点，则可享受零税率：

① 车身长度大于 7 米或宽度大于 2.55 米。

② 在 2013 年 4 月 6 日之前已注册登记。

③ 制造符合 BS3632:2005 或该标准的早期版本。

(3) 以上这些测量不包括牵引杆和任何仅用于将房车连接到车辆的类似设备。

(4) 房车里的固定装置也被归为零税率商品，如卫浴设备、热水设备等。

(5) 此外，房车营地经营者在经营过程中产生的水电燃气、污水处理等市政费用也可享受零税率。

以上这些零税率或降低税率的政策规定，在一定程度上刺激了房车消费，促进了房车旅游。

2. 支持普通车辆改装成自行式房车

英国驾驶员和车辆牌照管理局(DVLA)于 2019 年 10 月 21 日公布了指导性文件《将车辆改装成房车》[①]，明确了可改装的车型、改装前的申请步骤、改装后的必备功能等项目，为房车改装提供了规范及指导。

(四) 澳大利亚

1. 房车制造业现代化基金

由联邦政府投资，为房车行业的制造商提供 2∶1(房车企业:政府)价值 2 000 万美元的共同资金，用于建立房车制造业现代化基金——用于安装新的设备和技术，鼓励该行业的创新和投资，未来向低碳排放车辆(如电动汽车)的过渡。这将有助于促进本行业生产方式的迭代升级。基金还将帮助当地制造商和供应商寻求先进的制造工艺，引进其他行业已经采用的先进工艺，调整生产以减少排放和提高效率。

2. 旅游产品开发基金

汽车旅馆、房车露营地和度假公园等新南威尔士州地区的住宿提供商可申请该项基金。这笔资金可用于改善、更新和更新房间和设施，包括但不限于新床单、新床、软装饰、遮阳篷或遮阳工具、无线网络、非接触式客户服务技术(如无钥匙进入和自动办理登机手续)等。

3. 复兴之路捐款活动

该计划旨在帮助偏远地区的路边旅馆、路边小屋和房车公园运营商开展基础设施建设，从而改善北部地区的游客体验，鼓励特别是那些开车度假的游客在偏远地区停留更长时间。如何使用资金的示例包括：

(1) 基础设施升级，以解决现有旅游游客体验中的不足(如新建沐浴区、翻新住宿、家庭住宿)。

(2) 改进食品和饮料产品(如升级厨房新设备以扩展菜单产品)。

---

① Converting a vehicle into a motor caravan (motor home)，2020 年 8 月 7 日最新修订版本增加了纸质申请。

(3) 升级设施至无障碍标准(如坡道、浴室设施)。

(4) 通过额外的活动来增加旅游体验(如新建游乐场、新住宿或新活动以延长旅行者在本地的逗留时间)。

截至 2021 年 12 月本项目结束,共有两批 74 个偏远地区的路边旅馆、房车公园和路边小屋运营商获得了超 800 万澳元的捐款。

(五) 日本

1. 九州地区开展"车泊"活动

2017 年 11 月,由 20 个自治体政府和民间团体组成的九州旅游促进协会,在九州 8 个地区开发了共享经济型的周游九州服务项目——车泊。即制定相关规章,让汽车能够停泊在非营业时间的停车场和闲置土地上过夜,以期促进地区旅游业。

这一项目施行之初并非专门针对房车,但随着业务发展,后来又开发了升级版的"租赁房车+车泊",2019 年还协同全日本航空公司(ANA)推出了"国内航线+房车+车泊旅行"等项目。现在,不仅在九州地区,"车泊""车中泊"之类的房车居住旅行模式已经在日本众多地区开展,加大了房车与民众的亲近度。

2. JRVA 特殊汽车贷款

据日本房车协会(JRVA)发布的 2022 年版《房车白皮书》速报显示,2021 年日本国内房车总销售额(包括新车和二手车)达到创纪录的 635.4 亿日元,同比增长 9%。在过去 10 年中,房车的总销量几乎增加了 2 倍,市场迅速扩大,目前日本全国房车保有量达到了 13.6 万辆。

为了满足日益扩大的市场需求,让更多人能够亲身体验房车旅行的乐趣,JRVA 推出了"JRVA 特殊汽车贷款"项目,即在 JRVA 会员店房车购买者将享受最大分期 240 期的贷款,相较普通的汽车贷款最大只能分 84 期而言,大幅减轻了消费者的月供压力。

第四节　房车旅游相关标准与认证

一、国内标准

(一) 标准梳理

随着我国标准化体系建设的不断推进,以及物质生活水平提高带来的对房车旅游市场需求的不断扩大,关于房车(旅居车)、房车露营地等的标准规范逐年增多。截至 2023 年 5 月,共查询到相关现行标准 52 项,其中国家标准 10 项、行业标准 11 项、地方标准 27 项、团体标准 4 项(见表 14 - 11)。

表 14-11 有关房车(旅居车)、房车露营地的标准

序号	实施日期	标准编号及名称	发布单位	标准类型
1	2009 年 6 月 1 日	GB/T 22550—2008《旅居车辆术语及其定义》	中华人民共和国国家质量监督检验检疫总局中国国家标准化管理委员会	国家标准
2	2009 年 6 月 1 日	GB/T 22551—2008《旅居车辆 旅居挂车 居住要求》	中华人民共和国国家质量监督检验检疫总局中国国家标准化管理委员会	国家标准
3	2009 年 6 月 1 日	GB/T 22552—2008《旅居挂车质量和尺寸术语及其定义》	中华人民共和国国家质量监督检验检疫总局中国国家标准化管理委员会	国家标准
4	2010 年 12 月 12 日	DB32/T 1665—2010《自驾游基地设施与服务规范》	江苏省质量技术监督局	地方标准
5	2011 年 3 月 1 日	DB42/T 662—2010《汽车自驾游目的地服务规范》	湖北省质量技术监督局	地方标准
6	2011 年 5 月 1 日	GB/T 25980—2010《道路车辆 旅居挂车和轻型挂车的连接 尺寸》	中华人民共和国国家质量监督检验检疫总局中国国家标准化管理委员会	国家标准
7	2011 年 5 月 1 日	GB/T 25988—2010《道路车辆 牵引旅居挂车或轻型挂车的牵引连接装置 机械强度试验》	中华人民共和国国家质量监督检验检疫总局中国国家标准化管理委员会	国家标准
8	2012 年 9 月 1 日	DB53/T 417—2012《汽车旅游营地等级划分与评定》	云南省质量技术监督局	地方标准
9	2013 年 1 月 1 日	GA 482—2012《中华人民共和国机动车驾驶证件》	公安部	行业标准
10	2013 年 6 月 15 日	DB46/T 250—2013《三亚市自驾车旅游露营地建设与服务规范》	海南省质量技术监督局	地方标准
11	2014 年 4 月 30 日	DB32/T 2638—2014《房车旅游服务区基本要求》	江苏省质量技术监督局	地方标准
12	2014 年 6 月 9 日	DB21/T 2294—2014《旅游露营地等级的划分与评定》	辽宁省质量技术监督局	地方标准
13	2015 年 11 月 1 日	LB/T 044—2015《自驾游管理服务规范》	中华人民共和国国家旅游局	行业标准

（续表）

序号	实施日期	标准编号及名称	发布单位	标准类型
14	2016年1月1日	GB/T 31710.2—2015《休闲露营地建设与服务规范 第2部分：自驾车露营地》	中华人民共和国国家质量监督检验检疫总局中国国家标准化管理委员会	国家标准
15	2016年3月24日	CA/T1603003—2016《旅居车（房车）租赁服务规范》	中国汽车流通协会	团体标准
16	2016年4月1日	DB11/T 1294—2015《汽车旅游营地等级划分与评定》	北京市质量技术监督局	地方标准
17	2016年5月1日	DB51/T 2142—2016《自驾游营地等级划分与评定》	四川省质量技术监督局	地方标准
18	2017年3月1日	DB31/T 1030—2016《房车旅游线路服务规范》	上海市质量技术监督局	地方标准
19	2017年3月1日	DB31/T 1031—2016《营地型房车服务功能与设计导则》	上海市质量技术监督局	地方标准
20	2017年7月1日	QC/T 776—2017《旅居车》	中华人民共和国工业和信息化部	行业标准
21	2017年11月1日	LB/T 061—2017《自驾游目的地基础设施与公共服务指南》	中华人民共和国国家旅游局	行业标准
22	2017年12月5日	DB45/T 1610—2017《金秀瑶族自治县自驾车营地服务规范》	广西壮族自治区质量技术监督局	地方标准
23	2018年1月1日	GB 7258—2017《机动车运行安全技术条件》	中华人民共和国国家质量监督检验检疫总局中国国家标准化管理委员会	国家标准
24	2018年3月1日	DB14/T 1106—2017《汽车旅游露营地建设与服务规范》	山西省质量技术监督局	地方标准
25	2018年5月31日	T/JFCLY 01—2018《绿色低碳房车营地标准》	天津市自驾游与房车露营协会	团体标准
26	2018年12月1日	GB/T 36121—2018《旅居挂车技术要求》	国家市场监督管理总局中国国家标准化管理委员会	国家标准
27	2018年12月1日	DB50/T 896—2018《自驾车露营地质量等级划分》	重庆市质量技术监督局	地方标准

（续表）

序号	实施日期	标准编号及名称	发布单位	标准类型
28	2019年1月1日	TY/T 4001.1—2018《汽车自驾运动营地建设要求与开放条件》	中华人民共和国国家体育总局	行业标准
29	2019年1月1日	TY/T 4001.2—2018《汽车自驾运动营地服务管理要求》	中华人民共和国国家体育总局	行业标准
30	2019年1月1日	TY/T 4001.3—2018《汽车自驾运动营地星级划分与评定》	中华人民共和国国家体育总局	行业标准
31	2019年1月13日	DB61/T 1200—2018《自驾车旅居车营地建设与服务规范》	陕西省质量技术监督局	地方标准
32	2019年1月13日	DB61/T 1201.7—2018《智慧旅游建设与服务规范 第7部分：智慧自驾车旅居车营地》	陕西省质量技术监督局	地方标准
33	2019年3月20日	DB63/T 1724—2018《自驾车旅游营地建设规范》	青海省市场监督管理局	地方标准
34	2019年6月1日	DB62/T 2996—2019《汽车露营地设计指南》	甘肃省市场监督管理局	地方标准
35	2019年6月8日	DB54/T 0168—2019《自驾车旅居车营地建设服务及等级》	西藏自治区市场监督管理局	地方标准
36	2019年9月1日	JT/T 489—2019《收费公路车辆通行费车型分类》	中华人民共和国交通运输部	行业标准
37	2019年9月4日	LB/T 077—2019《自驾游目的地等级划分》	中华人民共和国文化和旅游部	行业标准
38	2019年9月4日	LB/T 078—2019《自驾车旅居车营地质量等级划分》	中华人民共和国文化和旅游部	行业标准
39	2019年10月1日	DB31/T 773—2019《房车旅游服务区基本要求》	上海市市场监督管理局	地方标准
40	2019年11月1日	DB52/T 1401.8—2019《山地旅游 第8部分：汽车露营地设施与服务规范》	贵州省市场监督管理局	地方标准

（续表）

序号	实施日期	标准编号及名称	发布单位	标准类型
41	2019年11月25日	DB5206/T106—2019《营地型房车酒店　基本要求及服务规范》	铜仁市市场监督管理局	地方标准
42	2019年12月4日	DB34/T 3001—2019《房车旅游服务区基本要求》	安徽省市场监督管理局	地方标准
43	2020年1月1日	T/RCRV 1—2019《旅居挂车帐篷防雨性能要求及试验方法》	荣成市房车协会	团体标准
44	2020年1月30日	DB33/T 911—2019《房车旅游服务区基本要求》	浙江省市场监督管理局	地方标准
45	2020年3月1日	GA 802—2019《道路交通管理　机动车类型》	中华人民共和国公安部	行业标准
46	2020年6月20日	DB45/T566—2020《汽车旅游营地星级划分》	广西壮族自治区市场监督管理局	地方标准
47	2020年7月1日	DB65/T 4289—2020《自驾车旅居车营地等级划分与评定》	新疆维吾尔自治区市场监督管理局	地方标准
48	2020年7月1日	DB65/T 4252.2—2019《森林公园露营地建设与服务规范　第2部分:汽车露营地》	新疆维吾尔自治区市场监督管理局	地方标准
49	2020年10月9日	DB5104/T 29—2020《康养旅居地汽车露营地建设、服务与管理规范》	攀枝花市市场监督管理局	地方标准
50	2022年6月21日	T/CAQI 242—2021《房车冰箱技术要求及试验方法》	中国质量检验协会	团体标准
51	2023年12月1日(即将实施)	GB/T 22551—2023《旅居车辆　居住要求》(全部代替GB/T 22551—2008)	国家市场监督管理总局 国家标准化管理委员会	国家标准
52	2023年12月1日(即将实施)	GB/T 22552—2023《旅居车辆　术语》(全部代替GB/T 22550—2008、GB/T 22552—2008)	国家市场监督管理总局 国家标准化管理委员会	国家标准

（二）主要标准介绍

1.《机动车运行安全技术条件》(GB 7258—2017)

本标准为强制性国家标准，是我国机动车国家安全技术标准的重要组成部分，是进行注册登记检验和在用机动车检验、机动车查验等机动车运行安全管理及事故车检验最基本的技术标准，同时也是我国机动车新车定型强制性检验、新车出厂检验和进口机动车检验的重要技术依据之一。其中涉及房车（旅居车）的内容主要有：

（1）将“旅居车”（motor caravan）定义为：装备有睡具（可由桌椅转换而来）及其他必要的生活设施、用于旅行宿营的汽车。

（2）将“旅居挂车”（caravan）定义为：装备有睡具（可由桌椅转换而来）及其他必要的生活设施、用于旅行宿营的挂车，包括中置轴旅居挂车和旅居半挂车。

（3）机动车应至少装置一个能永久保持的产品标牌。其中乘用车、旅居车可不标发动机最大净功率转速，但还应标明发动机排量，乘用车具备牵引功能时还应标明最大允许牵引质量。

（4）旅居车乘坐人数核定。①旅居车设置有后向座椅时，在与相向座椅的座间距不小于 1 150 毫米且坐垫深度不小于 400 毫米时，按坐垫宽每 400 毫米核定 1 人；②旅居车设置的侧向座椅和不符合上述规定的后向座椅，不核定乘坐人数；③旅居车的核定乘员数应不多于 9 人，但车长小于 6 米时的核定乘员数应不多于 6 人；④车长不小于 6 米的货车底盘改装的旅居车，驾驶室与旅居车厢之间无法保证人员的走动时，旅居车厢不核定乘坐人数；车长小于 6 米的货车底盘改装的旅居车，驾驶室与旅居车厢之间有面积大于或等于 4.0×10^5 平方毫米且能内接一个 500 毫米×700 毫米矩形的贯通开口时，旅居车厢可核定乘坐人数；⑤旅居车的铺位（包括由桌椅转换而来的铺位）不核定乘坐人数；⑥旅居挂车不核定乘坐人数。

（5）旅居车和旅居挂车旅居室内的专用装备设施应明示相应的安全使用规定。

（6）旅居车的产品使用说明书应对适合安装的儿童座椅的类型及固定方法加以说明。

（7）旅居挂车的产品使用说明书应注明连接装置对应的国家标准或国际标准号，并明示车辆行驶过程中旅居室内不得载人。

（8）照明、信号装置和其他电气设备。旅居车和旅居挂车的特殊要求如下：①由中性点绝缘关系供电的旅居车和旅居挂车应配备良好的接地系统，其接地电阻应小于或等于 50 欧，旅居车厢及用电设备均应进行接地保护；②旅居车应设电源总开关，并设置漏电保护设施；③旅居车内除起动机、点火电路、蓄电池及其充电电路外，其他电路均应设置电路断电器，低耗电器可设置公用电路断电器；④旅居车应能采用外接电源供电，并具有电源转换装置与漏电保护功能。

（9）车长不小于 6 米的旅居车应具有限速功能，否则应配备限速装置。限速功能或限速装置应符合 GB/T24545 的要求，车长不小于 6 米的旅居车不应大于 100 千米/小时。

（10）旅居车至少应有两个车门。其中，应有一个乘客门位于车厢后部或右侧，且该乘客门的净高度应不小于 1 650 毫米、净宽度应不小于 500 毫米，但乘客门净宽度不小于750毫米时，净高度不小于1400毫米即视为满足要求。

(11) 旅居车乘坐区的两侧应设置车窗。

(12) 旅居车同方向座椅的座间距应不小于600毫米，旅居车相向座椅的座间距应不小于1150毫米。

(13) 旅居车的所有座椅，设有乘客站立区的客车的驾驶人座椅和前排乘员座椅均应装备汽车安全带。

(14) 旅居车前后部应设置保险杠。

(15) 旅居车的前风窗玻璃应装有除雾、除霜装置。

(16) 旅居车应装备灭火器，灭火器在车上应安装牢靠并便于取用。

2.《旅居挂车技术要求》(GB/T 36121—2018)

本标准为推荐性国家标准，规定了旅居挂车的分类、整车要求、专用设备设施要求、可靠性要求、试验方法及检验规则。适用于由配备专用牵引装置的机动车牵引行驶的旅居挂车，作为永久住所的宿营挂车可参照执行。

3.《轻型牵引挂车驾驶员培训基本业务条件(试行)》

为贯彻落实《交通运输部　公安部关于印发机动车驾驶培训教学与考试大纲的通知》(交运发〔2022〕36号)有关要求，统筹做好机动车驾驶培训与考试制度衔接，规范轻型牵引挂车培训业务，交通运输部组织编制了《轻型牵引挂车驾驶员培训基本业务条件(试行)》，并于2022年3月31日发布。待《机动车驾驶员培训机构资格条件》(GB/T 30340)、《机动车驾驶员培训教练场技术要求》(GB/T 30341)等标准修订实施后，本文件自行废止。

该标准文件规定了机动车驾驶员培训机构开展轻型牵引挂车驾驶培训业务的基本要求、驾驶操作教练员、教练车、教练场地等条件。适用于从事轻型牵引挂车驾驶员培训业务的机动车驾驶员培训机构。

二、国 际 标 准

(一) ISO标准

ISO现行标准中，和旅居车(caravan)相关的标准主要有下列10项(见表14-12)，审题主要集中在车辆制造领域。

(二) 其他标准

除ISO标准之外，一些国家也有关于房车使用的相关标准(见表14-13)。

表 14-12　10 项主要的 ISO 标准

序号	出版日期	标准编号	标准名称	技术委员会	主要/相关内容
1	1989 年 9 月	ISO 7418:1989	休闲住宿用车——词汇 Leisure accommodation vehicles—Vocabulary	ISO/TC 177	将与车辆相关的术语定义为居住地,用于偶尔的职业。还包括对出于某些道路使用目的而影响整个车辆的某些术语的定义。信息性附件 A 包含参考书目。给出了英语和法语的术语和定义
2	1991 年 4 月	ISO 7642:1991	旅居车和轻型拖车——01 类和 02 类带超速制动器的拖车——制动器的惯性台架试验方法 Caravans and light trailers—Trailers of categories 01 and 02 with overrun brakes—Inertia bench test methods for brakes	ISO/TC 22/SC 40	规定了与机械和液压操作制动系统有关的超越制动器的型式认可试验的试验方法
3	1991 年 7 月	ISO 7643:1991	旅居车和轻型拖挂车——01 类和 02 类带超速制动器的拖挂车——制动控制的线性台架试验方法 Caravans and light trailers—Trailers of categories 01 and 02 with overrun brakes—Linear bench test methods for brake controls	ISO/TC 22/SC 40	规定了拖车上超速刹车控制装置的型式认可测试方法
4	1991 年 9 月	ISO 7422:1991	旅居车辆——旅居车——居住要求 Leisure accommodation vehicles—Caravans—Habitation requirements	ISO/TC 177	指定某些功能和安全要求。包括建筑和设计、内部设备、供水、储存和处置、空间供暖、保温、服务、通风、防火、警告通知和用户手册
5	1993 年 2 月	ISO 7237:1993	旅居车——质量和尺寸——词汇 Caravans—Masses and dimensions—Vocabulary	ISO/TC 22/SC 40	提供 20 个英语和法语术语。不提供测量方法、单位和精度

（续表）

序号	出版日期	标准编号	标准名称	技术委员会	主要/相关内容
6	1994 年 9 月	ISO 3853:1994	道路车辆——拖车或轻型拖车的牵引车耦合装置——机械强度试验 Road vehicles—Towing vehicle coupling device to tow caravans or light trailers—Mechanical strength test	ISO/TC 22/SC 40	规定了用于测试 01 和 02 类拖车或轻型拖车的牵引车的耦合装置的机械强度的简化程序
7	1997 年 2 月	ISO 7152:1997	露营帐篷和旅居车遮阳篷——词汇和等价术语列表 Camping tents and caravan awnings—Vocabulary and list of equivalent terms	ISO/TC 83	包含与露营帐篷和旅居车遮阳篷相关的最常见术语列表及一些定义
8	2003 年 7 月	ISO 11555-1:2003	道路车辆——旅居车和轻型拖车的稳定装置——第 1 部分：集成稳定器 Road vehicles—Stabilizing devices for caravans and light trailers—Part 1:Integrated stabilizers	ISO/TC 22/SC 40	规定了最大装载质量为 3 500 千克的中轴（单轴或双轴）挂车的集成稳定器的要求。符合其要求的集成稳定器可以与符合 ISO 3853 标准的牵引装置一起使用，不受限制
9	2007 年 6 月	ISO 1103:2007	道路车辆——旅居车和轻型拖车的连接球——尺寸 Road vehicles—Coupling balls for caravans and light trailers—Dimensions	ISO/TC 22/SC 40	规定了轻型拖车或旅居车与牵引车之间的机械耦合装置的兼容性所需的尺寸，当后者装有耦合球时。耦合球周围的间隙空间旨在允许牵引车辆的耦合和分离，以及机械装置耦合和分离期间的安全操作。 适用于将 01 和 02 类旅居车和轻型拖车连接到 M 或 N 类车辆的连接球。它不一定适用于由特殊车辆牵引的特殊拖车

（续表）

序号	出版日期	标准编号	标准名称	技术委员会	主要/相关内容
10	2017年1月	ISO 8936:2017	旅居车辆遮阳篷——要求和试验方法 Awnings for leisure accommodation vehicles —Requirements and test methods	ISO/TC 83	规定了汽车遮阳篷的要求、测试方法和材料性能特征。它适用于旨在倾斜和撞击的遮阳篷

表14-13 一些国家关于房车使用的相关标准

序号	出版时间	标准编号	标准名称	内容提供方	主要/相关内容
1	2010年	ANSI Z21.57-2010	房车炊具燃气用具 Recreational Vehicle Cooking Gas Appliances	加拿大标准协会	该标准将休闲车烹饪燃气器具定义为用于制备家庭食物的器具，提供至少一种功能：顶部或表面烹饪，（烤箱烹饪或（烧烤，并具有使其能够满足连接的特殊条件的设计特征）在休闲车中使用
2	2018年	NFPA 1192-2018	旅居车标准 Standard on Recreational Vehicles	美国国家消防协会（NFPA）	针对当前的火灾和生命安全问题和检查进行了更新和改进。降低房车使用中的生命和财产风险
3	2020年	NSF/ANSI 24-2020	休闲车的管道系统组件 Plumbing System Components for Recreational Vehicles	NSF认证	本标准涵盖休闲车管道系统中使用的管道、配件、阀门、疏水阀、通风口、水箱、泵、连接器、固定装置、器具和类似附件

小资料

全国自驾车旅居车营地质量等级评定

为充分发挥《自驾车旅居车营地质量等级划分》（LB/T 078—2019）行业标准的示范引领作用，规范全国C级自驾车旅居车营地质量等级的认定和管理工作，促进自驾车旅居车露营旅游高质量发展，全国旅游标准化技术委员会、中国旅游车船协会共同研究制定了《全国C级自驾车旅居车营地质量等级认定管理办法（暂行）》（以下简称《办法》），并于2022年10月发布实施。

《办法》从基本原则、等级划分、组织实施、认定条件、认定程序等方面作出了系统的规范要求。明确全国C级自驾车旅居车营地划分为3个质量等级，由低到高分别为3C级、4C级、5C级。5C级、4C级认定和管理工作，由全国自驾车旅居车营地质量等级认定委员会组织实施，该委员会由中国旅游车船协会和全国旅游标准化技术委员会（文化和旅游部旅游质量监督管理所）共同组成。3C级的认定和管理工作，由各省级文化和旅游行政部门根据实际情况指定本省C级营地认定机构组织实施，并向全国自驾车旅居车营地质量等级认定委员会备案。

《办法》还明确，申报全国C级自驾车旅居车营地应当具备下列条件：符合标准及认定细则要求；符合社会主义核心价值观要求；营地基础设施建设、维护情况良好；营地公共信息服务体系健全；游客综合满意度较高；在全国具有较高的知名度和品牌影响力；土地使用符合法律法规有关规定；主要经营主体近2年无严重违法违规等行为记录；近2年未发生重大旅游安全责任事故和重大投诉。

截至2023年6月，全国旅游标准化技术委员会、中国旅游车船协会共评定了三批57家单位为5C、4C级自驾车旅居车营地，其中5C级20家、4C级37家，为全国自驾车旅居车营地建设提供了良好的示范引领作用。

复习提问

(1) 相较国外房车协会，我国的房车行业组织在哪些方面还需要提高和完善？

(2) 我国房车营地存在哪些经营风险？应如何利用法治化手段促进其规范化、市场化发展？

(3) 我国房车在行驶使用过程中可能遇到哪些不便、纠纷？如何在法律法规方面保障游客权益？

(4) 相较国外房车政策，我国的房车支持政策有哪些特点和改进的空间？

第十五章　产业融合与发展

学习目标

（1）了解房车旅游的产业融合及业态创新的相关理论和实践。

（2）了解房车旅游的发展潜力和全球化趋势。

（3）理解中国房车旅游的交通旅游融合趋势、数字经济发展对房车旅游带来的科技赋能影响，以及Z世代对房车旅游的动机和体验产生的影响等。

（4）掌握中国房车旅游的市场前景及发展对策。

第一节　产业融合

产业融合是一个系统性概念。产业融合是不同产业之间的互补和替代，以适应经济发展和数字融合为基础。在这过程中，原始的产业界限变得模糊，为相互融合创造了新的条件。随着互联网和信息技术的不断更新与发展，产业融合是随之产生的一种经济现象。可以说，产业融合是一种新的产业形态，主要发生在产业的交界处，使得各行各业的边界逐渐模糊。

一、融合路径

（一）人才融合

产业发展和人才发展是相辅相成、互相促进的关系。人才的集聚能够为产业发展提供要素资源，积累并提升人力资本的存量和质量，从而形成先发优势，加速产业融合和升级。业态融合的本质是创新驱动，本质就是人才驱动。任何新技术、新业态、新产品都不会凭空出现，而是要靠创新人才和高质量的综合型人才。人才融合是业态融合发展的保障，要通过人才培养模式将更多懂得现代信息技术的应用，以及旅游、体育、文化等产业专业知识的人才聚集起来，形成人的知识融合，创新更多新业态的融合发展之路。

（二）技术融合

技术融合是业态融合发展的基础。技术融合是指在同一产业或不同产业间，通过技术的创新与扩散、渗透，解构和重组原本属于不同产业的价值链环节，从而促进不同产业间的整合，最终形成产业融合。随着信息技术发展，利用管理信息系统（简称 MIS）能够对信息进行收集、加工、传递、存储、使用和拓展，并且通过分析过去的数据并依据相关的统计方法对未来进行预测，成为产业中科学决策的重要依据。基于互联网等信息技术，产业间还能够通过电子商务完成广告宣传、合作洽谈、网上交易、服务延伸、账户管理等商业活动的全过程，有效降低交易成本，实现生产的全球化和市场的全球化。

（三）市场融合

市场融合是指在技术融合的基础上，不同产业间根据人们的消费需求，共同开发出与之匹配的融合型产品，其产品融合是市场融合的核心。因此要充分推进一、二、三产业之间的深度融合，积极推进不同业态在要素、行业、区域、时空等方面的交叉融合，探索延长产业链的新模式。同时，通过技术融合等方式实现产业在产品功能上的统一，为产业发展提供更优质的服务。

二、融合模式

（一）房车旅游＋文化

房车旅游活动具有多维性，在实践活动中的各个环节、各个要素都体现着独特的文化品格。文化本身是一个内涵丰富、外延宽广的多维概念。伴随着“旅游＋文化”的合并重组，文化逐渐成为旅游业发展的灵魂和得以展开的前提条件。厚重的历史文化有着丰富的文化遗产、人文景观等，成为房车旅游的主要内涵。

事实上，房车旅游已经成为欧美主要的旅游文化。美国房车文化可以追溯到 20 世纪初，当时一些崇尚自由的美国人将日常生活设施添加到了家用轿车上，打造出车轮上的家，从而促进了房车产业的发展，催生出全新的休闲方式。直到现在，房车旅游已经是美国式生活文化的主要内容，房车也被视为是旅游文化的一种表现。

（二）房车旅游＋教育

多产业融合的模式是当下营地教育创新发展的新思路，这也成为房车旅行与教育融合的发力点。特别是如今，消费者旅游需求日益私密化、多样化、特色化，集“吃、住、行”于一身的房车，成为众多游客旅游出行的新选择，“房车”随之成为“教育”的户外载体，营地教育、研学旅行成为体验式学习的重要途径。在这一过程中，能够将旅游教育规范化，让青少年更好地认识真实的世界，体验到玩的乐趣，在实践中锻炼体格、修炼品性。

（三）房车旅游＋体育

体育与旅行的日渐深度融合，旅游者们对于健康运动和全新生活方式的接受度日益提高。

房车旅游与体育运动的结合成为体育旅游发展新动力，房车营地也成为体育旅游融合发展的重要载体，能够进一步实现“交通＋体育＋旅游＋文化”的融合发展，是传统旅游产业转型升级的关键点。房车既可以满足说走就走的旅游，又可以实现一场想玩就玩的比赛。这种新型度假方式，能够有效缓解每到假期各大景区人满为患，餐饮住宿争议不断，游客出行叫苦不迭的窘境。

（四）房车旅游＋康养

随着健康理念日渐深入人心，人们的健康需求和旅游观念不断升级，康养旅游正在受到越来越多关注。在房车自驾车友中，中老年人的比例逐步增高，打造健康休闲的服务模块能够更好地迎合和满足市场需求。当房车旅游与康养有机融合，在营地内规划打造文化民宿、健康小镇、健康住宅社区、健康产业园等一系列创新业态，涵盖避寒、避暑、运动健身、休闲度假、养老养生等多种功能主题，可以实现从旅游到旅居的转变，各年龄层的游客都可从中找到适合自己的度假方式。

（五）其他

特殊情况下，房车可以作为流动展销用车、流动餐厅，各种流动作业的勘探、施工、救灾抢险用车等。

第二节　国内外房车旅游发展

一、国外房车旅游的发展

在一些西方国家，房车十分普遍，房车旅游已经成为公众主要的旅游方式。房车旅游在欧美国家已经风行了一个世纪之久，拥有广泛的爱好者和较为成熟的发展理念，房车露营地也相当普遍且发展成熟，具有完整的管理运营体系与星级划分标准。以美国、加拿大为主的北美市场和欧洲市场占据 90％左右的房车消费市场，而中国、日本、韩国等新兴房车消费市场近年来也在迅速发展。

（1）国外的房车旅行者以年纪较长的退休人员为主要群体。例如，北美的“候鸟”和澳大利亚的“银发游牧族”，该群体喜欢参加各类房车集会、交流旅途经验、交朋友、体验途中的美景和休闲的乐趣。

（2）国外房车租赁企业的盈利模式较为成熟多样。可以分为实物租赁及融资租赁。国外房车租赁企业的合作伙伴分布在各个领域，如金融、贸易、物流、房地产等领域，国外汽车行业产业链中 50％左右的利润来自汽车金融业。

（3）房车受众呈年轻化趋势发展。“90后”作为拥有购买力的年轻族群，其接受新鲜事物的能力更强，并且愿意为所喜欢的休闲旅行、休闲娱乐付费，更愿意享受自驾游所带来的乐趣，且房车旅行作为今后备受关注的旅行方式，更被大众所青睐。

（4）美国、加拿大、澳大利亚等发达国家拖挂式房车销量居高，欧洲、日本、中国等国家及地区以自行式房车为主流。美国、加拿大、澳大利亚等国家拖挂式房车常占到房车总销量的90%左右，这主要是这些国家可作牵引的车型普及率高、车位充足，且拖挂式房车自身价格实惠、灵活度更高。

二、国内房车旅游的发展

（一）交旅融合背景下的中国房车旅游

旅游业是国民经济重要的战略性支柱产业，交通运输是旅游业发展的基础支撑和先决条件。近年来，我国综合交通运输体系不断完善，交通运输与旅游融合发展已经成为旅游业转型发展的新趋势。2019年9月，在中共中央、国务院印发的《交通强国建设纲要》中明确提出，到2035年基本建成交通强国，深化交通运输与旅游融合发展，推动旅游专列、旅游风景道、旅游航道、自驾车房车营地、游艇旅游、低空飞行旅游等发展，完善客运枢纽、高速公路服务区等交通设施旅游服务功能，交旅融合进入了交通强国建设的重要内容。2021年中共中央、国务院印发的《国家综合立体交通网规划纲要》进一步明确要推进交通与旅游融合发展，充分发挥交通的基础性作用，形成交旅协同发展的良性互动格局。

1. 交旅融合的业态类型

交旅融合是指交通运输业与旅游业的要素在空间布局、设施设备、供给产品、服务品质、政策管理上的相互渗透、协调共建、交叉汇合的融合形态和发展方式。按主要依托的交通资源类型划分，交旅融合业态类型大致可以划分为“桥旅融合业态”“路旅融合业态”“水旅融合业态”“铁旅融合业态”和“航旅融合业态”五大类型，其中，“路旅融合业态”又可以进一步划分为“旅游风景道”“高速公路新型服务区”“自驾车旅居车营地”和“隧旅融合业态”4个亚类。

2. 交旅融合的特征

（1）交通体系方面。交旅融合下的交通不仅发展优化了运输供给条件，在近几年大数据、区块链、人工智能等技术背景下，共享交通、定制旅游、互联网租赁等交通运输方式也为游客的多样化交旅需求提供了精准服务，是交通运输和旅游行业转型升级的有效途径之一，具有巨大发展潜力。

（2）旅游供给方面。旅游交通不仅是连接旅游客源地和目的地的重要纽带、旅客往返旅游目的地的途径，很多时候旅游交通已成为目的地旅游产品的一个重要组成部分，从搬运通道转变到一个微型目的地，对区域旅游业发展也起着重要支撑作用。

（3）“快进慢游”构建方面。一方面完善高速公路、干线公路与旅游景区、度假区的直达“快进”交通网，积极推动交旅“点对点”的连通度；另一方面完善区域交通“慢游”设施，加强绿道网、自行车和步道网、游憩小径、观景台的慢行系统建设，提升集散中心、驿站和营地等服务节点的休闲化结构。

（4）产品设计创新方面。新业态与新产品是实现交旅融合高质量发展的关键支撑，要做好体验与消费结构的产品，即推动交通与沿线特色产业、旅游资源的对接整合，打造旅游专列、旅游风景道、旅游航道、自驾车房车营地、邮轮游艇旅游、低空旅游等精品交通旅游产品。

3. 交旅融合发展的四个转化

随着交旅融合政策的不断推进，越来越多的政府和交通企业开始从顶层布局、精心策划，更是依托交通服务区，不断探索区域综合开发结构，形成区域型交旅融合枢纽中心，交旅融合从产品到业态到服务内容都在创新发展。

（1）交通设施景点化。通过旅游化建设和改造提升，使通道变成风景道、自驾道，使桥梁、立交桥变成旅游的打卡地。

（2）交通工具旅游化。邮轮、专列客车、观光巴士等变成旅游产品，运输过程变成旅游过程。

（3）枢纽目的地化。高速公路服务区、高铁站、机场等枢纽服务场所，随着休闲化提升，逐步成为可供游览、文化体验和休闲消费的旅游目的地。

（4）旅客游客化。游客体系和旅客体系最大的差别在于游览、休闲消费的需求，交旅融合使得交通设施从集散和安全有序的服务转型到针对游客的多样化延伸服务，并包含多种本地文化体验和特色体验服务。

由于目前的房车保有量不高，大部分现有的房车营地只有单一的房车酒店功能，营地模式相对单一，有些甚至连基础配套设施都没有，无法承载大规模的房车自驾群体，这样的恶性循环就导致整个房车生态产业链无法健康运作。特别是房车露营地受制土地政策及法律法规待完善而发展趋缓，房车驿站、高速服务站等是房车车友主要选择。

在新旅游时代下，交旅融合基础设施建设类、旅游交通产品创新发展类、交通设施旅游服务提升类三大类创新型交通旅游产品的打造，不仅能满足人民美好生活的需要，更是交通强国建设和旅游业高质量发展的重要途径。同时，创新型交通旅游产品的打造也会对房车旅游的业务模式、服务规范、设施管理和卫生安全方面带来新的机会，如房车营地的建造运营方面可以借助交旅融合基础设施建设和交通旅游服务提升的成果，减少营地投资商的重资产投资风险，转向亲子拓展、娱乐设施等项目植入等轻资产运营，进一步提升房车营地的旅游目的地属性和竞争力。

在业态创新方面，从现有的交旅融合业态来看，自驾车旅居车营地业态最为丰富，占整个业态的66.23%，其次为水旅融合业态，占26.49%。就单个业态本身而言，无论内容，还是形式都需要大幅度提升。在旅游业发达的国家和地区，交通和旅游高度融合，其业态集合了娱乐、餐饮、住宿、体验、购物等内容，全方位满足人们的多元化需求。以高速公路服务区为例，国内服务区已经经历了从 1.0 至 4.0 的迭代历程，国内东部沿海地区服务区多已迭代至 3.0 阶段。阳澄湖、芳茂山等个别具有特色的服务区已进入到 4.0 阶段，具有极强的主题文化氛围，融合多种品牌商业，成了展示地方文化的窗口与平台，是集多功能为一体的复合型功能服务区。面对休闲度假旅游消费和体验需求，李根和窦逗又进一步指出，4.0 服务区已将自身功能发挥到极致，若要继续迭代升级，实现交通旅游进一步融合必须跳出服务区自身功能范畴，以景区运营的思维进行二次创新，即按照景区旅游运营思路，从文化、空间、商业三个维度同步进行发展迭代，才能实现交旅融合的新 5.0 服务区。

小资料

"公路服务区+"

重庆高速冷水服务区借助天然的地理环境优势，在服务区附近打造了集自驾车、房车、帐篷营地、集装箱主题酒店、温泉休闲等功能于一体的 5 星级休闲露营地，被中国公路学会授予"中国高速第一自驾营地"。

武夷山服务区距"世界文化与自然遗产地"武夷山风景区仅 7 千米，除了设有餐饮区、购物区、休闲区，还设有咖啡吧、健身馆、采摘园、户外拓展基地、"紫薇山庄"客房中心等，是集"高速+生态休闲+度假购物+自驾车营地"为一体的旅游型服务区。

借助江南园林文化凸显特色的阳澄湖服务区，主体大楼改造紧扣苏州园林风格拱桥、屋檐、戏台和楼阁……小桥流水，整体空间设计融入了大量苏式建筑元素。而每天下午两点的昆曲表演及暂未开放的非遗馆是服务区向往来游客展示传统文化的重要窗口。将江苏园林文化、江南风情尽情展现，全方位打响了江苏"江南水乡"名片，最终达到"不入苏州城，尽览姑苏景"的文化传播目的。

浙江桐庐服务区被网友誉为国内首个最美高速公路旅游休闲服务驿站。除了拥有小资青年最爱的星巴克，服务区内还专设女性停车位、残疾人停车位等人性化设施，并提供旅游咨询、Wifi、送货到车边、上网茶吧等 20 余项便民服务。

想一想：从以上"公路服务区+"案例中，你认为交通和旅游的融合下公路服务区的主体化打造会给房车旅游带来怎样的影响？

（二）数字经济科技赋能中国房车旅游

数字技术赋能旅游业，正在全面提升旅游产业效率，提高旅游体验水平，推动旅游发展方式变革，为旅游业高质量发展注入新活力和新动能。数字经济和服务经济叠加时代的旅游业更需要情怀和温暖被逐步认知，数字技术本身是中性的，可以带来效率、便利和高效，但也很可能阻隔人情和亲情，减少关爱和温度。要秉承科技向善的原则，以人为本推动旅游业的数字赋能，在旅游形式、业态等方面不断创新，充分发挥旅游业调节亲情和温暖的润滑剂作用。随着5G、虚拟现实等技术的不断融合，文旅行业拥抱数字化将变成新常态。未来整个行业的发展将摆脱传统模式，呈现文旅服务智能化和智慧化、旅游参观多样化和互动化、文旅体验网络化和深度化，形成上下结合、横向联动、多方参与的文化旅游新格局。

在线旅行平台、导航地图、媒体平台、内容视频平台等改变了自驾游的服务形式，从传统旅游服务的资源整合形态（人—地关系），向以内容传播为代表的社交形态（人—人）转变。

部分房车旅游企业从2020年开始布局智慧数字平台，通过平台运营，一是能整合闲散房车资源，打造房车共享模式，对B端企业实现更好的流量转化；二是能给文旅休闲生活导游，吸引新一代年轻人体验、共享休闲文旅文化资源，并对应匹配他们需求的服务供给。数字平台通过云数据建模、计算，人工智能画像等的输出为供应端和消费者提供服务，现已形成智慧旅居平台的第一代，未来将逐步增添房车定制、车辆管理等板块，进一步提升平台的在线化智能化。

（三）Z世代背景下的房车旅游的动机

从公园野餐到野奢露营，在年轻世代对自由与自然的极致追求下，Vanlife正在成为一种全新的旅行生活方式。Vanlife就是"Van＋Lifestyle"，Van指的是出行必不可少的Camper Van（野营车）。某种程度上来说，Vanlife更像野奢露营＋房车旅行的结合，是一种更为自由、边界更加遥远的当代"城市逃脱"。

Vanlife是先在国外社交媒体上流行开来的。在TikTok上，#vanlife标签获得了超过49亿次的浏览量，而在Instagram上，则有1 060万个帖子。其他如展示DIY货车升级、货车改装，以及展示在风景如画的地方在货车中醒来是什么感觉的视频，在TikTok等平台上激增。这一股风潮，也逐渐进入中国。Camper Van的拥有者，可以根据自己的审美、品位、爱好装饰自己的车子，这一点，与精致露营文化"亲近自然、自己动手、审美至上、深度社交"的理念不谋而合。

Z世代（通常指1995年至2009年间出生的一代人）的房车旅游动机可以多种多样，可能是因为：

1. 探索和冒险

Z世代通常充满好奇心和对未知的探索欲望。他们可能会选择房车旅游作为一种体验新事物和探索新地方的方式。

2. 独立和自由

相较于传统旅游方式，房车旅游提供了更大的自由度和独立性。旅行者可以随心所欲地更改行程、停留在心仪的地点或避开人潮拥挤的景区。

3. 亲近自然

房车旅游通常与户外活动和自然体验相结合。Z世代的许多人可能会选择房车旅游作为一种与自然亲近、放松身心的方式。

4. 社交体验

房车旅游可以作为一种与家人、朋友共同度过愉快时光的方式。通过共同规划、旅行和体验，可以加深与他人的情感联系。

5. 经济考虑

相较于传统酒店和飞机旅行，房车旅游可能更加经济实惠。Z世代的一些人可能会选择房车旅游作为一种更加划算的旅行方式。

6. 定制化体验

房车旅游可以根据个人的兴趣和需求进行定制。无论是追求冒险、探索自然、享受宁静还是寻求社交体验，都可以通过房车旅游实现个性化的旅行体验。

7. 环保意识

随着环保意识的增强，Z世代的一些人可能会选择房车旅游作为一种更加环保的旅行方式，避免频繁的航空旅行和酒店住宿对环境的影响。

复习提问

(1) 房车旅游的产业融合有哪些模式？

(2) 房车旅游特别是中国房车旅游的发展潜力如何？

(3) 中国经济增长模式的转型对房车旅游的发展会带来何种影响？

(4) 中国房车旅游的发展能否照搬世界其他国家房车旅游的发展模式？为什么？

参 考 文 献

[1] AHOKAS J, KOSONEN S. Dynamic behavior of a tractor-trailer combination during braking [J]. Biosystems Engineering, 2003(1):29 - 39.

[2] BILBERMAN J, ANDERECK K L. The economic value of off-highway vehicle recreation [J]. Journal of Leisure Research. 2006,38(2):208 - 222.

[3] DAVIES H. The impact of competitive structure and technological environment on design management: a case study of the UK touring caravan industry [J]. Design Studies, 1993,14(4):365 - 378.

[4] FIDGEON P R. Holiday caravanning in Wales: construction of a national site inventory [J]. Tourism Management, 1983(3):199 - 208.

[5] GETZ D. Event Management & Event Tourism [M]. New York: Cognizant Communication Corporation, 1997.

[6] GETZ D. Event Studies: Theory, Research and Policy for Planned Events [M]. Amsterdam: Butterworth-Heinemann, 2007.

[7] GREENSTEIN S, KHANNA T. What does Industry Convergence Mean?: In Competing in the Age of Digital Convergence [M]. Boston: Harvard Business School Press, 1997.

[8] HACKLIN F. Management of Convergence in Innovation: Strategies and Capabilities for Value Creation Beyond Blurring Industry Boundaries [M]. Heidelberg: Physica-Verlag, 2008.

[9] LEI D T. Industry evolution and competence development: the imperatives of technological convergence [J]. International Journal of Technology Management, 2000,19(7 - 8):699 - 738.

[10] PLÖCHL M, LUGNER P. Passenger car and passenger car-trailer: different tasks for the driver [J]. JSAE Review, 1999,20(4):543 - 548.

[11] RITCHIE B. Assessing the impacts of hallmark events: conceptual and research issues [J]. Journal of Travel Research, 1984,23(1):2 - 11.

[12] ROY C. Traditional Festivals: A Multicultural Encyclopedia [M]. Santa Barbara, USA: ABC-CLIO, Inc., 2005.

[13] 埃文斯,坎贝尔,斯通休萨.旅游战略管理[M].马桂顺,译.沈阳:辽宁科学技术出

版社，2005.
［14］保继刚，楚义芳.旅游地理学［M］.北京：高等教育出版社，2004.
［15］波特.竞争优势［M］.陈小悦，译.北京：华夏出版社，1997.
［16］伯克.欧洲近代早期的大众文化［M］，杨豫，等译.上海：上海人民出版社，2005.
［17］陈朝霞.STA 旅行社营销战略和战术研究［D］.北京：对外经济贸易大学，2006.
［18］陈聪.中国房车露营旅游发展研究：以海南岛为例［D］.武汉：华中师范大学，2013.
［19］陈怀录，斯丽娟，陈行.基于产业升级理论的兰州东城区产业发展思路［J］.甘肃社会科学，2007(6)：57－59.
［20］陈建斌，徐印州.房车旅游特点及其旅游开发对策［J］.经济师，2004(9)：51－52.
［21］陈晶.房车的发展与选择［J］.科技创新与应用，2020(17)：55－56.
［22］陈明.房车造型设计与内部空间研究［D］.沈阳：东北大学，2007.
［23］崔丽影，武翠红，齐立伟.中国房车发展的潜力与制约［J］.汽车与配件，2011(21)：39－41.
［24］道格拉斯.森林旅游［M］.张建列，译.哈尔滨：东北林业大学出版社，1986.
［25］丁华.我国自驾车房车营地的现状、问题和未来［J］.中国公路，2018(18)：76－79.
［26］范业正.我国汽车营地发展模式研究［J］.北京第二外国语学院学报，2012(7)：8－12.
［27］冯晓棠.文化产业与相关产业融合发展研究述评［J］.中国市场，2014(4)：75－77.
［28］岡崎茂生，赵新利.卓越设计让品牌有形［J］.装饰，2017(9)：32－38.
［29］高红香.我国汽车露营发展战略分析［J］.体育研究与教育，2011(A2)：21－23.
［30］龚志恺.我国青少年营地培养目标与课程模块设置研究［D］.北京：北京体育大学，2017.
［31］郭佳佳.基于生态保护与文化传承理念下的丝路甘肃段“自驾游露营地”规划研究［D］.西安：西安理工大学，2021.
［32］郭文静.数字经济背景下旅游房车市场产业化发展实证研究［J］.太原城市职业技术学院学报，2022(9)：27－30.
［33］郭向阳，明庆忠，穆学青.中国房车旅游研究综述［J］.河北旅游职业学院学报，2016，21(4)：19－22.
［34］海德.市场营销实务［M］.陈立平，译.北京：经济管理出版社，2011.
［35］胡佳.房车空间设计研究［D］.武汉：华中科技大学，2012.
［36］焦玲玲，章锦河.我国露营旅游发展与安全问题分析［J］.经济问题探索，2009(4)：92－95.
［37］科特勒.营销管理［M］.梅汝和，等译.北京：中国人民大学出版社，2001.
［38］来逢波.会展概论［M］.北京：北京大学出版社，2012.
［39］赖玉钗.房车何以成为“优质生活”的表征?：房车广告之符号学分析［J］.西南民族

大学学报(人文社科版),2007(2):149-153.
[40] 李达伟,李伟男.公办研学实践营地的SWOT分析[J].内江师范学院学报,2020,35(6):111-114.
[41] 李锋,李萌.旅游策划理论与实务[M].北京:北京大学出版社,2013.
[42] 李景.房车营地规划设计研究[D].北京:北京林业大学,2011.
[43] 李朋飞.云南旅游露营地建设本土化初探[J].当代旅游,2013(2):80-82.
[44] 李卫东.李卫东:解读户外服装[J].中国纤检,2013(16):58-59.
[45] 李卫东.李卫东:解读户外服装[J].中国纤检,2013(16):58-59.
[46] 李享,张驰.我国房车旅游消费趋势研究[J].汽车与配件,2008(25):32-35.
[47] 李学蔚.论房车租赁市场的发展趋势:从价值分析来看房车游和自驾游的对比[J].中国商论,2020(16):85-87.
[48] 李英艳,黄体允.我国房车研究的文献综述、现状动态与前瞻[J].时代汽车,2022(24):7-9.
[49] 厉无畏,王慧敏.产业发展的趋势研判与理性思考[J].中国工业经济,2002(4):5-11.
[50] 梁磊,国内房车旅游营销策略研究[J].黄山学院学报,2011(4):37-40.
[51] 刘京华.初中生研学旅行教育研究:以石家庄市为例[D].石家庄:河北师范大学,2018.
[52] 刘微.浅析中国现代房车与露营地的未来设计[J].文艺生活,2012(7):285.
[53] 卢艳,蔡璐.房车行业市场调查及我国房车产业发展对策[J].科技和产业,2010,10(12):11-13.
[54] 陆军.广西自驾车旅游营地发展研究[J].旅游学刊,2007(3):35-39.
[55] 罗钦璇,刘仿尧.大学生户外俱乐部市场营销探究[J].中国商贸,2010(28):51-52.
[56] 马聪玲.中国节事旅游研究:理论分析与案例解读[M].北京:中国旅游出版社,2009.
[57] 马健.产业融合理论研究评述[J].经济学动态.2002(5):78-81.
[58] 庞学铨.休闲学研究的几个理论问题[J].浙江社会科学,2016(3):110-119+159-160.
[59] 钱学礼.我国房车旅游发展存在的问题及开发对策[J].商场现代化,2006(27):243-244.
[60] 钱振伟.世纪中国汽车产业[M].北京:北京理工大学出版社,2004.
[61] 曲婧璇.自驾车旅游营地建设研究[D].舟山:浙江海洋学院,2014.
[62] 上海市旅游局.房车旅游理论与实务[M].上海:上海科学技术文献出版社,2015.
[63] 司利,吴国清.房车旅游的发展与品质提升[J].质量与标准化,2012(8):32-35.

[64] 孙宝强.产业升级理论研究中的争论与反思[J].天津商业大学学报,2011,31(4):56-62.

[65] 孙朝辉.中国房车旅游市场需求与开发的实证调查研究[J].邢台学院学报,2018,33(4):100-105.

[66] 孙海琴.基于房车休闲旅游的房车营地发展现状研究[J].现代商业,2011(32):97-98.

[67] 谭玉梅,美国汽车露营的符号消费性及对中国的启示[J].北京行政学院学报,2012(5):111-113.

[68] 唐晓云.产业升级研究综述[J].科技进步与对策,2012,29(4):156-160.

[69] 王永辉.对我国汽车露营地运营相关问题的思考[D].成都:四川师范大学,2007.

[70] 危爱连.中国大陆房车露营地发展现状研究[J].中国城市经济,2011(6):88-89.

[71] 魏翔,王绍喜.房车旅游在中国大陆的发展及其战略相互性分析[J].旅游学刊,2005(5):81-86.

[72] 魏翔.旅游新概念:房车旅游[N].中国旅游报,2003-12-05.

[73] 吴必虎.节事活动的运作原则及模式[J].中国会展,2005(03):48-51.

[74] 吴思阳,李凌.日本露营活动发展及启示研究[J].体育科技文献通报,2018,26(11):167-171.

[75] 武翠红.国内外房车租赁商业模式浅析[J].汽车与配件,2017(9):61-63.

[76] 谢彦君.基础旅游学[M].2版.北京:中国旅游出版社,2004.

[77] 辛欣.文化产业与旅游产业融合研究:机理、路径与模式[D].郑州:河南大学,2013.

[78] 杨晚秋.探讨中国房车旅游发展存在的问题及对策[J].当代旅游,2013(4):13.

[79] 于秋阳,杨斯涵.房车旅游发展条件评估分析与对策研究[J].旅游论坛,2012(4):72-77.

[80] 袁小康,周蕊.房车市场升温　车企谋划构建房车旅游生态圈[N].经济参考报,2023-06-30(06).

[81] 张功让,陈敏姝.产业融合理论研究综述[J].中国城市经济,2011(1):67-68.

[82] 张广俊,李燕领,邱鹏.体育产业融合的动因、路径、效应与策略研究[J].武汉体育学院学报,2017,51(8):50-85

[83] 张辉.全球价值链理论与我国产业发展研究[J].中国工业经济,2004(194):38.

[84] 张继平.杜威生活教育观的价值取向及其启示[J].天津市教科院学报,2009(4):11-13.

[85] 张俊,孙辉.后疫情时代我国青少年营地教育课程发展研究[J].湖北经济学院学报(人文社会科学版),2021,18(6):131-134.

[86] 张礼全.会展策划与管理[M].沈阳:辽宁美术出版社,2014.

[87] 张文建. 旅游产业转型:业态创新机理与拓展领域[J]. 上海管理科学,2011,33(1):85－88.

[88] 张宪洪. 中国汽车营地旅游项目开发运作的理论、方法与实务[D]. 兰州:西北师范大学,2003.

[89] 张晓东,廉同辉. 基于供给引领的旅游业市场开发策略研究:以房车露营旅游为例[J]. 内蒙古财经大学学报,2018,16(2):27－32.

[90] 张学梅. 旅游市场营销[M]. 西安:西安交通大学出版社,2011.

[91] 赵成. 营地教育对促进青少年身心发展的作用探析[J]. 文化创新比较研究,2021,5(6):180－182.

[92] 赵建军. 论产业升级的就业效应[D]. 北京:中共中央党校,2005.

[93] 赵媛,仲伟周. 国内可持续旅游发展理论综述[J]. 学海,2000(3):162－166.

[94] 周坤顺. 休闲旅游与我国旅游营地发展研究[J]. 广西财经学院学报,2008(4):107－110.

[95] 周振华. 产业融合:新产业革命的历史性标志——兼析电信、广播电视和出版三大产业融合案例[J]. 产业经济研究,2003(1):1－10.